James A. Michener
Klondike

James A. Michener
Klondike

Deutsch von Thomas Stegers

ECON Verlag
Düsseldorf · Wien · New York

Titel der amerikanischen Originalausgabe:
Journey
Originalverlag: Random House, New York
Übersetzt von Thomas Stegers
Copyright © 1988 by James A. Michener
Cartography © 1989 by Jean Paul Tremblay

CIP-Titelaufnahme der Deutschen Bibliothek

Michener, James A.:
Klondike / James A. Michener. Dt. von Thomas Stegers. –
Düsseldorf; Wien; New York: ECON Verl., 1991
ISBN 3-430-16702-7

Copyright © 1991 der deutschen Ausgabe by ECON Verlag GmbH,
Düsseldorf, Wien und New York
Alle Rechte der Verbreitung, auch durch Film, Funk
und Fernsehen, fotomechanische Wiedergabe, Tonträger
jeder Art, auszugsweisen Nachdruck oder Einspeicherung
und Rückgewinnung in Datenverarbeitungsanlagen
aller Art, sind vorbehalten.
Lektorat: Wolfgang Drescher
Gesetzt aus der Aldus der Fa. Berthold
Satz: Dörlemann-Satz, Lemförde
Papier: Papierfabrik Schleipen GmbH, Bad Dürkheim
Druck und Bindearbeiten: Bercker Graphischer Betrieb GmbH, Kevelaer
Printed in Germany
ISBN 3-430-16702-7

Inhalt

1. Kapitel: Hoffnung — 7
2. Kapitel: Mut — 111
3. Kapitel: Verzweiflung — 164
4. Kapitel: Requiem — 251

Epilog — 268

Anmerkungen zu den Gedichten — 295

1. Kapitel

Hoffnung

Als am 17. Juli 1897 das Dampfschiff »Portland« in Seattle anlegte und den späten, aber unwiderlegbaren Beweis mitbrachte, daß man im Sommer zuvor am Klondike, an der äußersten Westgrenze Kanadas, auf einen schier unerschöpflichen Goldfund gestoßen war, da wurde die Welt aufgerüttelt durch die hastig hingeworfene, jedoch treffende Schlagzeile eines erregten Reporters, der dem Schiff einen Besuch abgestattet hatte. Statt einfach zu schreiben, die Goldgräber seien mit »einer großen Menge Gold« in Seattle gelandet, bediente er sich einer Redewendung, die in die Zeitungsgeschichte eingegangen ist: »Heute morgen um drei Uhr durchkreuzte der Steamer ›Portland‹, aus St. Michael kommend, den Sund von Seattle. An Bord über eine Tonne pures Gold.«
Diese sensationelle Nachricht, »eine Tonne reines Gold«, ging wie ein Lauffeuer um die Welt und löste überall wilde Spekulationen aus. In den Vereinigten Staaten und Kanada jubelten die Menschen, die während der Wirtschaftskrise von 1893 ihr Hab und Gut verloren hatten: »Gold! Gold! Wir brauchen es nur einzusammeln. Ein Geldsegen für alle!« Kaum hatten sie die Kunde vernommen, fingen sie an, dem Reichtum nachzujagen, ohne jede Kenntnisse von Goldgräberei oder Hüttenwesen und kaum einer Vorstellung davon, wie man sich in so entlegenen Gebieten an der menschlichen

Siedlungsgrenze vor Gefahren schützen könne. Windige Gestalten, die sehr wohl wußten, daß die Aussichten, in jedem Flußbett gleich Gold zu finden, nur sehr gering waren, begriffen schnell, daß man auch ein Vermögen machen konnte, wenn man es verstand – durch geschicktes Kartenspiel oder eine anziehende junge Frau –, nicht die Goldgruben, sondern die mit Nuggets prall gefüllten Taschen der Goldgräber auszunehmen. Gerissene Geschäftsleute witterten eine Gelegenheit, arbeitslose Schauspieler malten sich in ihrer Phantasie Theatersäle und die dazu passenden Tänzerinnen aus, und schließlich gab es einige wenige geborene Forschernaturen wie Lord Evelyn Luton und sein Vetter Harry Carpenter aus London, die aus reiner Abenteuerlust unverzüglich Vorbereitungen trafen, zu den Goldfeldern aufzubrechen.

Wenn die Nachricht von dem Goldfund auf so viele eine derart elektrisierende Wirkung ausübte, warum hatte sie dann für die relativ kurze Strecke vom Klondike bis nach Seattle, nicht einmal dreizehnhundert Meilen Luftlinie, ein ganzes Jahr gebraucht? Die Beantwortung dieser Frage ist sehr wichtig, denn sie ist gleichzeitig eine Erklärung für die später folgenden tragischen Ereignisse, die für so viele Menschen den Tod bedeuteten.

Der Klondike war ein kümmerlicher Fluß, zu schmal, um Boote größerer Breite aufzunehmen, versteckt gelegen in einer der abgeschiedensten Regionen der Welt. Er mündete in den gewaltigen Yukon, der in dem Hochgebirge an der Nordküste entsprang und sich tausendneunhundert einsame Meilen quer durch unbewohnte Landstriche Kanadas und Alaskas ergoß. Wenn der große Fluß demnach schiffbar war, warum waren dann die Goldgräber, die auf den Schatz gestoßen waren, nicht mit Booten den Yukon runtergefahren und hatten die Neuigkeit weiterverbreitet? Leider war der mächtige Strom von Anfang Oktober bis weit in den Juni hinein fest zugefroren. Die Männer, die das Gold zuerst gesichtet hatten und dann die Ader ausbeuteten, machten den Fund im Sommer 1896, so spät, daß sie erst im Sommer des darauffolgenden Jahres den Yukon wieder befahren konnten. Elf Monate fast mußten sie mit ihrem enormen Reichtum und gefährlichen Geheimnis allein leben, dann war die Katze aus dem Sack, und das Chaos konnte seinen Lauf nehmen.

Es gab noch zwei weitere abschreckende Details im Zusammenhang mit der Entdeckung von Gold am Klondike: Obgleich die Goldfelder, unvorstellbar ergiebig und von großer Ausdehnung, alle auf kanadischem Gebiet lagen, gab es von den wichtigsten Siedlungen im Westen des Landes aus praktisch keine Möglichkeit, in diese Region zu gelangen. Die einzig geeignete Route führte durch Alaska, aber jeder, der sich an ihr versuchte, sah sich einer der körperlich anstrengendsten Herausforderungen gegenüber, die es auf der Welt gab, dem gefürchteten Chilkoot-Paß, der an manchen Stellen fast senkrecht aufragte und durch Schneefelder und mancherlei Hohlwege führte. Hatte der Wagemutige den Chilkoot oder den benachbarten und ebenso gewaltigen White-Paß gemeistert, woran die Überzahl scheiterte, so mußte er sich ein Boot aus Holz bauen, die Bäume dazu selbst fällen, eine Reihe tödlicher Stromschnellen und Schluchten überwinden, dann die gefährliche Fahrt den Yukon hinunter antreten, um sich von Süden her den Goldfeldern zu nähern. »Einwärts von Süden, auswärts nach Norden«, so lautete die Regel in Dawson City, der kleinen Siedlung nahe der Mündung des Flüßchens Klondike in den weiten Yukon.

Es war dieses Land – gefrorene Flüsse, vom Wind gepeitschte Schluchten, steile, schnee- und eisverhangene Berghänge, die kaum zu bewältigen waren, ausladende Flußwindungen durch endlose Wildnis –, das im Spätsommer 1897 Abenteurer aus aller Welt anzog, und nicht einer, der aus seiner Heimat irgendwo in Australien, Nordamerika oder Westeuropa aufbrach, ahnte die Entbehrungen, die er zu ertragen hatte, bevor er die Goldgruben erreichen würde.

Wenige Tage nachdem die Nachricht aus Seattle in den europäischen Tageszeitungen erschienen war, lasen auch zwei Angehörige der englischen Adelsfamilie der Bradcombes in London, ein reicher Onkel und sein mittelloser Neffe, aufgeregt die Meldung von der »Tonne reines Gold«. Der Ältere der beiden, Lord Evelyn Luton, war der Zweitgeborene des angesehenen Marquis von Deal, achter Nachfahre der Linie, dessen Vorfahren Königin Elisabeth dabei behilflich gewesen waren, dem englischen Protestantismus im katholischen Irland die Tür zu öffnen. Luton war einunddreißig Jahre alt, von eindrucksvoller Größe, schlank, zurückhaltend, er sprach leise, war unverheiratet und trug nicht selten eine fast abstoßende aristokratische Manier zur Schau. Vertrautheit war ihm verhaßt, besonders wenn sie ihm von Untertanen entgegengebracht wurde, und sobald sich ein Fremder unaufgefordert näherte, pflegte sich Luton zurückzuziehen, seine Nase zu rümpfen, als hätte sich dort ein unschöner, von anderen nicht wahrgenommener Duft festgesetzt, und den Eindringling mit starrem Blick zu fixieren. Ein Freund aus Oxford hatte das einst »Evelyns stilles Naserümpfen« genannt, und als ein Kommilitone ihn daraufhin belehrte, Naserümpfen sei immer ein stummer Vorgang, hatte der Student geantwortet: »Steck du deine Nase lieber ins Wörterbuch. Aber glaub mir, wenn dich Evelyns höhnischer Blick trifft, spricht das Bände.«

Ein anderer Freund konstatierte: »Seine Kritiker mögen ja recht haben, wenn sie sagen, er sei unleidlich, aber Tatsache ist, daß wir ihn ertragen, weil er so ... na ja ... korrekt ist.« Und der erste stimmte ein: »Er hat eben immer recht, so einfach ist das.« Aber selbst dieses Zugeständnis reichte ihm nicht: »Was ich an ihm schätze: Wenn er sich auf etwas einläßt, egal, was es ist, dann verhält er sich stets loyal gegenüber allen, die an dem Unternehmen beteiligt sind.«

Als Ergebnis eines harten und andauernden Trainings in jugendlichem Alter hatte er sich, der von Natur nicht mit athletischen Fähigkeiten ausgestattet war, zu einem der besten Cricketspieler Englands gemausert. Wenn er gerade mal nicht für sein heimatliches Team spielte oder England im Kampf gegen Australien vertrat, betätigte er sich als passionierter Forscher. Er war bis in den Oberlauf des Kongos vorgedrungen, hatte den Amazonas befahren und natürlich den Nil bis jenseits der großen Tempel von Karnak.

Tatsächlich gab es einen ganz soliden Grund, warum sich Luton mitten in das Abenteuer stürzen wollte, das sich bedrohlich anschickte, die Züge eines wahren Goldrausches anzunehmen, da immer mehr dem Sog erlegen waren. Diesen Grund gestand er jedoch kaum sich selbst ein, geschweige denn Fremden. Nachdem er auf waghalsigen Expeditionen sowohl Afrika als auch Südamerika bereist hatte, sehnte er sich jetzt danach, in die Arktis zu fahren und anschließend in die entlegenen Gebiete Asiens, um dann nach seiner Rückkehr ein Buch darüber zu schreiben, einen Reisebericht vielleicht mit dem Titel »Ein Engländer am Ende der Welt«, in dem er – so jedenfalls rechtfertigte er es – darlegen wollte, »daß auch ein ganz gewöhnlicher Mensch mit ein bißchen Entschlossenheit auf den Spuren der großen Eroberer wandeln kann«. Er nahm sich ein Beispiel an den berühmten Vorbildern, die die britische Flagge in die unsi-

chersten Ecken der Erde getragen hatten, an Sir Richard Burton, der Bücher über die Eingeborenenstämme Indiens und Afrikas geschrieben hatte, sowie an Charles Doughty, der seine phantastischen Erlebnisse in dem Bericht »Reisen durch die Wüsten Arabiens« festgehalten hatte.
Von all den großen Forschungsreisen, die die Phantasie einer ganzen Generation junger Engländer angeregt hatten, waren es die Expeditionen in die Hocharktis, unerschrockene Männer auf der Suche nach der berüchtigten Nordwestpassage, die Luton am meisten gefesselt hatten. Während seiner Studienzeit in Oxford hatte er alle Berichte gelesen, die er darüber auftreiben konnte und in denen die tapferen Männer über ihre Forschungsreisen in den hohen Norden berichteten: Sir John Ross, Sir William Edward Parry, der den Nordpol erreichen wollte, Sir Robert McLure, der Entdecker der Passage durch die arktischen Gewässer. Keine dieser heroischen Taten hatte Luton mehr berührt als die des ehrenhaftesten unter ihnen, Sir John Franklin, jener tragischen Gestalt, die 1847 bei dem kühnen Versuch, einen Schiffsweg durch das Eis zu finden, mit der tüchtigen Mannschaft untergegangen war.
Als intimer Kenner der Strapazen, denen die englischen Forschungsreisenden unterworfen waren, glaubte sich Luton genügend vorbereitet, jeder Herausforderung gewachsen zu sein, die sich ihm bei einem so vergleichsweise einfachen Unterfangen wie der Suche nach Gold in den Weg stellen könnte. Er würde Gebiete durchstreifen nicht weit entfernt von den Landstrichen, die die Polarforscher einst entdeckt hatten, vielleicht sogar auf den Spuren John Franklins wandeln, der im Laufe einer frühen Reise, versehen mit dem Auftrag, den Küstenverlauf des arktischen Ozeans zu skizzieren, einst den Mackenzie hinuntergesegelt war.
Lord Luton hegte keine Zweifel, daß seine Mission von Er-

folg gekrönt sein würde. Bei mehreren Gelegenheiten hatte er bereits bewiesen, daß er furchtlos Taten vollbrachte, die einigen Mut verlangten, doch wenn man ihn danach fragte, wies er das weit von sich. »Ich und keine Furcht? Wer hat Ihnen denn das eingeredet? Hat man Ihnen auch erzählt, wie ich mir das letztemal vor Angst beinahe in die Hosen gemacht hätte?« Für ihn waren die nur bruchstückhaften Meldungen, die London erreichten, von erheblichen Gefahren, die so einen Goldrausch begleiteten, lediglich eine willkommene Herausforderung, was er gleichwohl niemals zugegeben hätte, denn seine früheren Abenteuerreisen hatte er unter dem Vorwand angetreten, wissenschaftliche Forschung zu betreiben, seinen Wissensdurst stillen zu wollen, und auch dieses Mal hatte er bereits eine Erklärung parat. »Ich möchte nur meinem Neffen ein wenig unter die Arme greifen. Das müßt ihr verstehen«, entschuldigte er sich vor sich selbst und anderen.

Besagter Neffe, Philip Henslow, neunzehn Jahre alt, war der Sohn von Lord Lutons älterer Schwester, und da ihn das gleichzeitig zu einem Enkel des Marquis von Deal machte, lag die Vermutung nahe, daß er Geld gar nicht nötig hatte. Das war jedoch nicht der Fall. Seine Mutter, die als Tochter eines Marquis das Recht genoß, den Titel Lady Phyllis zu führen, offenbarte ihre ganze Leidenschaft und zugleich ihre klägliche Menschenkenntnis, als sie die harsche Kritik ihres Vaters ignorierte und mit einem jungen Kerl namens Henslow durchbrannte, den als Schwiegersohn zu akzeptieren der Marquis sich geweigert hatte; in seinen Augen war ihr Geliebter vorlaut, liberal und außerdem katholischen Glaubens. »Henslow ist genau der windige Typ Mann, den Königin Elisabeth an den Galgen gebracht hätte, weil er sich nämlich an der Verschwörung beteiligt hätte, die Regentin zugunsten von Maria Stuart vom Thron zu stürzen.«

Lady Phyllis und ihr Sohn Philip wurden von dem eigensinnigen Marquis enterbt, und da der im Grunde liebenswerte Henslow nur über äußerst geringe Mittel verfügte, war die Familie mehr oder weniger in Bedrängnis geraten. Natürlich wäre Lord Luton beim Tod des Marquis, sollte er jemals sterben, in der Lage gewesen, ein Teil des Vermögens der Familie Deal an seine Schwester und ihren Sohn Philip weiterzugeben, aber im Augenblick lebte der alte Mann noch, und man war auf Unterstützung angewiesen.

Die Liebe zum Abenteuer auf seiten Lord Lutons und die Bedürftigkeit auf seiten des Neffen, diese beiden sich widersprechenden Gründe waren es, die den Onkel einen Bediensteten zu ihm schicken ließen, um Philip von seinen Studien loszureißen und ihn in den Club Seiner Lordschaft nach Mayfair einzuladen. »Wirklich, Philip«, versuchte Lord Luton seinem Neffen zu erklären, während sie dort an einem Juliabend dinierten, »es ist eine Frage des Patriotismus.«

»Warum sollte wohl eine Route zu den Goldfeldern weniger patriotisch sein als die andere?«

»Hast du denn kein Gefühl für die geographische Lage? Hast du keine Vorstellung von Kanada?«

»Ich kann mich nicht sonderlich für Kanada begeistern«, gestand der Jüngere, »und noch weniger für Südafrika oder Indien.« Er machte keinen Spaß, der hübsche Neunzehnjährige, der noch die Schule in Eton besuchte und mit seinem leichten Faible für die Klassiker nach Oxford überwechseln sollte.

»Kanada liegt im Norden der Vereinigten Staaten, wie du wohl wissen wirst«, sagte Lord Luton, »und genau das ist es, was mich so erbost.«

»Verstehe ich nicht.«

Croissants und Karaffen zu Hilfe nehmend, deutete Seine Lordschaft die Umrisse Nordamerikas an, eine Teetasse auf

der äußersten linken Seite stellte Alaska dar. »Dieser amerikanische Goldregen, von dem wir laufend hören, stammt eigentlich aus Kanada, mußt du wissen. Nicht ein Farthing auf amerikanischer Seite.« Er bediente sich eines kleinen silbernen Teelöffels, um den Yukon anzudeuten, wie er sich entlang der Grenze zu Alaska in den Nordwesten Kanadas seine Rinne bahnte. »Genau an dieser Stelle liegt das Gold, auf unserer Seite.«
»Was soll daran so beklagenswert sein?« fragte Philip, eines der bedeutungsschweren Worte benutzend, die es ihm neuerdings so angetan hatten.
»Um an das Gold zu kommen, das ganz auf kanadischer Seite liegt, muß man sich durch ebendieses ›beklagenswerte‹ Alaska schlängeln ...« Er fing Philips Grinsen auf, und der junge Mann sagte: »Du hast schon wieder eines meiner Worte benutzt.«
»Ach, tatsächlich? Welches war es denn diesmal?«
»Beklagenswert.«
»Und wenn schon, es ist beklagenswert, wenn man bedenkt, daß wir gezwungen sind, amerikanisches Territorium zu passieren, um dahin zu gelangen, was ohnehin uns gehört.«
Luton, wie die meisten jungen Männer, die eine ähnliche Erziehung genossen hatten, betrachtete alle Gebiete auf seinem Globus, die rot gekennzeichnet waren, als im Besitz der britischen Krone. Politische Entwicklungen interessierten ihn nicht sonderlich, und er hatte nicht bedacht, daß Kanada bereits 1867, als er selbst gerade die ersten Schritte im Kinderzimmer tat, die Eigenstaatlichkeit zugesprochen worden war. Indien, Südafrika, Kanada, sie alle waren Bestandteile des unvergleichlichen britischen Empires, nicht wie die amerikanischen Staaten, die so töricht und unverschämt gewesen waren, gegen Englands kultivierte Herrschaft zu rebellieren. Philip brauchte keine Erklärung für die Haltung seines

Onkels, und so fragte er bloß: »Gibt es keine andere Möglichkeit?«
»Um das herauszufinden, sind wir ja hier, und morgen fangen wir mit unseren Nachforschungen an. Wir müssen etwas Kapital für deine Kasse auftreiben.«
Natürlich hätte Luton auch daheim bleiben und seinen Neffen allein losschicken können, seine Geldangelegenheiten in Ordnung zu bringen, aber das war nicht seine Art.
Auch er hatte einst Eton besucht, ohne sich auf einem bestimmten Feld besonders auszuzeichnen, außer auf dem Cricketfeld, hatte sich später durch ein paar Semester Oxford laviert und nur den niedrigsten akademischen Grad erreicht. In beiden Schulen hatte er ein bißchen geboxt, »um sich fit zu halten«, wie er sich ausdrückte, und den Frauen ein wenig nachgestellt, die in der Schauspielkunst brillierten. Seinen Freunden war er als ein Liebhaber wirkungsvoller Auftritte bekannt, wenn er zum Beispiel in vollständiger Militärmontur erschien, aber aus der Zeit Wilhelm von Oraniens, um dann dem öffentlichen Vortrag eines Generals zu lauschen, der sich im Krieg gegen Afghanistan hervorgetan hatte. Ein Händedruck von Luton galt mehr als jeder notariell beglaubigte Vertrag, und seine Freunde vermuteten, daß er schon sehr bald um die Hand einer der vielen jungen Frauen aus guter Familie anhalten würde, die er zu den Bällen und nach Ascot begleitete. Bevor er sich jedoch zu diesem gravierenden Schritt entschließen wollte, hatte er sich in die Idee verliebt, eine kleine Schar gleichgesinnter Engländer auf einem Abenteuerzug zu den Goldfeldern anzuführen.
»Morgen werde ich Harry einen Besuch abstatten«, sagte er jetzt zu seinem Neffen. »Wenn wir doch fahren sollten, und ich glaube, das werden wir, dann will ich ihn dabeihaben.«
»Ich auch«, sagte Philip mit ungeheuchelter Begeisterung, denn Harry Carpenter war einer der Engländer, dem alles

leicht von der Hand zu gehen schien. Siebenunddreißig Jahre alt und Absolvent einer weniger angesehenen Schule als Eton, aber einer guten Schule trotz alledem, hatte er sich seinen akademischen Grad in Cambridge erworben, ohne intensives Studium, aber am Ende mit erwähnenswerter Auszeichnung. Er hatte Rugby gespielt, sowohl für seine Universität als auch für sein Land, und hatte mit seinem Regiment an der Nordwestfront in Indien gedient. Er war noch nie in Kanada gewesen und verstand nichts von Goldgräberei, war aber an hartes, entbehrungsreiches Leben gewöhnt, an welcher Front er auch immer stand. Während eines Urlaubs von seinem Regiment war er im Himalajagebirge geklettert, hatte sich aber von den höchsten Gipfeln wohlweislich ferngehalten. »Ich schätze kaltes Wetter nicht gerade, und vor großen Höhen habe ich Angst.« Es war wenig wahrscheinlich, daß er vor irgend etwas Angst hatte – außer vor seiner Gattin, Nachfahre eines unbedeutenderen Zweiges der Bradcombes und eine sehr willensstarke Frau –, denn seinen Mut hatte er gleich mehrmals unter Beweis gestellt, als er von Peshavar aus, an der indischen Grenze, versehen mit einem Spähauftrag, allein losmarschiert war, zum Khyber-Paß vorgedrungen war, und noch weiter südlich, nach Kandahar, um dort auf den Marktplätzen wichtige Informationen für einen späteren Schlag gegen Afghanistan zu sammeln. Er war ein liebenswürdiger Mensch, verschwiegen, diszipliniert und immer bereit, sich an eine neue Aufgabe zu machen. Er war sich bewußt, daß er im Zivilleben nur Mittelmäßiges geleistet hatte und daß sein Platz bei der Truppe war, aber da er jetzt auf die Vierzig zuging und sich kaum Chancen ausrechnete, jemals zum Oberst ernannt zu werden – er verfügte einfach nicht über die Mittel, für seinen Unterhalt als Anführer eines Regiments selbst zu sorgen –, war er zu dem Schluß gekommen, daß er zu alt war, sich bloß als kleiner Offizier in irgendeiner Fronteinheit am Fuße des Himalaja herumzutreiben. Sein Vetter Luton wußte daher, daß die Gelegenheit, sein Glück auf den Goldfeldern zu erproben, für Harry wie gerufen kommen würde.

Als Luton jedoch am Tag darauf vor Harry vorsichtig andeutete, man könnte gemeinsam einen Beutezug zum Klondike unternehmen, täuschte dieser zunächst seine übliche Schüchternheit vor, er wisse nichts über die Goldvorkommen. »Ist das der Ort, wovon in den Zeitungen jetzt soviel Aufhebens gemacht wird? Revolution oder etwas Ähnliches?«

»Nein, Harry. Gold!«

»Ach ja. Die Sache da unten am Yukon.«

»Ich würde mir das gerne einmal ansehen. Hast du nicht Lust mitzukommen?«

»Liebend gerne, alter Knabe. Ich gäbe alles, um für eine Weile aus London rauszukommen. Aber ich weiß ja nicht... Eskimos und so weiter... Sollen wir uns etwa von Walspeck ernähren?«

»Von den Eskimos trennen uns über tausend Meilen, wenn meine Berechnungen stimmen.« Am Ende ihrer Unterhaltung sprach Luton eine Einladung aus: »Hör mal, Harry, ich bin heute abend mit dem Jungen von Phyllis zum Dinner im Club verabredet. Hast du nicht auch Lust? Dann können wir uns einmal ernsthaft darüber unterhalten.«

»Ich habe es immer für gefährlich gehalten, ernsthaft über irgend etwas zu reden, aber wenn du an den Klondike willst, dann kannst du mit mir rechnen.«

Am Abend im Club nahmen Lord Luton und sein Neffe ihre Plätze zunächst im Foyer ein, um den Eingang im Auge zu haben. Philip entdeckte Carpenter zuerst: »Da kommt er!« Und die Empfangshalle, in der die Gäste ihre Mäntel der Obhut eines älteren Dieners anvertrauten, betrat ein Mann mittlerer Größe, von robustem Körperbau und mit einem recht buschigen martialischen Bart. Es war weder ein besonders exzentrischer noch auffallender Bart, eher das rauhe Symbol eines rauhen Mannes, den seine Gegner auf den diversen Schlachtfeldern zu respektieren gelernt hatten.

»Sieh an, Philip! Schön, dich zu sehen. Wie geht es dem alten Herrn und dem Anhang?« Carpenter gehörte zu den wenigen Freunden Lutons, die sich stets nach Henslow, dem katholischen Eindringling, erkundigten, und stets geschah es aus ehrlicher Zuneigung, denn er hatte Philips Vater immer gern gemocht.

»Ich soll dich von ihm grüßen«, antwortete Philip. »Er sagte, er wäre gern mitgekommen.«

»Zum Klondike? Er soll lieber zu Hause bleiben und sich um die Geschäfte kümmern.«

»Nein, er meinte zum Dinner, heute abend.«

Nach einem vorzüglichen Mahl, bei dem sie sich ausschließlich über die neuesten Cricketergebnisse unterhielten, schlenderten sie hinüber ins Rauchzimmer, wo Harry endlich auf das Thema zu sprechen kam: »Ich habe da etwas mitgebracht, das ihr beide unbedingt lesen müßt, das heißt, wenn wir uns auf diese blöde Sache mit dem Gold einlassen.« Und dann reichte er ein kostbar eingebundenes Buch herum, das 1868 in London erschienen war. Verfaßt hatte es der englische Forscher Frederick Whymper, der Titel lautete: »Meine Reisen und Abenteuer im Territorium Alaska«, und es beschrieb auf amüsante Weise seine fünfzehnmonatige Reise durch das Gebiet.

Luton warf nur einen flüchtigen Blick auf das Buch und schob es dann zur Seite. »Harry, der Mann ist nie in Kanada gewesen! Unser Plan sieht vor, uns nur auf kanadischem Gebiet zu bewegen.«

Bevor er sich weiter über die patriotischen Gefühle auslassen konnte, die solche Äußerungen üblicherweise hervorbrachten, machte ein weißhaariger Clubdiener den Vorschlag, die Gentlemen mögen sich doch bitte in einen anderen Raum begeben, vier Whistspieler hätten sich über den Lärm beklagt, den Carpenters dröhnende Stimme machte. Luton und Carpenter verbeugten sich höflich erst vor dem Diener, dann vor den Kartenspielern und zogen sich zurück.

»Also, wir werden folgendermaßen vorgehen, vorausgesetzt, ich schließe mich euch an«, sagte Harry, als hätte man sein Buch nicht eben noch verschmäht. »Wir begeben uns auf dem schnellsten Weg nach San Francisco, mit der Eisenbahn, die es ja neuerdings da unten geben soll, schiffen uns dort nach Petropavlovsk in Sibirien ein und steigen dann um auf einen russischen Dampfer, fahren über die Beringsee an die Mündung des Yukon und dann weiter hoch bis zu dieser Stadt, ich glaube, Dawson City heißt sie. Ich weiß nicht, wo sie liegt, auf dieser Karte ist sie jedenfalls nicht eingezeichnet.«

Lord Luton konnten seine Bemerkungen nur ein verächtliches Lächeln abgewinnen. »Harry! Whymper hat diese Reise vor mehr als dreißig Jahren unternommen. Wenn wir seine Route wählen würden, könnten wir gleich mit dem Zug bis Seattle fahren und uns da einen bequemen ozeantüchtigen Dampfer nach Alaska aussuchen.«

»Oh!«

»Sinn und Zweck des Unternehmens soll ja sein, so zu reisen, daß wir uns ausschließlich auf Empiregebiet bewegen. In Montreal landen, mit dem Zug durch Kanada, bis zu einem Ort, dessen Name mir im Augenblick entfallen ist, dann entlang einer der kanadischen Flüsse, vielleicht den Mackenzie, die Rockies überqueren und schließlich langsam auf die Goldfelder zu. So einfach ist das.«

»Läßt sich das denn überhaupt machen?«

»Komm doch morgen mit. Wir werden dem Büro für kanadische Angelegenheiten einen Besuch abstatten. Die können uns sicher mehr sagen.«
Sie verbrachten den Rest des sommerlichen Abends bei edlen Zigarren und altem Weinbrand, und Philip hörte gespannt zu, während Luton und Carpenter sich noch einmal die Gründe vor Augen führten, warum eine Anreise zum Klondike über ausschließlich der Krone unterstelltes Gebiet nicht nur eine patriotische, sondern auch dem Sohn eines Marquis von Deal angemessene Tat sei. »Hat man dir jemals erzählt, Harry, wie übel meinem Großvater, dem siebten Marquis von Deal, vor Jahren während des Desasters damals am Oregon von den Amerikanern mitgespielt wurde? Die aufgeblasenen Amerikaner änderten mir nichts, dir nichts einfach ihre Taktik. Mein Großvater, der die Verhandlungen mit ihnen um das kanadische Territorium für die Engländer führte, hat hier, an dieser Stelle, in diesem Club, gesagt: ›Also gut, wenn die Schufte unbedingt den Krieg wollen, sollen sie ihn haben.‹ Und dann stellte er sich zur Verfügung, Freiwillige nach Kanada zu führen, von wo aus er gegen New York und Washington anrücken wollte.«
»Wie haben es die Amerikaner denn geschafft, ihn zu demütigen?«
»Das ist genau das richtige Wort, demütigen. Mitten während der Vorbereitungen, der Krieg war schon unvermeidlich, bliesen sie die ganze Sache ab, gaben ihren Anspruch auf das Gebiet auf, immerhin die Hälfte von Kanada, und mein Großvater stand ziemlich dumm da. Natürlich war er auch ein ziemlicher Dummkopf, wie ihr wißt, aber in aller Öffentlichkeit so dazustehen, das hatte er denn auch nicht verdient.«
»Und was passierte dann?« fragte Philip, und Luton antwortete: »Nichts. Manchmal ist es von Vorteil, wenn nichts pas-

siert.« Doch dann preßte er die Lippen scharf aufeinander und fügte kurz darauf hinzu: »Es hat in der Familie einen bleibenden Widerwillen gegen das hinterlassen, was bei unseren Verwandten nur als ›die undankbare amerikanische Kolonie‹ bezeichnet wird. Noch heute versuchen die Bradcombes, Amerikanern wenn möglich aus dem Wege zu gehen.«
Doch dann, als er ihnen einen der ganz persönlichen Gründe offenbarte, warum er so ungehalten über die Amerikaner war, mußte er auch schon wieder über sich selbst lachen. »Immer wenn ich auf einen von ihnen treffe, muß ich meinen Namen erklären. Evelyn ist für sie nur ein Mädchenname. Jedesmal muß ich ihnen auseinandersetzen, daß Evelyn in zivilisierten Ländern auch ein ehrenwerter Name für einen Mann sein kann. Ihr könnt mir glauben, ich hatte oft den Wunsch, dem nächsten Amerikaner, der mich danach fragt, eins in die Fresse zu geben.«

Am nächsten Morgen holte Harry Carpenter seinen Neffen Philip Henslow ab, nachdem er dem Vater des Jungen seine Aufwartung gemacht hatte. Sodann begaben sie sich in den Club, in dem Lord Luton Quartier genommen hatte, und fuhren anschließend zum Londoner Büro der kanadischen Regierung, wo ein Wirtschaftsattaché sie bereits erwartete. Er führte sie in einen vollgestopften Raum und ließ sie vor einer großen Wandkarte Platz nehmen, auf der unzählige Namen eingetragen waren, Namen, die ihm selbst alle geläufig waren, aber seinen Gästen nicht das geringste sagten.
»Natürlich ist uns seit Jahren bekannt, daß es in diesen Gebieten hier oben vereinzelt Goldvorkommen gibt, aber dieser Fund am Klondike ist schon reichlich ungewöhnlich, meinen Sie nicht auch?« Luton nickte mit dem Kopf, und der Attaché

fuhr in verächtlichem Ton fort: »Seit diesen Schauermärchen in den amerikanischen Zeitungen werden wir derart mit Nachfragen überschwemmt, daß uns Ottawa zwei Seiten mit verläßlichen Angaben rübergekabelt hat. Ich werde sie Ihnen später übergeben. Aber bei Gentlemen von Ihrem Stand, nun, ich muß sagen, unsere Regierung würde sich geehrt fühlen, Sie begrüßen zu dürfen ... lesen Sie sich doch erst mal diese Kabeldepesche durch, sie ist gerade erst angekommen.«

»Uns würde jede Information weiterhelfen«, sagte Luton, worauf sich der Attaché vor Liebenswürdigkeit fast überschlug. »Wünschen Sie, daß ich Miss Waterson Bescheid sage, sie möchte uns etwas Tee bringen? In Ordnung.«

Mit einem Zeigestock in der Hand verdeutlichte er noch einmal, »wie problemlos es ist, von London nach Edmonton zu gelangen«, wie er sich ausdrückte.

»Wieso gerade Edmonton?« fragte Carpenter, und Luton unterbrach: »Richtig, das war der Name, der mir gestern nicht einfiel.«

»Ein bequemer kanadischer Dampfer wird Sie in Montreal an Land setzen, ein Hafen, der dem Vergleich mit New York in jeder Hinsicht standhält. Die schnellen Züge der Canadian Pacific bringen Sie von dort nach Ottawa, Fort William und nach Winnipeg. Miss Waterson stammt aus Winnipeg, sie wird Ihnen versichern, es ist eine herrliche Landschaft, wie geschaffen für eine kleine Pause, bevor es weitergeht in das Goldgebiet.«

Miss Waterson gab sich alle Mühe.

»Jetzt kommen wir zu dem spannenden Teil unserer Reise, dem Abschnitt durch die endlosen Weiten der Nordwestterritorien. Winnipeg und quer durch den Distrikt Saskatchewan ...«

»Was für wunderschöne Namen!« rief Philip Henslow aus,

und der Attaché nickte bestätigend mit dem Kopf: »Ja, wirklich, sehr schöne Namen. Übrigens indianisch. Dann also westlich, nach Calgary, von wo aus eine Linie nördlich nach Edmonton führt, der Endstation der Bahnlinie. Hier fängt Ihr großes Abenteuer an.«
»Wo liegt Dawson City?« fragte Luton, aber der Kanadier entgegnete: »Sir, es ist auf unseren Karten noch nicht eingetragen. Es ist erst letztes Jahr aufgetaucht, über Nacht sozusagen.«
»Aber können Sie nicht ungefähr sagen, wo es liegt?«
»Ich habe kürzlich einen Brief aus Ottawa erhalten«, erklärte der Attaché, »mit einer Zeichnung der neuesten Entwicklungen, und danach befindet sich Dawson etwa hier«, worauf er auf der Karte einen Punkt eintrug und damit die Stadt fast hundertfünfzig Meilen näher an Edmonton heranrückte, als sie in Wirklichkeit war.
»Sie sehen also, Gentlemen, wenn Sie in Edmonton aus dem Zug steigen, stehen Sie praktisch schon auf den Goldfeldern.«
»Was für eine Ausrüstung empfehlen Sie uns?« fragte Carpenter. Wenn es um die Sache der Pioniere ging, dann war er ein Mann der Praxis.
»O Sir! Nur Ihr Reisegepäck. Ein oder zwei Taschen. Alles, was Sie möglicherweise auf den Goldfeldern benötigen, können Sie in Edmonton kaufen, und zwar zu Preisen, die erheblich niedriger sind als die, die in den Vereinigten Staaten verlangt werden, wo die Händler einen wahrscheinlich nur ausnehmen wollen, um es einmal ganz deutlich zu sagen.«
»Das glaube ich Ihnen aufs Wort«, sagte Luton in einem Ton, als wollte er sich schon verabschieden, aber der junge Mann hatte noch einen wichtigen Hinweis. »Milord, eine Sache müssen Sie sich unbedingt einprägen, davon hängt eine ganze Menge für Sie ab. Hier in England haben wir jetzt Juli,

die schönste Zeit im Sommer, für Bootsfahrten und Croquetspiele. In Nordkanada ist das schon fast Winteranfang. Wenn Sie fahren wollen, dann fahren Sie bald, und fahren Sie schnell, denn unsere Winter im Norden können furchtbar grausam sein und sehr lang werden.«
Luton nickte, Carpenter dagegen war der Ansicht, daß jedem mit ein wenig Verständnis für Geographie und gesundem Menschenverstand eigentlich vertraut sein müßte, was der junge Mann da eben von sich gegeben hatte. Er war ungeduldig und wollte endlich zur Sache kommen: »Was war das für eine Kabelnachricht, von der Sie vorhin sprachen?« Der Attaché holte zwei maschinengeschriebene Schriftstücke hervor. Das erste war von nicht näher bezeichneten Beamten der Handelskammer von Edmonton verfaßt worden, und es beteuerte dem Reisenden aus Europa, daß der einzig vernünftige Weg zu den Goldfeldern für ihn über Edmonton führe:

»Es ist der direkteste Weg, weniger ermüdend und außerdem billiger. Sicher haben Sie schon einmal Bilder vom gefürchteten Chilkoot-Paß gesehen, den nur die Tapfersten und Stärksten überwinden. Meiden Sie den Paß, wenn Sie eben können. Die Route übers Meer nach St. Michael ist mühselig und kostspielig, und wenn Sie ankommen, müssen Sie sich immer noch flußaufwärts bewegen, den Yukon hoch, in seiner ganzen Länge.
Besuchen Sie Edmonton. Fahren Sie über die kanadische Route, die Sie bis vor das Tor zum Gold bringt. Von Edmonton aus haben Sie die Wahl zwischen vier verschiedenen leichten Routen, die Ihnen unsere Fachleute aufzeichnen werden. Diese Männer werden Sie auch mit wertvollen Wanderführern und Karten ausstatten. Besuchen Sie Edmonton, und werden Sie Millionär.«

Luton und Carpenter taten das Schreiben als das verständliche Bemühen der Kaufleute einer Provinzstadt ab, Geschäfte anzulocken, aber die Depesche, die am Vortag angekommen war, machte großen Eindruck auf sie. Es war der ganz vernünftig klingende, zusammenfassende Bericht zweier erfahrener Globetrotter, die die Reise von Edmonton nach Dawson bereits hinter sich hatten und zukünftigen Abenteurern versicherten, daß die Fahrt nicht nur leicht zu bewerkstelligen, sondern in gewisser Hinsicht sogar vergnüglich sei. Der eine war ein Mann namens Ludwig Halverson, der berichtete, wie man nach Edmonton kam, auf einem leichten Pfad zum Peace River gelangte, diesen an einer niedrigen Scheide überquerte, den Lauf des Liard River aufnahm, an den Pelly stieß und sich bequem bis zum Zusammenfluß mit dem Yukon treiben lassen konnte, von dem aus die Goldfelder nicht mehr weit wären, alle flußabwärts gelegen.

»Diese Route ist erwiesenermaßen die leichteste und schnellste, um ans Ziel zu kommen. Jeder körperlich gesunde Mensch sollte in der Lage sein, mit einem guten Maultier und einem nicht zu schweren Kanu die ohne große Komplikationen zu bewältigenden Entfernungen in sieben Wochen zu meistern. Das nachhaltige Erlebnis, in freier Natur zu schlafen und die gesündeste Luft der Welt zu atmen, wird ihn ausreichend stärken für die einfache Tätigkeit des Goldschürfens.«

Halverson gab dem Goldsucher außerdem noch einige wertvolle Hinweise. Man sollte auf keinen Fall minderwertige Ausrüstung kaufen, sondern sich bis zur Ankunft in Edmonton gedulden, wo Männer, seit langem vertraut mit dem Pionierleben, schon wüßten, was für die Reise im Norden am besten sei. Dem Skorbut, früher immer ein Problem, mit dem man zu kämpfen gehabt habe, ließe sich leicht durch die richtige Ernährung vorbeugen, die ihnen die Lebensmittelhändler im Ort nur zu gerne verschaffen würden. Wenn man auf ein reiches Waschgoldlager gestoßen sei, sollte man das Gold umgehend schätzen lassen und dann zum leichteren Transport in kleine Ziegel brechen. Halverson verwendete das Wort »leicht« so häufig in seinem Text, daß es sich wie ein Refrain las, und der Kern der Aussage bestand darin, daß der Goldsucher, wenn er von Edmonton aus aufbrach und sich für eine der vier weniger schwierigen Routen über die Flüsse nach Dawson entschied, viel eher auf den Feldern ankommen würde als diejenigen, die über das amerikanische Territorium anreisten. So hätte er die Möglichkeit, sich die besten Claims frühzeitig abzustecken.

Harry Carpenter, vertraut mit den Schwierigkeiten der Fortbewegung in unwegsamem Gelände, ahnte instinktiv, daß man für die Reise wohl mehr als sieben Wochen benötigen würde, aber die Entfernung auf der Karte hatte er nicht nachgemessen, und so ging er in seiner Vorstellung von einer Reise aus, die nicht über zwölfhundert, sondern nur ungefähr vierhundert Meilen führte. Er gab unumwunden zu, daß ihn persönlich die andere Hauptroute eher reize, die Strecke, die die meiste Zeit über flußabwärts führte und sich an dem Verlauf einer der großen, kaum erforschten Flüsse orientierte, dem Mackenzie. Er war eine verwirrende Wasserstraße, denn er trug gleich mehrere Namen – Finlay, Peace, Slave –, ein Ergebnis der Tatsache, daß er zu verschiedenen Zeiten und nur Stück für Stück entdeckt worden war, aber immer war es derselbe große Fluß, in ganzer Länge zweitausendsechshundert Meilen, von seiner Quelle im Hochgebirge nahe Alaska bis zur Mündung ins arktische Meer. Es war ein Fluß, der die Phantasie der Menschen anregt, und diesem Fluß wollte sich Carpenter ausliefern.

Ein Forscher, der ihn in beide Richtungen erkundet haben wollte, ein gewisser Étienne Desbordays, erzählte im zweiten Teil seines Berichts, wie zügig und erhaben, ja sogar vergnüglich eine Reise den Mackenzie hinunter sein konnte.

»Sie gleiten mit Ihrem Boot oder Kanu über den Fluß und sehen wilde Tiere in Hülle und Fülle entlang der Ufer weiden. Hoch aufragende Berge zieren die Ferne, und jede Biegung des Flusses wartet mit einer weiteren Überraschung auf, denn Sie fahren durch eine der unberührtesten und herrlichsten Landschaften Nordamerikas.
Geschwind und leise trägt Sie der riesige Strom ans Ziel, und nach tausend Meilen müheloser Fahrt nähern Sie sich der Beaufort Sea, einem Meeresarm des arktischen Ozeans, aber Sie, Sie zieht es noch weiter. Aus den Dutzenden Zuflüssen, die von Westen her in den Mackenzie münden, wählen Sie sich einen aus, fahren westlich, entlang der freundlichen Wasserstraßen, überqueren eine Scheide, und schon befinden Sie sich im Oberlauf des Klondike. Sie lassen sich hinuntertreiben und halten im Vorbeifahren dort an, wo die Aussicht auf Gold am größten ist.«

Desbordays kam zu dem Schluß, daß es keine angenehmere und erfolgversprechendere Methode gebe, zu den Goldfeldern zu reisen, als dem Mackenzie zu folgen. »Was dieser Route aber vor allem zur Zierde gereicht, ist der Vorteil, daß sie durch ausschließlich kanadisches Gebiet führt. Sie zahlen keinen Penny Zoll auf Ihre Güter, wenn Sie diesen Weg wählen. Sie befinden sich die ganze Zeit über auf kanadischem Boden.« Wie bei der anderen Route gab es allerdings auch hier ein paar Dinge, die ihm unbedingt bekannt gewesen sein mußten, die er aber lieber verschwieg.

»Wer sind die beiden, Halverson und Desbordays?« wollte Carpenter von dem Attaché wissen. Der wiederum wandte sich an Miss Waterson, ob sie Näheres über die beiden wüßte. Als sie antwortete: »Ich komme aus Winnipeg. Das ist über sechshundert Meilen von Edmonton entfernt«, bekam der Engländer eine Ahnung von den riesigen Entfernungen innerhalb des Landes. Philip, nicht nur bewandert in den Klassikern, sondern auch ein guter Mathematiker, sah sich die Wandkarte eine Weile an und sagte dann: »Weißt du, Onkel Evelyn, von Edmonton nach Dawson ist ein weiter Weg, sehr weit.« Doch der Effekt, den seine Feststellung bei den anderen hätte hervorrufen können, wurde sofort durch den Attaché abgeschwächt, welcher enthusiastisch ausrief: »Evelyn. Ein wirklich schöner englischer Name. Man hört ihn nur selten in Kanada.« Danach wandte sich ihre Unterhaltung anderen Dingen zu.

Man kam überein, daß sich die Mannschaft aus den folgenden Personen zusammensetzen sollte: Lord Luton, seinem Vetter Harry Carpenter und seinem Neffen Philip Henslow sowie einem abenteuerlustigen Freund des jungen Philip, einem zweiundzwanzigjährigen Oxfordstudenten namens Trevor Blythe, dessen schmächtiger Körper und sensible Art in merkwürdigem Gegensatz zu seinem Mut und seiner Zähigkeit standen. Diese vier sollten eine großartige Mannschaft bilden: zwei ältere Herren von reifem Urteilsvermögen und großer moralischer Kraft an der Seite zweier jüngerer Gentlemen, die im Studium bereits Erfolge aufzuweisen hatten und sich auch im Leben tapfer zu schlagen versprachen. Alle vier waren erfinderisch und gebildet, alle vier stellten das Beste dar, was die obere Klasse, der sie entstammten, zu bieten hatte. An dem Abend, als sie zum erstenmal in

Lutons Club zusammentrafen, hatte der Lord mit zurückhaltender Stimme, aber nicht ohne Freude verkündet: »Ich würde sagen, wenn irgend jemand hier aus der Stadt Aussichten hat, sich bis zu den Goldfeldern vorzukämpfen, dann wir vier.« Er betrachtete die Mitglieder seiner Mannschaft als zur neuen Generation hochdisziplinierter Engländer gehörig, bereit, in die Fußstapfen der großen Forschungsreisenden zu treten, die alle eine ähnliche Ausbildung genossen hatten wie sie: mit sieben Jahren in ein vom Elternhaus weit entferntes Internat gesteckt, gefolgt vom Spießrutenlaufen und dem Herumgeschubstwerden durch die älteren Schulkameraden in Eton oder Harrow, ein ausgelassenes Studentenleben in Oxford oder Cambridge, schließlich Dienst in der Armee oder Marine und zu guter Letzt der Eintritt in das Leben eines Elegant. Die vier waren schrecklich begabt, aber unterlagen einem ebenso schrecklichen Irrtum. Sah man sie als Gruppe gemeinsam ausgehen, hätte man nie zu sagen vermocht, planen sie einen harmlosen Ausflug auf der Themse oder eine neunmonatige Forschungsreise auf dem Oberlauf des Amazonas.

Noch am selben Abend fing Lord Luton ein neues Kapitel in seinem Tagebuch an, das er auf allen seinen Fahrten zu führen pflegte, gedacht für die Zeit, in der er einmal über seine Abenteuer ein Buch schreiben wollte.

»Ich glaube, ein zuverlässigeres Quartett hätte ich nicht finden können: zwei grauhaarige Veteranen, Harry und ich, und zwei stramme junge Burschen, Philip und sein Freund Blythe, die sich gerade ihre ersten Sporen verdient haben. Wir wissen um die Verantwortung, die wir als Engländer tragen, und ich vertraue darauf, daß wir uns diesem Ruf entsprechend und der höchsten Tradition verpflichtet verhalten werden.«

Es war natürlich klar, sowohl Luton als auch Carpenter, daß man noch einen fünften Mann brauchte, jemanden für die schwere, körperlich anstrengende Arbeit. Sie hatten Glück: Eine der Landbesitzungen des Marquis von Deal lag in Nordirland, und auf diesem Gut hatte Lord Luton früher häufig seine Sommerferien verbracht. Während einer seiner Aufenthalte dort, wo sein Vater gelebt hatte, bevor er das Erbe des Marquisats antrat, und wo der alte Herr auch seinen Haß auf den Katholizismus entwickelt hatte, hatte sich Evelyn mit einem zwei Jahre jüngeren Burschen angefreundet, dessen Mut und Talent ihm Respekt eingeflößt hatten. Timothy Fogarty war der Sohn verarmter Bauern, deren Land vor Generationen schon annektiert worden war, als Königin Elisabeth schottische Landarbeiter und englische Lords über die Irische See verfrachtete, um, wie sie sich auszudrücken beliebte, »den Leuten auf dieser traurigen Insel etwas Kultur beizubringen«.

Der damalige Marquis von Deal war einer ihrer eifrigsten Unterstützer dieses Vorhabens, den Charakter des alten Landes völlig umzukrempeln, und hatte eine wahre Schreckensherrschaft ausgeübt, Priester von ihren Gemeinden vertrieben und statt ihrer verläßliche protestantische Würdenträger eingesetzt. Die nachfolgenden Generationen der Familie Bradcombe brachten mehr Verständnis für die Bauern auf, zeichneten sich aber alle durch ein Merkmal aus: Sie lebten in Irland, solange sie den untergeordneten Titel Lord Luton führten, doch sobald das Erbe des Marquisats auf sie überging, zogen sie sich umgehend auf eines ihrer zahlreichen älteren Besitztümer in England zurück und kehrten Irland den Rücken.

Der gegenwärtige Lord Luton jedoch, der wohl kaum Aussichten hatte, jemals das Marquisat zu erben, unterschied sich erheblich von seinen Vorgängern. Er mochte Irland, die

Sanftheit, die Poesie des Landes, und es gefiel ihm vor allem, was er über den jungen Fogarty in Erfahrung brachte. Vom ersten Tag auf dem Gut der Lutons an offenbarte der junge, draufgängerische Bursche eine instinktive, verständnisvolle Zuneigung zu den Tieren im Wald und den Fischen in den Bächen, so daß Evelyn ihn sofort bei dem älteren irischen Wildhüter, der sich um den Tierbestand auf den Besitzungen kümmerte, in die Lehre gab. Es zeigte sich, daß er ganz außerordentliche Fähigkeiten als »Gillie« besaß – ein schottisches Wort, mit dem Luton gern seine Jagdgehilfen bezeichnete –, daß er außerdem gute Manieren hatte und eine Stimme wie die der bezahlten Chorsänger in den Kirchen von London. Er war breitschultrig, aber nicht übermäßig groß, und wenn er sich an eine Aufgabe machte, konnte er Erstaunliches leisten. Er hatte nur geringe Schulbildung, was er durch gesunden Menschenverstand auszugleichen wußte, und wenn eine Gruppe wohlhabender Engländer auf Reisen ein Faktotum suchte, dann ließ sich kein Besserer auftreiben als Tim Fogarty. Verheiratet mit einem besonnenen Mädchen namens Jenny, war er doch immer bereit, jede Herausforderung anzunehmen, die sich ihm bot, und da er über eine angeborene Intelligenz verfügte, Unbekanntes auf neue Art und Weise anzupacken, eignete er sich geradezu ideal für die Aufgabe, für die Lord Luton ihn auserkoren hatte. Tim Fogarty hatte jedoch eine Schwäche, von der der Lord nichts wußte: Obwohl ausgebildet in dem traditionellen Beruf des Wildhüters, gehörte er gleichzeitig zu den erfahrensten Wilderern in Irland. Kein Forellenbach entging seiner Aufmerksamkeit, und selbst die, die er schützen sollte, wurden Beute seiner nächtlichen Streifzüge, denn er war ein Meister im Fischen mit abgeschirmtem Licht und verdeckter Leine. Wildern war in seinen Augen kein Verbrechen, im Gegenteil, wie er seinem Beichtvater gestand: »Man kann nicht Pferde

lieben und Rosen und Schweine, wenn man nicht auch ein Herz für Fische hat ... und ich liebe nun mal Fische.«
Lord Luton konnte seinem Jagdgehilfen zwar nicht befehlen, ihn nach Kanada zu begleiten – die Zeit der Leibeigenschaft war vorbei –, aber er konnte die Reise so verlockend schildern, daß der Ire gar nicht anders konnte, als auf das Angebot einzugehen. Als Fogarty, nachdem er die Irische See überquert hatte, in London vorstellig wurde, hatte er sich den Vorschlag nicht einmal bis zu Ende angehört, da rief er schon begeistert: »Ich bin dabei« und bat um Erlaubnis, unverzüglich nach Belfast zurückkehren zu dürfen, um sein Gepäck zu holen. »Nicht nötig«, entgegnete Luton und zückte seine Brieftasche. »Nehmen Sie das hier, aber kaufen Sie nur das Allernotwendigste. Den Rest kriegen wir in Edmonton.« Fogarty zögerte einen Moment: »Ich möchte nicht nur wegen meines Gepäcks noch einmal zurück. Es ist auch wegen meiner Frau. Jenny wäre sehr ...«
Lord Luton wurde plötzlich förmlich, und seine Gesichtszüge bekamen einen finsteren Ausdruck: »Kaufen Sie die Sachen hier, nicht in Irland. Jede Stunde des noch verbleibenden Sommers ist wertvoll.« Und Fogarty, das Geld einsteckend, hatte verstanden.
Am Tag darauf, als die Mannschaft von Lord Luton den Zug nach Liverpool bestieg, saß Fogarty schon im Abteil, denn wenn die Umstände sie dazu zwangen, vermochten englische Herrschaften und Iren schnell zu handeln, fast überstürzt. Da Luton und Carpenter möglichst rasch an ihr Ziel, die Goldfelder, kommen wollten, buchten sie eine Fahrt auf dem nächstbesten Schiff, das nach Kanada fuhr.

Am 25. Juli 1897 schifften sie sich ein und waren angenehm überrascht, als sie feststellten, daß sie sich auf einem der

elegantesten Schiffe befanden, das im nördlichen Atlantik verkehrte, der »Parisian«, Stolz der kanadischen Allan-Royal-Mail-Linie. Rank und schlank, hatte sie vier gewaltige Masten aufzuweisen, an denen ein ganzer Wald von Spieren und wahre Wolkenhimmel weißer Segel hingen. Die Pferdestärke der »Parisian« jedoch ließ sich an den beiden Schornsteinen ablesen, die sich mittschiffs dumpf in die Höhe reckten, denn das Schiff wurde sowohl durch Wind als auch durch Dampfkraft angetrieben, was sie zu einer wahren Königin auf See machte. Die Kabinen der Herrschaften waren geräumig und komfortabel, der Salon in Eiche und Esche gehalten und die zierlichen Säulen mit Leder ausgeschlagen. Nußbaumsessel, die Holzteile blankpoliert, daß sie rötlich schimmerten, luden nach einem erfrischenden Spaziergang auf dem Promenadendeck zum Verweilen ein.
Der Kapitän persönlich, an dessen Tisch man sie am ersten Abend plazierte, beglückwünschte sie zu der Weitsicht, die sie mit ihrer Entscheidung für gerade dieses Schiff bewiesen hatten. Die »Parisian«, erklärte er, sei zum Glück so konstruiert, daß sich der Salon in der Mitte des Schiffes befinde, was das Stampfen der Maschine auf hoher See dämpfe und wodurch die Mahlzeiten an Bord so ruhig verlaufen könnten wie an Land. Stolz fuhr er mit seiner Beschreibung fort, nannte Einzelheiten des neu entworfenen Schlingerkiels, der dem Schiff auf See eine gewisse Stabilität verlieh, und erläuterte, wie er, um den besten Effekt zu erzielen, sowohl die Dampfkraft als auch die Windkraft nutzte. Luton fühlte sich gelangweilt durch die Großtuerei des Kapitäns und lenkte ihn mit der Frage ab: »Warum der Name ›Parisian‹, wenn das Schiff aus Kanada kommt?« Und der Kapitän entgegnete: »Ein Zeichen unserer Hochachtung, Sir, die wir Kanadier Frankreich entgegenbringen.« Luton sträubten sich die Haare bei dieser Äußerung angesichts Kanadas Vergangenheit un-

ter französischer Herrschaft, einer Schande, wie es in seiner Familie gesehen wurde. Schnell wechselte er das Thema: »Wie lange, schätzen Sie, wird es dauern, bis wir Montreal zu Gesicht bekommen? Bleibt es bei den zwölf Tagen, wie man uns versprochen hat?« Und der Kapitän antwortete: »Jawohl, Sir, zwölf Tage, wenn das Wetter nicht umschlägt.«
Während der insgesamt friedlich verlaufenden Überfahrt bildete sich eins der Grundmuster im Verhalten der vier untereinander heraus, und zwar auf eine recht unschöne Art und Weise. Trevor Blythe, dessen Familie zu Hause sieben Bedienstete hatte, fing an, Fogarty, der auf einem der Unterdecks schlief, herumzukommandieren und ihn zu sich zu zitieren, als sei der Ire sein ihm persönlich zugeteilter Diener. Das mußte auffallen, denn die vier Herrschaften bewohnten Quartiere der ersten Klasse, während sich Fogarty mit zwei anderen Männern eine enge Kabine im Zwischendeck teilte. Wenn Blythe also wieder einmal meinte, die Dienste Fogartys in Anspruch nehmen zu müssen, blieb ihm nichts anderes übrig, als dies vor den Augen der anderen zu tun. Fogarty beklagte sich nicht, er wußte, er war als Diener angestellt, aber Lord Luton erfüllte Blythes Verhalten mit Sorge, und als sich die Übertretung der ungeschriebenen Regeln einer solchen Expedition zum drittenmal wiederholte, baten Luton und Carpenter die beiden Jüngeren aus ihrer Gruppe in einen abgeschiedenen Winkel des luxuriösen Salons.
»Keine angenehme Sache, aber auch nicht tragisch, machen wir also keine Staatsaffäre daraus«, begann Luton nach einem ehrerbietigen Räuspern. »Ich bin der Ansicht, wir sollten bestimmte Regeln beachten. Sie stehen nirgendwo geschrieben, sie betreffen auch nicht irgendwelche Begrüßungsrituale oder sonstiges.« Wieder war ein Räuspern zu vernehmen, es war offenkundig, Luton fühlte sich nicht wohl

in seiner Haut. »Harry und ich haben das schon ein paarmal mitgemacht, und ich bin sicher, ihr versteht sofort, was ich meine.«

Henslow und Blythe sahen sich verblüfft an, und Luton fuhr die beiden an: »Verdammt noch mal, ihr macht es einem wirklich schwer. Fogarty ist der Diener der Expedition und braucht nicht bei jedem Wink von uns anzutanzen.«

Jetzt erkannte Blythe, daß er gemeint war, daß man seinetwegen zusammengekommen war, und noch ehe Luton oder Carpenter weiterreden konnten, begann er, sich übertrieben zu entschuldigen: »Was bleibt mir noch zu sagen? Es tut mir ganz aufrichtig leid. Es war Gedankenlosigkeit, Evelyn, schiere Gedankenlosigkeit.«

Luton, erleichtert darüber, daß der junge Mann die Ermahnung richtig aufgefaßt hatte, seufzte kurz auf, streckte seine Hand vor und schüttelte die von Trevor. »Danke. Ich wußte, du würdest mich verstehen. Harry, erklär ihnen die Regeln.«

»Ganz einfach. Es ist so, wie Evelyn schon sagte. Fogarty soll der ganzen Gruppe zur Verfügung stehen, nicht nur einem einzelnen von uns. Ich will es einmal an einem Beispiel verdeutlichen. Wenn wir unser Lager aufgeschlagen haben und Holz für unseren Ofen benötigen, dann ist es natürlich Fogartys Aufgabe, dafür zu sorgen, daß Holz da ist, aber jeder von uns wird ihm abwechselnd dabei helfen. Und wenn er Evelyn bittet, diesen oder jenen Baum drüben zu fällen, dann erwarte ich von Evelyn, daß er sich zu dem Baum begibt und seine Axt an den Stamm legt.«

»Sehr vernünftig«, warf Blythe ein, ohne jedes Anzeichen von Groll.

»Und wenn Philip mal seine Socken gewaschen haben muß, weil er sie unterwegs zu lange getragen hat, dann braucht er deswegen nicht Fogarty zu bitten. Er wird sie bitte schön alleine waschen.«

»Verstanden?« fragte Luton, und als der junge Mann mit dem Kopf nickte, fügte er noch hinzu: »Also gut. Fogarty hat sich jedoch bereit erklärt, uns während der langen Reise die Haare zu schneiden, aber dafür müssen wir ihn auch bar bezahlen. Verstanden?«
Nicht ein einziges Mal während ihrer gemeinsamen Abenteuerfahrt kam auch nur einer auf den Gedanken, den Iren nicht mit seinem letzten Namen, Fogarty, anzureden. Verständlich, denn keiner kannte seinen Vornamen oder hatte Interesse daran, sich ihn zu merken, aber noch am selben Abend war Lord Luton in seinen Aufzeichnungen voll des Lobes über seinen Jagdgehilfen.

> »Es gibt nur wenige Menschen auf der Welt, mit denen umzugehen angenehmer ist als mit einem gut geschulten Iren, der weiß, wo sein angestammter Platz ist, und unser Gehilfe Fogarty zählt zu den Besten. Ich habe ihn im ganz jungen Alter aufgelesen und ihn vernünftigen Händen anvertraut. Wenn es soweit ist, in fünfzehn oder sechzehn Jahren, wird er mein Wildhüter, und ich bezweifle, daß ich einen besseren finde.
> Heute mußten Harry und ich unseren beiden Jüngeren erst einmal die Spielregeln erläutern. Woher sollten sie auch die Feinheiten kennen, wenn wir sie ihnen nicht beibrächten? Es erfüllt mich mit Stolz, daß sie sofort begriffen haben und wie gestandene Soldaten salutierten. So muß es sein, so muß eine Expedition angegangen werden, und besonders heute abend weiß ich mehr denn je den Mut und die Beherztheit Carpenters zu schätzen. Ich möchte in Zukunft nicht auf ihn verzichten.«

In der noch verbleibenden Zeit während der insgesamt zwölftägigen Überfahrt nach Montreal bildeten sich weitere

Grundmuster heraus, die in den Monaten darauf Bestand haben sollten. Philip hielt sich stundenlang in der Schiffsbibliothek auf, oberhalb des Salons. Er las viel und konnte ganze Passagen aus Whympers Berichten über seine Forschungsreisen nach Alaska auswendig, und immer wenn an einer Stelle der Yukon erwähnt wurde, las er sie besonders aufmerksam. Mit der Zeit eignete er sich so genaue Kenntnisse von der Wasserstraße an, wie man sie üblicherweise nur aus Karten und Büchern gewinnen konnte, aber sein Onkel machte sich über seinen Eifer lustig. »Der Abschnitt des Yukon, über den du liest, liegt auf amerikanischem Territorium, und das betreten wir nicht.« Der junge Mann ließ sich dennoch nicht beirren und setzte seine Beschäftigung mit dem Fluß fort.

Nachdem er ein paar Tage in der bescheidenen Sammlung der Bibliothek gestöbert hatte, widmete sich Trevor Blythe einem der kleinen Bändchen, die er von seiner Mutter ausgeliehen hatte, Palgraves hochgeschätztem »Goldenen Schatzkästlein«, einer 1861 zum erstenmal erschienenen Anthologie von Gedichten, die seinerzeit als der Inbegriff der englischen Lyrik angesehen wurden. Trevor waren die meisten Gedichte natürlich vertraut, aber da er beabsichtigte, selbst ein paar Verse der großartigen Sammlung beizusteuern, wollte er sie Zeile für Zeile beherrschen. Auf der Fahrt, so hoffte er wenigstens, wollte er durch intensives Studium der gelungeneren Gedichte den Geheimnissen wirkungsvoller Prosodie auf die Spur kommen.

Während der zwei Jahre in Oxford war seinen jugendlichen Gedichten eine gewisse wohlwollende Aufmerksamkeit entgegengebracht worden, ein paar Kritiker an der Universität waren sogar so weit gegangen, ihm authentischen englischen Ausdruck zu bescheinigen. Er selbst hielt das für übertrieben; seine Ehrfurcht vor der Dichtung eines Sidney, Herrick oder Waller war so tief, daß er unsicher war, ob er ihren makellosen Strophen jemals Eigenes würde entgegensetzen können, dennoch wollte er wenigstens hinter die Zauberei kommen, wodurch solch wundervolle Werke zustande kamen. Und so konnte es passieren, während das Schiff die Dünung des Nordatlantik durchschnitt, daß plötzlich ein Freudenschrei ertönte, wenn Trevor wieder einmal eine Entdeckung gemacht hatte. »Philip!« rief er dann. »Hast du jemals die Wohltat, anders kann man es nicht nennen, von Wallers flehentlichem Ruf erfaßt? Ich muß es an die hundertmal gelesen haben, aber noch nie zuvor ist mir aufgefallen, wie...« Und während das Schiff westwärts pflügte, las er die Zeilen, die seit Jahrhunderten an den Herzen junger Männer zehrten.

> *Geh, Rose! Leis*
> *Sag ihr, die ihre Zeit vertut und mich,*
> *Damit sie's weiß,*
> *Wenn ich euch zwei vergleiche, sie und dich,*
> *Wie sie mir lieblich scheint und anmutig.*

Lord Luton und Harry Carpenter dagegen beschäftigten sich mit ganz praktischen Dingen; immer und immer wieder besprachen sie die technischen Aspekte ihres Unternehmens, und beide stimmten darin überein, daß selbst der Kauf eines Taschentuchs vor ihrer Ankunft in Edmonton unklug sei, denn, wie Luton sich ausdrückte: »Es leuchtet ja wohl ein, daß die Jungs da unten im Grenzland besser über die Verhältnisse in der Arktis Bescheid wissen als jemand aus Montreal oder Winnipeg – oder etwa nicht?« Viel Beachtung schenkten sie der Art der Fortbewegung; was sie betraf, war Luton unnachgiebig: »Ich würde sagen, wir machen uns so bald wie möglich zum Athabasca-Fluß auf, ganz gleich, wie schwer

unsere Lasten sind, kaufen uns dort ein Boot oder bauen selbst eins und lassen uns flußabwärts treiben, überqueren den Great Slave und...«
An dieser Stelle unterbrach Harry jedesmal: »Gehen wir das noch einmal durch, Evelyn. Dürfen wir uns – bei aller Vernunft – der Hoffnung hingeben, noch in diesem Herbst die Rocky Mountains zu überqueren? Ich meine, bevor der Fluß zufriert?« Während Luton noch einmal seine Berechnungen überschlug, fügte Carpenter hinzu: »Bedenke, ich bin auch erpicht aufs Gold.«
Als sein Freund ihn weiter bedrängte, erklärte Harry mit fester Stimme: »Evelyn, wir haben schon fast August. Aus dem, was ich gelesen habe, und Whymper behauptet dasselbe, geht eindeutig hervor, daß die Flüsse Ende September zufrieren, im hohen Norden vielleicht ein bißchen eher.«
»In diesem Jahr siehst du für uns also keine Chance mehr?« Carpenter gehörte zu den nüchternen, vorsichtigen Menschen, die keine unüberlegten Äußerungen taten; zu oft hatte er Männer von großer Entschlußkraft gegen widrige Umstände wetteifern und ihre eigenen Regeln aufstellen sehen, er vermied daher eine deutlich verneinende Antwort.
»Es kann ja sein, wenn wir den Mackenzie hinuntertreiben, daß wir von einem Fluß erfahren, der aus dem Westen kommt und in den Yukon mündet, von dem wir bislang aber noch nichts gehört haben. Wenn wir so einen Fluß finden, könnten wir ohne weiteres den Yukon runter direkt bis Dawson fahren.«
»Die Route über Land schließt du aus?«
Jetzt galt es, standhaft zu bleiben: »Evelyn, alter Junge, ich habe mir die Karten genau angesehen. Die Entfernung von Edmonton nach Dawson ist sehr groß, über tausend Meilen nach meinen Berechnungen. Meinst du, wir beide würden das schaffen: unsere tonnenschwere Ausrüstung mit Schlit-

ten über diese riesige Entfernung ziehen, und das in der Zeit, die uns dieses Jahr noch bleibt?« Dann senkte er seine Stimme ein wenig, um die Tragweite seines Entschlusses zu verdeutlichen: »Das möchte ich bezweifeln.«
Aus seiner Erfahrung mit Reisen in unwegsamem Gelände Asiens und Afrikas wußte Harry, daß es nur von Vorteil sein konnte, wenn sich wenigstens einer aus der Gruppe genauer mit dem Terrain zwischen Edmonton und den Goldfeldern beschäftigen und sich die Gegebenheiten einprägen würde. Zu diesem Zweck richtete er in der Ecke des Spielzimmers eine Studierkammer ein. Auf einem Tisch breitete er die diversen Karten aus, die sich im Besitz der Mannschaft befanden, und nachdem man Fogarty vom Zwischendeck geholt hatte, beugten sich die fünf Männer über die oft nur skizzierten und fehlerhaften Karten, entstanden nach der Erinnerung früherer Reisender. Als Harry die Karten miteinander verglich, stach ihm eine Sache besonders auf: Für welche Route sich die Goldsucher auch entschieden, es war nicht möglich, von Edmonton aus den Klondike zu erreichen, ohne an einer Stelle klettern zu müssen, um die Rokkies zu überqueren. Welche Karte er auch zur Hand nahm, auf jeder war die geheimnisvolle schwarze Linie zu erkennen, aus dem Nordwesten kommend und diagonal Richtung Südosten verlaufend. Selbst noch auf dem Papier sah das Gebirge wie eine düstere, abweisende Grenze aus.
Als er Blythe auf den bedrohlichen schwarzen Streifen aufmerksam machte, fiel ihm auf, daß der junge Dichter mit Interesse die zahlreichen Windungen verfolgte, die sich wie ein Schutzwall gegen Eindringlinge um die Goldfelder zogen; später dann beobachtete er, wie der Junge eifrig in seinem Notizbuch schrieb. Stets neugierig zu erfahren, womit sich Menschen beschäftigten, die jünger waren als er, fragte er höflich: »Sag mal, Trevor, darf ich mal einen Blick in

dein Buch werfen?« Und Trevor, zögerlich erst, schob den kleinen Band rüber, aber meinte abwertend: »Spiel' nur ein bißchen mit Worten rum. Vielleicht 'ne Idee für ein Gedicht.« Und Harry las:

> »*In Finsternis, in dunkler Nacht,*
> *Den Gral aus Gold zu suchen,*
> *Den eifersüchtig von Elfen bewacht,*
> *Umgeben von steinernen Buchen...*«

»Ein schöner Vers, Trevor«, bemerkte Harry. »Ein richtiger Dichter könnte etwas daraus machen... ein bißchen daran feilen... einfacher ausdrücken... du weißt schon, was ich meine.« Nachdem er ihm das Buch wieder ausgehändigt hatte, bedeutete er den anderen: »Ich hoffe, ihr begreift, wie treffend das ist, was Trevor da zu Papier gebracht hat. Er hat es ganz richtig ausgedrückt. Wir werden auf kein Gold stoßen, solange wir uns nicht die Berge erobert haben. Je länger ich mir die Karten ansehe, und es gibt ein paar sehr gute hier an Bord, desto zweifelhafter erscheinen mir die beiden Berichte, die man uns in London gezeigt hat.« Er legte ihnen die Abschrift des schönfärberischen Artikels von Ludwig Halverson vor, in dem von der Mühelosigkeit die Rede war, mit der sich über Land von Edmonton nach Dawson City reisen läßt, und den zweiten von Étienne Desbordays, in dem beschrieben wurde, wie bequem es sei, sich den Mackenzie-Fluß hinuntertreiben zu lassen. »Diese Strecke hier«, er zeigte auf die Route über Land, »scheint mir absolut unmöglich, mag Halverson noch so sehr behaupten, er hätte sie befahren. Und das hier«, verächtlich den Desbordays-Artikel beiseite schiebend, »enthält nicht eine Information, die ich als zutreffend bezeichnen würde.«

»Und was haben wir nun davon?« fragte Luton, und Carpen-

ter erwiderte: »Wir stecken ganz schön in der Klemme. Aber wir können es schaffen, da wieder herauszukommen. Wir wissen ja, daß die Leute am Ende doch bis zu den Goldfeldern kommen. Die Goldmengen sind ein Beweis, und wir werden es ebenfalls beweisen.«
Vorsichtig formulierte er, wie sie weiter vorzugehen hätten: »Gleich nach unserer Ankunft in Kanada fahren wir mit dem Zug quer über den Kontinent nach Edmonton und werden dort mit allem Nachdruck Erkundigungen einziehen, wie es in Wahrheit um die beiden Routen steht. Erst wenn wir genauere und verläßlichere Fakten an der Hand haben, wollen wir uns den nächsten Schritt überlegen, aber eins kann ich euch versichern: Wir werden es bis zu den Goldfeldern schaffen.« Seine Zuhörer unterstützten diesen Beschluß, und Philip fügte noch hinzu: »Wenn die Yankees mit ihrer Methode ankommen, dann werden wir mit unserer ja wohl auch das Ziel erreichen.«

Keiner der fünf war jemals zuvor in Kanada gewesen oder hatte viel über das Land gelesen. Lord Luton war der Ansicht, er wüßte bereits alles Nötige. »Als die Amerikaner damals abtrünnig wurden, waren die Kanadier so klug, sich standhaft zu wehren.« Damit meinte er ihr Verbleiben im englischen Weltreich, denn er konnte einfach nicht verstehen, warum die Amerikaner nicht dringeblieben waren.
»England hatte alles, was der Mensch braucht – eine gute Regierung, einen König, den wir lieben, beziehungsweise eine Königin, die wir noch mehr lieben. Wohlstand... Ordnung... Zugehörigkeit zur Gruppe der besten Nationen der Welt. Die Yankees werden Generationen brauchen, das wiederzugewinnen, was sie schon einmal besaßen, aber törichterweise einfach weggeworfen haben.«

Aus seiner Sicht war es verständlich, daß Luton Kanada besonders zu mögen glaubte, und als sich die »Parisian« ihren Weg zwischen den gewaltigen Inseln bahnte, die das Tor zum St.-Lawrence-Strom bewachten, und schließlich in das weite Gewässer selbst eintauchte, bemerkte er beifällig: »Was für eine herrliche Einfahrt in ein Land!« Er war noch begeisterter, als das Schiff die hohen Klippen von Quebec passierte, gekrönt vom eleganten Château Frontenac, einem Hotel, dessen Ruf auch bis zu der feinen Londoner Gesellschaft gedrungen war.

»Ein gelungener Auftakt«, freute sich Luton. In Montreal angelegt, ließ seine Begeisterung jedoch schnell nach, denn er bekam sofort zu spüren, daß er sich mitten in einer Umgebung befand, die vom französischen Lebensstil geprägt war, und das wollte er nicht hinnehmen. »Da hätte ich ja gleich nach Frankreich fahren können. Hätte nur den Kanal zu überqueren brauchen und viel Geld gespart. Den passenden Namen hat unser Schiff ja schon.« Sein Aufenthalt in der Stadt war nicht sehr glücklich, Luton fühlte sich abgeschnitten von England, hineingeworfen in eine vollkommen fremde Umgebung, die er so nicht erwartet hatte. »Könnte genausogut Albanien sein.«

Trevor Blythe, der sich Lutons unaufhörliche bittere Kommentare amüsiert anhörte, dachte bei sich: »Er ist zwar noch ein verhältnismäßig junger Mann, aber im Kopf schon ein Greis.« Da er sich selbst nur als Gast auf der Reise fühlte, hielt er es jedoch für klüger, seine Gedanken nicht laut auszusprechen.

Die Engländer erhielten einen ersten Eindruck von dem Goldfieber, das auch Kanada befallen hatte, als sie zum Schalter der Eisenbahngesellschaft liefen, um ihre Fahrkarten abzuholen. »Oh, Ihre Lordschaft! Sie haben klug daran getan, Ihre Reservierungen telegraphisch vorzubestellen. Ich

weiß nicht, was wir sonst für Sie hätten tun können. Zu Hunderten täglich kommen sie und kreischen, sie wollen nach Westen, nach Westen. Ohne Reservierungen hätten Sie lange warten müssen. Bis weit in die kommende Woche sind alle Plätze ausverkauft.«
»Auch in der ersten Klasse?«
»Gerade in der ersten Klasse. Die Goldsucher zahlen den Aufpreis gern. Sie sind fest überzeugt, daß sie in sechs Wochen Millionäre sind.«
Sicher an Bord des stattlichen kanadischen Zuges, der erst seit kurzem die Strecke von der Atlantikküste bis zum Pazifik regelmäßig befuhr, wartete auf die vier Engländer erneut eine der angenehmen Überraschungen, die Reisen zu einem wahren Vergnügen machen konnten, denn es standen insgesamt elf Waggons, davon fünf Luxuswagen, zur Verfügung, um die Passagiere bei größtem Komfort und so schnell wie möglich von Montreal nach Ottawa zu befördern – dem Zielort des ersten Fahrabschnitts. Sie reisten natürlich erster Klasse, Luton und Carpenter in einem prachtvollen kombinierten Wohnschlafzimmer, Trevor und Philip ebenfalls, während für Fogarty nur ein einigermaßen bequemer Sitzplatz in einem der weniger teuren Wagen blieb.
Die Wohnschlafzimmer, Salons genannt, waren mit schweren, dunkelroten Polstermöbeln und geräumigen Klappbetten ausgestattet, aber es war vor allem der lange Speisewagen, der allgemeines Lob erntete. Die praktisch eingerichtete Küche, sie bot Platz für zwei Köche, lag im vorderen Teil des Waggons, und im übrigen Teil des Wagens, bis zur hinteren Tür, standen Tische, hübsch dekoriert mit dicken Leinentüchern, an deren Rändern, den Sitzenden zugewandt, die sorgfältig eingestickten Initialen der Eisenbahngesellschaft zu lesen waren. An den Tischen zu einer Seite des mit Teppichboden ausgelegten Mittelgangs konnten je zwei Perso-

nen Platz nehmen, wobei sich die Stühle gegenüberstanden; die größeren Tische auf der anderen Seite waren für vier Personen gedacht, und als Henslow den Wagen zum erstenmal betrat, war sein unmittelbarer Eindruck der von einem alles beherrschenden Weiß, geschmückt mit funkelnden Gläsern und strahlendem Silberbesteck. »Ein Wagen für Gentlemen«, sagte Luton, als er seinen Blick über das Interieur schweifen ließ und auf den Oberkellner wartete, um von ihm an einen Tisch für vier Personen geleitet zu werden.
Sie wurden mit einem festlichen Mahl verwöhnt, zusammengestellt, um die Gäste in die kulinarischen Reichtümer Kanadas einzuführen: Meeresfrüchte von der Ostküste, saftiges Rindfleisch aus den Prärien, Obst und Gemüse aus Ontario und Desserts aus den französischen Patisserien Montreals, alles serviert von zwei weißen, versiert freundlichen Oberkellnern, assistiert von schwarzen Aushilfskellnern, dazu angehalten, den Gästen stets ein Lächeln zu präsentieren.
»Eine wirklich großartige Einführung in das Land«, freute sich Luton. »Ich hoffe, es ist ein Omen.«
Doch als er anfing, die anderen Gäste im Speisewagen an jenem ersten Abend ihrer Reise quer durch den Kontinent näher in Augenschein zu nehmen, entdeckte er soviel Fremdes, so viele unterschiedliche Arten, sich zu kleiden und zu sprechen, daß ihm ganz wirr im Kopf wurde. Er merkte sehr schnell, daß man nicht immer ohne weiteres bestimmen konnte, aus welcher sozialen Schicht jemand stammte. »Sie sprechen alle dieselbe Sprache, ob arm oder reich, nicht der geringste Unterschied, außer bei denen, die ihre Schulbildung offenbar in England genossen haben.« Was ihm am meisten zu schaffen machte, war das forsche Auftreten der Fahrgäste, ihre Ungezwungenheit, der Mangel, wie er sich ausdrückte, »an klar erkennbarer sozialer Ordnung.« In den

Gängen drängten und schoben sich die Menschen aneinander vorbei, niemand zollte offensichtlich Höherstehenden Achtung, und als dann noch in Fort William zahlreiche amerikanische Fahrgäste den Zug bestiegen, schienen selbst die wenigen Anstandsformen, die die Kanadier noch beachtet hatten, vergessen zu sein.
»Manchmal«, beklagte er sich bei den beiden Jüngeren, »manchmal möchte man kaum glauben, daß wir uns in einer englischen Kolonie befinden. Es ist alles so durcheinander.« Philip machte vorsichtig darauf aufmerksam, er sei ganz sicher, Kanada zähle gar nicht mehr zu den Kolonien. »Ich dachte, das Dominion Kanada hätte in London eine eigene Vertretung eröffnet, mit allem, was dazugehört? Haben sie nicht sogar einen eigenen Premierminister?«
»Wenn sie unbedingt wollen – solche Konzessionen tun keinem weh. Aber wenn man als Engländer zum Beispiel in Indien unterwegs ist, ist alles so eindeutig. Ich meine, man kommt an, als Weißer, wird sofort an der Kleidung erkannt, überall Offiziere in schicken Uniformen, und dann erst ihre Frauen, sie setzen die besten Traditionen unserer Heimat fort. Leider müssen wir uns das Land mit den Indern teilen. Sie sind nun mal nicht zu übersehen. Ich habe nichts gegen Inder, manche stecken noch jeden Durchschnittsengländer in die Tasche, einige haben in Oxford studiert und verstehen es, sich in den angesehensten Clubs zu bewegen. Trotzdem, Inder sind nun einmal Inder, und das sollte man nicht vergessen, bist du nicht auch der Ansicht, Harry?«
Carpenter ließ ein zustimmendes Räuspern vernehmen und erzählte dann, daß er während seines Dienstes in Pandschab an der afghanischen Grenze keine feinere Truppe angetroffen habe als die von Probyn's Horse. »Größtenteils Inder, aber die Tapfersten, mit denen ich jemals Seite an Seite gekämpft habe.«

»Aber die Offiziere waren doch wohl Engländer, oder?«
»Ja. Aber ich will dir eins sagen, Evelyn, wenn es in Europa mal ein bißchen eng wird, und das ist durchaus möglich, dann kannst du Gift darauf nehmen, daß sich die kanadischen Truppen besonders hervortun werden.« Beeindruckt hatte ihn nämlich die Tatsache, daß der durchschnittliche Kanadier, soweit er das beurteilen konnte, offenbar um einige Zentimeter größer war als ein Mann gleichen Alters und gleicher Statur in England. »Das sind kräftige Burschen, Evelyn, ein neuer Menschentyp im britischen Empire.«
»Das Reisen in solchen Zügen ist nicht gerade billig, kann ich dir sagen«, beharrte Luton jedoch, »wir müssen also davon ausgehen, daß die Spreu schon vom Weizen getrennt ist bei dem, was wir hier vorgeführt bekommen. Nicht gerade beeindruckend, muß ich leider feststellen.«
Er befürchtete, Kanada sei durch seine Nähe zu den Vereinigten Staaten bereits verdorben, und immer wenn die Rede auf die riesige Republik im Süden kam, äußerte er zwiespältige Gefühle. »Man wäre ja blind, wenn man nicht anerkennen würde, was dieses energiegeladene Volk auf die Beine gestellt hat. Bemerkenswert, wirklich bemerkenswert. Schöne Städte und so weiter, aber bedenken wir auch, daß wir es waren, die ihnen zu diesem fliegenden Start erst verholfen haben, während der hundertfünfzig Jahre unter unserer Führung. Aber was ihr Einfluß auf Kanada betrifft, da bin ich sicher, der ist destruktiv.«
Carpenter mußte über den Widerwillen seines Freundes, Kanada so zu nehmen, wie es war, lachen. »Evelyn! Ich bitte dich! Du erlebst doch hier auf dem Zug einen Luxus, der unübertroffen ist, selbst in Europa. Entspann dich. Verdirb uns die Freude nicht.« Und Luton erhob sein Glas: »Auf Kanada – so, wie es ist!«
Für Tim Fogarty verlief die Reise nicht so bequem, denn er

hatte einen Sitzplatz in einem Wagen, der bei der Eisenbahngesellschaft als »Colonial Car« bezeichnet wurde. Die geniale Konstruktion bestand aus mehreren kleinen Alkoven, je zwei sich gegenüberliegenden Sitzpaaren, mit genügend Zwischenraum für ein Holztischchen, das man bei Bedarf von der Wand, an der es lehnte, herunterklappen konnte, etwa bei den Mahlzeiten, die bei den Gästen dieser Klasse eher wie ein schneller Imbiß ausfielen. Woran der Ire jedoch seinen Spaß hatte, waren die Schlafarrangements, denn schon bald hatte er sich an den endlosen Ausblicken auf Seen und Bäume, die die Landschaft nördlich der Großen Seen bot, satt gesehen.

Abends wurde in den freien Gang zwischen den beiden Sitzreihen ein Gebilde gestellt, das ebenfalls von der Wand heruntergeklappt wurde und so mit den gegenüberliegenden Sitzen ein ebenes Bett bildete, in dem zwei Personen einigermaßen bequem schlafen konnten, falls die Gesellschaft den Passagieren vorher Bescheid gegeben hatte, sie möchten ihre eigenen Decken mitbringen. Aber das war noch nicht alles: Wenn sich vier Passagiere einen Alkoven teilten, ließen sich durch eine Erfindung, an der Fogarty seine helle Freude hatte, Schlafgelegenheiten für zwei weitere Personen bereitstellen, die der Ire jetzt auch tagsüber in Anspruch nahm.

Von Haken am äußersten Rand der Seitenwände ließen sich dicke Ketten herunterlassen, an denen die Rahmen bettähnlicher Plattformen hingen. Sie baumelten sozusagen von der Decke, und die Passagiere konnten mit Hilfe einer kleinen Leiter hinaufklettern. Dort, hoch oben über den anderen Fahrgästen, konnten sie es sich bequem machen, alle viere von sich strecken, ihre Decken ausbreiten und die Reise quer durch den Kontinent verschlafen. Was diese luftigen Lagerstätten so gemütlich machte, daß man sich wie zu Hause

fühlte, waren die im hinteren Teil des Wagens aufgestellten Holzöfen, auf denen die Fahrgäste ihr Essen kochen konnten, das sie selbst mitgebracht oder sich auf einem der vielen Bahnhöfe unterwegs gekauft hatten. Durch den ganzen Wagen, vor allem in Höhe der Decke, schwebte so unaufhörlich ein Duft, der an den heimischen Herd erinnerte.
Die einzige Schattenseite, die Fogarty ausmachen konnte, waren die mit einem häßlichen, glänzenden Lederimitat bezogenen harten Sitze, kaum nachgebender als ein Brett, ein Umstand, der sich schon nach einem Tag bemerkbar machte.

Die Reise von Montreal nach Edmonton überspannte eine unvorstellbar weite Strecke, die sich in vier deutlich voneinander unterscheidbare Abschnitte aufteilte: von Montreal nach Fort William, an der Spitze des Oberen Sees, 995 Meilen in zweiunddreißig Stunden; von Fort William nach Winnipeg, der Hauptstadt des westlichen Kanada, 427 Meilen in vierzehn Stunden; von Winnipeg nach Calgary, einer turbulenten Grenzstadt, 840 Meilen in dreißig Stunden, und schließlich von dort in den hohen Norden, nach Edmonton, 192 Meilen in elf Stunden. Somit erstreckte sich die Reise insgesamt über 2454 Meilen bei einer Fahrtzeit von siebenundachtzig Stunden, nicht mitgerechnet die Aufenthalte auf Bahnhöfen und die Zeit fürs Beladen mit Brennstoff und Nachfüllen des Wassertanks. Da die meisten Fahrgäste an den Endstationen der einzelnen Abschnitte die Gelegenheit nutzten und sich Unterkünfte in Hotels oder Wirtshäusern besorgten, nahm die Reise mindestens sechs Tage in Anspruch, was von Vorteil war, denn auf diese Weise erschloß sich Kanada für die Reisenden in kleinen, verdaubaren Portionen. Die Engländer vom französisch geprägten Montreal unmittelbar in die Grenzstadt Edmonton zu verfrachten

wäre eine Überforderung gewesen. Für eine erste Unterbrechung der Reise eignete sich das kleine Fort William besonders gut. Den Engländern fiel auf, daß der Goldrausch eigentlich schon hier seinen Anfang nahm, denn hier begann der westliche Streckenabschnitt der nationalen Eisenbahngesellschaft, hier trafen Goldsucher aus allen Teilen des Landes ein, vor allem aber Amerikaner über die kleineren Zubringerstrecken, die aus den Vereinigten Staaten nach Kanada führten. Hier war auch Endstation für die Passagierschiffe, die auf den Großen Seen pendelten, und der Fahrgast konnte, wenn er Zeit und Geld hatte, von der gängigen, durch Nord-Ontario führenden Reiseroute abweichen, statt dessen nach Toronto und über den Detroit-Fluß weiter nach Windsor reisen, sich auf einem Luxusdampfer einschiffen, ein paar herrliche Tage auf dem Huron-See und dem Oberen See verbringen, in Fort William von Bord gehen und die Bahnfahrt Richtung Pazifik fortsetzen.
Im Sommer des Jahres 1897 bestiegen in Fort William ganze Horden von Goldsuchern die Züge nach Winnipeg und Calgary, und das Team von Lord Luton, das solche Menschen zum erstenmal aus der Nähe sah, empfand sie als plumpe, unbeholfene Personen. Die meisten waren alleinstehende Männer, auch wenn einige in Gruppen zu zweit oder dritt angereist kamen, aus kleineren Ortschaften irgendwo in Ohio oder Michigan. Gelegentlich war ein Paar unter ihnen, wobei die Frauen stets groß und kräftig und tüchtig aussahen. Erstaunlich viele unter den Ankömmlingen, die sich der Karawane anschlossen, hatten sich nur kurze Zeit in den Vereinigten Staaten aufgehalten, sie stammten aus Deutschland oder Skandinavien, ab und an war auch ein Ire dabei, seltener dagegen abenteuerlustige Franzosen. Es waren Männer in Aufbruchstimmung, die meisten Ende Zwanzig oder Anfang Dreißig, manchmal auch solche, die schon Grau angesetzt

und die Vierzig oder Fünfzig überschritten hatten. Mit ihrer rauhen Kleidung, ihren armseligen Pappkoffern und ihrer ungeschliffenen Sprache boten sie wahrlich keinen erhebenden Anblick.

Wenige Stunden bevor unsere Reisenden in Winnipeg ankamen, wo sie über Nacht blieben, tauchte ihr Zug aus der scheinbar grenzenlosen Landschaft hervor, einer Landschaft von düsteren Bäumen, stillen Wasserflächen und Gestein, belebt nur durch vereinzelte, silbrig leuchtende Birken und gelegentlich einen Wasserfall. Selbst Trevor Blythe, zunächst gefesselt von der Wildnis dieses riesigen Waldes, war ihrer im Laufe des zweiten Reisetages überdrüssig geworden. Schließlich hatte der Wald der Prärie Raum gegeben, die sich ungezähmt bis zum Horizont erstreckte. Jetzt erst erfaßten sie die unendliche Weite Kanadas, wie radikal sich das Land von allen anderen Teilen des britischen Empire unterschied. »Es ist wirklich ein Kontinent«, bemerkte Trevor, über Karten gebeugt, »und wir haben kaum die Hälfte durchquert«, aber Lord Lutons anschließende Frage gab der schwärmerischen Begeisterung gleich einen Dämpfer. »Tausend Meilen öder Prärie, ohne Geschichte, ohne Kultur, können es doch wohl niemals mit hundert Meilen einer geschichtsträchtigen Gegend irgendwo in Deutschland, Holland oder Belgien aufnehmen, oder bist du da anderer Meinung?« Und er zeigte wenig Interesse an der sich ungehemmt ausdehnenden neuen Metropole Manitobas und blieb unbeeindruckt von den elektrischen Straßenbahnen, die durch die Stadt rumpelten – offensichtlich zum Stolz der Einwohner.

Westlich von Winnipeg, als der Zug an Stationen haltmachte, die so seltsame Namen wie Moose Jaw, Swift Current oder Medicine Hat trugen, kamen Passagiere an Bord, die in den Augen der Engländer keine Ähnlichkeit mehr mit dem Menschenschlag hatten, der ihnen aus England bekannt war, und nur wenig mit dem, dem sie bisher im östlichen Kanada begegnet waren. Kaum noch einer sprach Französisch, aber das Englische schien dennoch nicht verbreiteter zu sein als die fremd klingenden Sprachen der baltischen Länder. Hier liefen die Männer nicht in maßgeschneiderten Anzügen aus Londoner Modehäusern herum, diese Männer hatten sich die Prärie untertan gemacht, Rinder gezüchtet und kleine Läden betrieben, und ihre Frauen sahen genauso tüchtig aus wie sie. Erstaunlich war die Anzahl der Frauen, die allein oder zu zweit reisten.

Zu der bunten Mischung von Nationalitäten, die sich bereits in dem Zug eingefunden hatte, gesellte sich jetzt noch die große Gruppe derjenigen, die aus dem Westen der Vereinigten Staaten nach Norden gekommen war, kräftige, ungeschlachte Männer mit kantigen Gesichtern, die slawischen Ursprung erkennen ließen, oder mit hellblondem Haar, das auf nordeuropäische Herkunft schließen ließ. In jedem Abteil wimmelte es nun von angehenden Goldgräbern, von denen viele ihre gesamte Habe mitgebracht hatten. In dem ganz in Weiß und Gold gehaltenen Speisewagen schwirrten Sprachen und Dialekte durcheinander, die man noch nie gehört hatte, und der Wagen der zweiten Klasse, der »Colonial Car«, war so voll, daß sich Fogarty sein luftiges Bett mit einem Schweden teilen mußte, der sagte, er käme aus Montana.

Die Freunde Lutons amüsierten sich über die Wirkung, die die Flut der Neuankömmlinge auf den Lord hatte. »Eine lebhafte Bande, das kann man wohl sagen! Kein Wunder, daß sie uns Oregon und halb Kanada weggenommen haben. Ich frage mich nur, wie es der alte Marquis geschafft hat, sie zurückzuhalten. Wenn diese Kerle erst einmal loslegen, sind sie nicht mehr zu bremsen.« Distanziert und leicht überheblich beobachtete er die Amerikaner und dachte sich dabei

seinen Teil: »Entweder sind sie dreist und unverfroren, ohne jedes Gespür für angemessene soziale Unterschiede, oder sie sind primitive Tölpel, die erst kürzlich aus irgendeinem kleinen Land auf dem Kontinent herübergekommen sind, kaum besser als die Bauern, die man in jedem französischen Kaff antrifft.« Unmut regte sich in ihm bei dem Gedanken, diese Sorte Amerikaner in ihrer groben Kleidung könnten ihre Plätze womöglich in der ersten Klasse einnehmen, die einzigen in dem überfüllten Zug, die noch frei waren. »In England würden sie so etwas nicht wagen«, dachte er und war froh, daß er es so eingerichtet hatte, daß seine Reisegruppe mit amerikanischem Territorium nicht in Berührung kam. Mit solchen Leuten eine längere Zeit gemeinsam verbringen zu müssen, dabei hätte er sich nicht wohl gefühlt.
Die beiden Jüngeren aus Lutons Gruppe, gezwungen, sich dahin zu setzen, wo noch Plätze frei waren in dem überfüllten Speisewagen, knüpften ohne jede Scheu ein Gespräch mit ihren Tischnachbarn an. »Woher kommen diese Menschen bloß alle?« fragte Trevor, und einer ihrer beiden Gesprächspartner, nacheinander auf die Paare im Wagen zeigend, fing an: »Die beiden sind Deutsche, ich habe sie zufällig kennengelernt. Die Leute da drüben sind vermutlich Anhänger einer religiösen Gemeinschaft aus Rußland, die hier Zuflucht gefunden haben. Und die daneben? Könnten alles mögliche sein.« Trevor lehnte sich zurück und fragte: »Können Sie uns wohl sagen, woher Sie kommen?« Aber kaum hatte der Mann Luft geholt, als Trevor dazwischenrief: »Skandinavien, stimmt's?« Und der Mann entgegnete: »Norwegen.«
Als Lutons Gruppe in Calgary die Hauptstrecke der Canadian Pacific verließ, um in den Anschlußzug nach Edmonton umzusteigen, wurde alles noch schlimmer, denn annähernd tausend Goldgräber waren aus allen Teilen der Vereinigten

Staaten hier zusammengeströmt und trafen nun auf die Massen, die aus dem Osten Kanadas eingefallen waren. Als sich der kleine Zug Richtung Norden nach Edmonton in Bewegung setzte, waren alle Plätze bereits besetzt, so daß zusätzlich noch drei Waggons angehängt werden mußten, die normalerweise für den Viehtransport reserviert waren. Hunderte von Menschen legten die hundertneunzig Meilen nach Edmonton im Stehen zurück und waren noch glücklich, daß sie es überhaupt geschafft hatten.
Nachdem Lord Luton sich einen Überblick über das Menschengewimmel verschafft hatte, stellte er fest: »Wie die Meanderlinien eines großen Stroms; kleinere Bäche aus entlegenen Gebieten münden in den Fluß, bis aus dem Rinnsal eine Flut wird.« Kaum hatte er zu Ende gesprochen, als jemand mitbekam, wie Fogarty ihn mit Milord anredete. Sofort verbreitete sich das Gerücht in der Menge, ein echter britischer Lord sei im Zug. Wenig später drängelten sich blöd glotzende Amerikaner nach vorn, die unbedingt sehen wollten, wie ein britischer Edelmann aussah, während die erfahreneren Kanadier das Geschehen beifällig aus der Ferne verfolgten.
Die Flucht ergreifend, suchte Luton sein Privatabteil auf, aber später, beim Abendessen, traten wildfremde Menschen an seinen Tisch, um dem Lord ihren Respekt zu bezeugen und ihm alles Gute zu wünschen. Er war so entnervt, daß er sich zurückzog, mit seinem spöttischen Naserümpfen nicht sparte und betete, die Reise möge bald ein Ende finden. Elf Stunden später vernahm er wildes Gejohle, das aus den Viehwaggons kam; er schaute aus dem Fenster und sah Edmonton vor sich liegen, eine Stadt, deren Bevölkerung seit jenen verhängnisvollen Worten – »Schiff mit über einer Tonne reinem Gold eingefahren!« – von ehemals fünfhundert Einwohnern lawinenartig auf über zweitausend angewachsen war.

Lutons erster Eindruck von Edmonton war, daß es sich um eine Stadt aus lauter Zelten handelte, denn entlang der Niederungen des Saskatchewan zog sich ein Lager aus Tausenden von Unterkünften aus Segeltuch, die von den Goldsuchern dort als Provisorien errichtet worden waren. Geschäfte jeder Art waren auf geheimnisvolle Weise aufgetaucht, die meisten mit auffallenden Schildern versehen, die jedem Neuankömmling versprachen, daß er hinter dieser Tür alles Nötige für seine bevorstehende Reise an den Klondike finden würde. Die Bürger von Edmonton genossen es, aus ihrem Dornröschenschlaf gerissen zu sein, während Hausierer auf den unbefestigten Straßen Fremde belästigten und versuchten, sie in den einen oder anderen Laden zu locken. Einer dieser Halsabschneider, gekleidet in der Kluft eines Schreiners, mit Overall und Schürzenlatz, überfiel die Reisenden mit einem Wortschwall und verteilte kleine Zettel, auf denen gewarnt wurde, auf keinen Fall ohne vernünftiges Werkzeug gen Norden zu ziehen. Eine Minimalausrüstung könne man im Geschäft seines Bruders erwerben, für 43 Dollar, sie bestünde aus den wichtigsten Geräten wie Schaufel, Spitzhacke, Schrotsäge, Hammer, Seil, Axt, Ziehmesser, Meißel, Eimer und einer Pfanne zum Goldwaschen. Er persönlich empfehle jedoch die sogenannte Komplettausrüstung, die hier auf dem Zettel minuziös aufgelistet sei, über hundertzehn Einzelteile für nur 125 Dollar. Zu dieser Ausrüstung gehörten so nützliche Dinge wie eine Bohrleiter, ein Flaschenzug, ein Vergrößerungsglas und ein flacher Bratenofen. Philip ließ sich einen dieser Zettel in die Hand drücken, und als er zum Hotel zurückkehrte, empfahl er seinem Onkel, für ihre Truppe die 125-Dollar-Ausrüstung zu erwerben, aber Luton entgegnete: »Harry erledigt das Notwendige, er hat mehr Erfahrung, was die Ausrüstung von Expeditionen betrifft, als dein Schreiner.«

Während sich die vier Gentlemen um die Gerätschaften kümmerten, mischte sich Fogarty unauffällig unter das Ladenpersonal von Edmonton und erfuhr durch seine Gespräche mit den Verkäufern und Angestellten höchst beunruhigende Dinge. Als er sich in einem Werkzeugladen einmal beiläufig nach dem Experten erkundigte, der das Schreiben geschickt hatte, das man seiner Mannschaft in der kanadischen Vertretung in London ausgehändigt hatte, fragte ein junger aufgeweckter Bursche, der dort aushalf: »Was für ein Experte?« Und Fogarty fuhr fort: »Ich glaube, sein Name war Halverson.« Der Verkäufer grinste abfällig: »Ach, der.« Und nachdem Fogarty auch noch den Namen des angeblichen Experten des Mackenzie, Desbordays, genannt hatte, mußte der Junge lauthals lachen: »Das ist ein und derselbe, Peter Randolph. Er schreibt für die Zeitung.«

»Ist er überhaupt schon mal in Dawson gewesen?«

»Er ist nicht mal so weit nördlich gekommen, wie der Athabaska verläuft.«

»Wie hat er dann den Artikel fertiggebracht? Fragen gestellt, oder was?«

»Was für Fragen?«

»Na, sich mit Leuten unterhalten, die schon einmal da waren.«

»Von hier ist keiner jemals so weit gekommen. Den Mackenzie-Fluß vielleicht mal ein Stück runter, zum Angeln, das ja.«

»Und zu den Goldfeldern?«

»Kein einziger. Bis jetzt jedenfalls nicht. Nächstes Jahr soll angeblich eine Expedition der Regierung dorthin aufbrechen. Aber nicht jetzt, wenn der Winter vor der Tür steht.«

Fogarty, nicht willens, solch entmutigende Auskünfte einfach hinzunehmen, suchte nacheinander auch die anderen Geschäfte auf, fragte stets die Verkäufer, nicht die Ladenbesitzer, was es mit den Routen zum Klondike auf sich hätte,

und bekam immer dasselbe zu hören, daß nämlich Peter Randolph niemals über Edmonton hinausgekommen sei und daß sich auch niemand sonst aus Edmonton jemals nach Dawson durchgeschlagen habe, denn, wie einige erläuterten: »Dawson hat es ja nicht einmal gegeben, bevor das alles hier angefangen hat.«
»Können sie nicht am Klondike gewesen sein?«
»Den Namen hat es ja bis letztes Jahr noch gar nicht gegeben, erst als die Amerikaner kamen und den Fluß so genannt haben.«
Während er ziellos durch die staubigen Straßen von Edmonton wanderte, wurde Fogarty klar, daß er zwei Dinge tun mußte: versuchen, mit diesem Peter Randolph, der die Artikel verfaßt hatte, zu sprechen, und sodann unverzüglich Lord Luton über alles in Kenntnis zu setzen. In der Redaktion der örtlichen Zeitung erkundigte er sich nach Randolph, aber es wurde ihm mitgeteilt, daß er nicht mehr dort arbeitete. Als er wissen wollte, wo er denn jetzt tätig sei, hieß es: »Er hat 'n Job im Laden angenommen, der letzte Woche aufgemacht hat. Gibt den Goldgräbern gute Ratschläge.«
Es dauerte eine ganze Weile, bis Fogarty herausgefunden hatte, welches der zahlreichen neuen Geschäfte diesen gerissenen Mann eingestellt hatte, und als es schließlich soweit war, stellte sich der Ire als angehender Goldgräber vor. »Aber ja, natürlich!« rief Randolph begeistert. »Natürlich kommen Sie noch bis zu den Goldfeldern, bevor alles zugefroren ist. Wir statten Sie mit der besten Kleidung aus, mit der besten Ausrüstung, die es gibt, und wir liefern Ihnen die besten Vorräte. Sie brauchen dann nur noch ein Pferd besorgen, und schon sind Sie ein gemachter Mann.«
Nachdem Fogarty eine Weile mit ihm geredet hatte, regte sich in ihm der Verdacht, daß nicht ein Funken Wahrheit an dem war, was der Mann erzählte. Vielleicht war sogar der

ganze Betrieb in und um Edmonton ein gigantischer Schwindel, organisiert und aufrechterhalten von raffgierigen Geschäftsleuten und nachlässigen Stadtvätern. Es sah so aus, als ob auch nicht einer auf den Gedanken kam, daß es ein sicheres Todesurteil bedeutete, in dieser Zeit des Jahres, in der sich die Sommertage lang hinzogen, Alleinreisende nach Norden in die Klauen des herannahenden Winters zu schikken, und daß man Unheil heraufbeschwor, selbst sorgfältig vorbereitete Mannschaften wie die von Lord Luton ohne weiteres losziehen zu lassen.

Mit dieser unvollständigen, aber dennoch niederschmetternden Beobachtung kehrte Fogarty zum Hotel zurück und trat vor Lord Luton. »Wenn Sie entschuldigen, Milord, ich habe Ihnen etwas mitzuteilen, aber ich glaube, wir sollten auch die anderen hinzuziehen.« Als die Gruppe vollständig versammelt war, begann er zu berichten: »Ich glaube, wir sind in eine Falle getappt. Bei den beiden Männern, die diese Berichte geschrieben haben, von denen Sie immer erzählen, handelt es sich um ein und denselben, einen Kerl, der nie aus Edmonton rausgekommen ist. Nicht mal bis zum Peace River. Außerdem haben mir viele in der Stadt bestätigt, daß es keine Möglichkeit gibt, noch vor Einbruch des Winters an die Goldfelder zu kommen, selbst wenn wir sofort aufbrechen würden.«

»Fogarty«, fragte Luton, anscheinend irritiert, »sind Sie sich da ganz sicher, oder sind Sie nicht doch nur dummen Gerüchten aufgesessen, die hier im Dorf kursieren?« Aber als Fogarty sich dagegen verwahrte und beteuerte, die Glaubwürdigkeit seiner Informanten so gründlich wie möglich überprüft zu haben, schnitt ihm der Lord das Wort ab und fuhr statt dessen Carpenter an: »Harry, geh los, und erkundige dich, was es damit auf sich hat.« Während Luton sich schon wieder umgedreht hatte, machte sich Fogarty leise an

Carpenter heran und flüsterte ihm ins Ohr: »Der Mann heißt Peter Randolph. Sie finden ihn hinter der Theke im Laden mit dem ausgestopften Bären im Schaufenster.« Und Harry machte sich auf die Suche.

Er betrat den Laden, als Randolph gerade dabei war, einer Gruppe Auswärtiger eine komplette Ausrüstung aufzuschwatzen, Menschen, die sich keine Vorstellung davon machen konnten, welchen Gefahren sie ausgesetzt sein würden, aber was Harry besonders anwiderte, waren die unverfrorenen Lügen des jungen Mannes. Fast eine halbe Stunde hielt sich Harry im Hintergrund, im Schutz der Gruppe, hörte sich seine Täuschungsmanöver an und korrigierte die Angaben im Geiste für sich selbst. »Dawson liegt ein Stück weiter nördlich, drei-, vierhundert Meilen leichtes Terrain.« (»Es sind mindestens zwölfhundert Meilen, höllisch schwierig.«) »Sieben angenehme Wochen, ausreichend Zeit, um anzukommen, bevor der Schnee fällt.« (»Es sind wohl eher sieben Monate, und die meiste Zeit liegt Schnee.«)

Einen Schrecken jagte ihm auch die Information ein, die ihm ein Bürger Edmontons heimlich zukommen ließ. Er schäme sich für das, was da passiere, gestand er: »Sie sehen wie ein ehrlicher Mensch aus«, sagte er. »Engländer? Hab' ich mir gleich gedacht. Hören Sie, glauben Sie dem Randolph kein Wort. Der war in seinem Leben nie weiter nördlich als diese Stadt. Bislang hat nur ein einziger Mensch in der Geschichte die beschwerliche Strecke von hier nach Dawson geschafft, ein erfahrener Scout, der sich mit unserem Klima auskannte. Kräftiger Kerl, bei bester Gesundheit, aber ohne die Hilfe von Indianern wäre der auch nicht durchgekommen.«

»Wie lange hat er für die Route gebraucht?«

»Ein Jahr und zwei Monate. War halb tot, als er ankam.«

»Ein Verbrechen, ahnungslose Menschen in so eine Hölle zu schicken!«

»Schlimmer noch, ich würde sagen: glatter Mord.«
So schnell wie möglich kehrte Harry zurück zu den anderen, die schon auf ihn warteten, und berichtete mit bitterer Miene: »Alles, was Fogarty erzählt hat, stimmt, Evelyn, er hat sogar nur die Hälfte erfahren. Schon der Versuch, auf dem Landweg von hier nach Dawson zu kommen, wäre Selbstmord. Und was Fogarty über Randolph herausgefunden hat, stimmt auch. Die angeblichen Reiseberichte sind gefälscht, aus den Fingern gesogen. Er ist überhaupt nicht gefahren, alles reine Phantasieprodukte, bewußte Irreführung. Evelyn, dieser Betrug ist so unerhört, ich meine, wir hätten die Verpflichtung, die einfältigen Narren da draußen davor zu warnen, sich in diesen Wahnsinn zu stürzen.« Schließlich war auch Lord Luton der Überzeugung, man müsse Alarm schlagen. Bevor das jedoch in die Tat umgesetzt werden konnte, drang mit einemmal wildes Gejohle und Gepfeife von draußen in ihr Hotel, und als sie aus dem Fenster schauten, sahen sie lediglich die neueste Verrücktheit, die nur so eine Stadt wie Edmonton hervorbringen konnte.
Ein Farmer aus Kansas namens Fothergill, der zwar kein Vermögen, sich dafür aber einen Namen gemacht hatte, weil er seinen Weizen an seine Schweine verfütterte, war wenige Tage zuvor mit dem Zug angekommen, im Schlepptau eine Fracht aus zwei Dutzend riesigen Einzelteilen, die er anschließend zusammensetzte. Das Ganze nannte er seine »Wundermaschine«, die ihn an den Klondike bringen sollte. Im Grunde handelte es sich um einen normalen Traktor, wie er in der Landwirtschaft Verwendung fand, nur umgebaut für die Goldsuche. Auf den ebenen Feldern von Kansas wäre der Traktor sicher die Sensation geworden, denn er bestand aus einer robusten, von Eisenbändern zusammengehaltenen Dampfmaschine, die, mit Holz beschickt, das man sich unterwegs hacken mußte, vier gigantische Räder antrieb.

»Es wird Ihnen schon aufgefallen sein«, erzählte Fothergill der erstaunten Menge, »daß die Räder einen großen Durchmesser haben. So rollt der Wagen einfacher über Hindernisse hinweg. Sie werden überrascht sein, wieviel das nützt.« Dann kam er zu dem eigentlichen Geheimnis seines Erfolges: »Vielleicht haben Sie es ja noch gar nicht bemerkt, aber schauen Sie sich mal die Metallspitzen an, die in den Reifen stecken, und auch die paar Dutzend Ersatzspitzen hier hinten in der Kiste, für den Fall, daß mal eine abbricht.« »Wofür sollen die gut sein?« fragte ein mißtrauischer Kanadier, und Fothergill erklärte: »Sie bohren sich beim Fahren in den Boden. Sie geben dem Apparat einen festen Halt und drücken ihn vorwärts.« Während er sprach, mit leuchtenden Augen, als könnte er es kaum erwarten, an das Gold zu kommen, wurde den Engländern immer deutlicher, daß der Mann von der Vorstellung ausging, das Gebiet zwischen Edmonton und Dawson sei mit der amerikanischen Prärie vergleichbar, ebenmäßig und leicht zu durchqueren, mit einem Baum hier und da. Als ein Einwohner Edmontons ihn fragte, wie er denn mit der Maschine durch die Wälder fahren wolle, gab er zur Antwort: »Ein paar Bäume werden uns wohl in die Quere kommen, aber dann fahren wir einfach drum herum.«
Schließlich kam der Moment, an dem er zu seiner Fahrt von über tausend Meilen aufbrechen wollte – ohne Karte, mit nur wenigen Ersatzteilen und einer einzigen Axt, um sich unterwegs das nötige Holz zu hacken. Lord Luton, der das verrückte Treiben von seinem Hotel aus verfolgte, flüsterte seinem Neffen zu: »Man sollte diesem Wahnsinn wirklich Einhalt gebieten.«
Das Feuer unter dem Kessel entfacht, fing das bereits erwärmte Wasser an zu verdampfen, und mit einem gewaltigen Quietschen setzte sich die riesige Maschine, auf der rund

zwanzig Menschen Platz gefunden hätten, langsam in Bewegung, spürte dann ihre Pferdestärke, gewann schnell an Fahrt und schlug den Weg durch die angebliche Prärie ein, am Steuer ein stolzer Fothergill, der den johlenden Zuschauern zuwinkte. Schon wenige hundert Meter jenseits der Stadtgrenze, in einer weiten Ebene aus weichem, von Regen getränktem Boden, blieb die Maschine liegen; statt den Traktor anzutreiben, drehten die Räder durch und bohrten sich nur tiefer in den Matsch, statt nach vorne zu drücken, schnitten die Metallspitzen mit aller Kraft nach unten, so daß bald die gesamte Karosserie des Fahrzeugs im Schlamm versank und jede Vorwärtsbewegung unmöglich wurde.

Noch ehe der verwirrte Farmer den Antrieb für die vier Räder stoppen konnte, hatten sie sich ihr eigenes Grab im Sumpf geschaufelt; die stärksten Zugpferde hätten die Maschine nicht mehr befreien können. Enttäuscht kletterte Fothergill von seinem Thron, schaute in die lachende Menge, die hinterhergerannt war, und rief: »Wie soll ich mit dem Ding jemals bis Dawson kommen?« Zufällig traf sein Blick dabei Lord Luton, der zurückwich, als fühlte er sich unangenehm berührt von dem Mann und seiner Dummheit. »Eine gute Frage, fürwahr. Wie kommt man nach Dawson.«

Zurück in ihrem Quartier, griff Luton erneut die Überlegung auf, die Carpenter angestellt hatte, als ihr Gespräch von der Wundermaschine unterbrochen worden war: »Wir müssen diesen Leuten klar zu Bewußtsein bringen, welches Risiko sie eingehen, wenn sie sich auf so einen Unsinn einlassen ... oder gar zu Fuß aufbrechen wollen ... oder mit Pferden.«

Einen geschlagenen Tag lang mischten sich die vier unter die goldgierigen Horden, warnten und wiesen darauf hin, daß die Dokumente von Halverson und Desbordays Fälschungen waren, doch alles Reden half nichts, sie waren machtlos, die Glücksritter, die sich schon am Klondike wähnten, von ihrem Vorhaben abzubringen. Bei ihren Bemühungen trafen sie auf zwei Männer und eine Frau, die gerade ein Pony erworben hatten, das ihr gesamtes Gepäck bis Dawson schleppen sollte. »Ich bitte Sie dringend! Lassen Sie es bleiben!« flehte Carpenter sie an, aber noch während er sprach, setzte das Trio unbekümmert seinen Weg fort, machte sich auf die Reise, die mindestens ein Jahr dauern würde, falls das Pferdchen durchhielt, und da Harry sicher war, daß das Tier vor Ablauf einer Woche verendet war, mußte er davon ausgehen, daß auch die drei Besitzer umkommen würden.

Schließlich traf er sogar auf eine gutaussehende Frau Ende Dreißig, die vorhatte, den Landweg allein und zu Fuß zurückzulegen, als Proviant diente ihr nur ein kleiner Beutel Trockenfrüchte. Bei diesem Anblick verlor er endgültig die Fassung und schimpfte: »Gnädige Frau, Sie werden völlig geschwächt sein nach einer Woche und am Ende der zweiten Woche tot umfallen.« Als sie ihm mit Tränen in den Augen entgegnete, sie habe zu Hause in Iowa zwei Kinder zu versorgen, tat er etwas, das ihn selbst nicht minder überraschte als sie. Er legte die Arme um sie, drückte seinen buschigen Bart an ihr Gesicht und gab ihr einen dicken Kuß auf die Wange. »Madam, Sie sind eine schöne Frau und sicher eine wunderbare Mutter. Aber kehren Sie um Gottes willen um, und gehen Sie zurück nach Iowa. Auf der Stelle!« Noch bevor sie ein Wort des Protestes einlegen konnte, gab er ihr verstohlen fünfzehn kanadische Dollar, nahm sie an die Hand und begleitete sie zum Bahnhof, von wo aus sie die Heimreise antreten konnte.

Philip Henslow hatte derweil ein Erlebnis ganz ähnlicher Art, ein Erlebnis freilich, das überraschende Folgen haben sollte. Lustlos schlenderte er durch die Straßen, fragte jeden Fremden, der ihm über den Weg lief und so aussah, als wüßte er etwas mehr über die diversen Routen nach Dawson, als plötzlich wenige Schritte vor ihm eine Frau lief, nach seiner Einschätzung ein gutes Stück älter als er selbst, die sich durch ihre extravagante Art zu kleiden von den anderen abhob. Was sie trug, sah aus wie eine umgearbeitete Militäruniform aus kräftigem, engmaschig gewobenem, dunklen Stoff: weiter Rock, nicht zu lang, Herrenjackett, an den Schultern gepolstert, fesche Schirmmütze, die schief auf dem Kopf saß, an den Füßen schwere, deftige Stiefel, an den Händen, obwohl es draußen warm war, dicke Handschuhe.

Philip war so angetan von der ungewöhnlichen Aufmachung, daß er sich zu etwas hinreißen ließ, was er zu Hause in England niemals gewagt hätte. Erst die freie, gänzlich ungezwungene Atmosphäre, die in jenem Sommer in Edmonton herrschte, flößte ihm den nötigen Mut ein. Mit wenigen Schritten war er neben ihr, wandte sich ihr zu und fragte höflich: »Ma'am, wollen Sie auch an den Klondike?«

Als sie aufschaute, um seinen Blick zu erwidern, verschlug es ihm fast den Atem, so überwältigt war er von ihrer Erscheinung. Sie war, wie er vermutet hatte, Ende Zwanzig, Anfang Dreißig, aber hatte die geschmeidige Figur eines jungen Mädchens. Ihr Gesicht war nicht schön im üblichen Sinn, makelloser Teint, vorstehende Backenknochen und harmonische Züge, es glich eher der Statue einer vornehmen italienischen Dame aus dem achtzehnten Jahrhundert, war von zeitloser Eleganz, voller Reize und wie aus Marmor geformt – und ebenso hart.

Auf den ersten Blick, verzaubert, wie er war, schien sie aus einem exotischen Land zu kommen, weder aus Kanada noch aus Amerika und ganz sicher nicht aus England, denn ihr Haar, das seitlich unter der Mütze hervorlugte, war von so heller strohblonder Farbe, daß es fast wie Blattgold aussah.

Das hervorstechendste Merkmal jedoch war ihr Lächeln, zu dem sich ihre Lippen langsam verziehen konnten und das widersprüchliche Botschaften an die Welt schickte: »Komm näher, damit wir ein wenig plaudern können.« Aber auch: »Bleib, wo du bist, damit ich abschätzen kann, wer du bist.« Nach der ersten kurzen Bemerkung von Philip war sie zu demselben Schluß gekommen wie er: ein Ausländer. Mit einer erstaunlich tiefen und weichen Stimme, wobei ein Akzent durchschimmerte, den Philip nicht gleich ausmachen konnte, fragte sie ihn: »Wo kommen Sie her?«
»London.«
»Wohl auch unterwegs zu den Goldfeldern, was?«
»Wie alle hier.«
»Sie sehen aus wie ein Bub. Zu jung für so eine Reise.« Als sie sah, wie er zusammenzuckte, fügte sie schnell hinzu, wie eine Mutter, die ihr Kind beruhigen will: »Vielleicht hat man mehr Mut, wenn man noch jung ist.«
»Haben Sie jemals von irgendwelchen Berichten gehört über den Landweg nach Dawson?«
Sie holte erst einmal tief Luft, als sie diese Worte vernahm, und sagte dann: »Sie wollen doch nicht etwa diese Route nehmen, oder?« Und als er erwiderte: »Deswegen erkundigt sich unsere Mannschaft ja bei den Leuten in der Stadt«, ergriff sie mit beiden behandschuhten Händen seine Rechte und sagte mit tiefer Besorgnis in der Stimme: »Junger Mann! Lassen Sie sich da bloß nicht mit hineinziehen! Sie dürfen sich auf keinen Fall überreden lassen, diese Route zu nehmen!«
»Was ist denn daran so schrecklich?« fragte Philip, was sie aber noch mehr aufwühlte. Ganz unerwartet kehrte sie ihm den Rücken, hob ihren rechten Arm und gab drei Männern, die etwas weiter entfernt in einer Gruppe zusammenstanden, ein Zeichen. Kaum hatten sie die Dame winken sehen, eilten sie auch schon zu ihr.

»Hat dir der Kleine was getan?« fragte einer der Männer drohend; wie die anderen drei war er untersetzt, dunkelhäutig und in den Dreißigern, aber sie hielt sie mit einem entwaffnenden Lächeln zurück. »Nein, nein! Ein netter junger Mann aus London. Er hat sich nur nach der Nordroute erkundigt.« Dann stellte sie die drei Burschen vor: »Steno Kozlok, mein Mann; sein Bruder Markus, und das ist mein Bruder Stanislaus. Farmer aus Norddakota, mich eingeschlossen.«

»Warum hast du uns gerufen, was gibt's?« wollte Steno wissen. Aus dem schweren Akzent und dem dunklen, kantigen Gesicht schloß Philip, daß er und die beiden anderen Männer Einwanderer aus einem slawischen Land, möglicherweise sogar Rußland sein mußten. Die drei waren von einer Statur, als hätte man sie mit wenigen Axtschlägen aus einer Eiche herausgehauen, und Philip dachte nur: »Nur gut, daß sich die Dame nicht beleidigt fühlt. Wenn die drei auf mich losgegangen wären, wer weiß ...«

»Ich heiße Irina Kozlok«, sagte sie in weichem Tonfall, was sich aus ihrem Mund wie ein Lied anhörte.

»Woher kommen Sie? Ich meine, bevor Sie nach Norddakota ausgewandert sind?«

»Ach«, lachte sie, »da würden Sie ja doch nie drauf kommen.« Dann erzählte sie, daß ihr Mann Steno und dessen Bruder Markus aus einem entlegenen Gebiet des österreichischen Kaiserreichs stammten. »Sein richtiger Name lautet Kozlowkowicz, aber als wir heirateten, zeigte sich, daß keiner den Namen aussprechen, geschweige denn schreiben konnte. Ich mußte ihn überreden, daß er ihn in Kozlok änderte. Jetzt kann jeder meinen Namen aussprechen.«

»Und Sie selbst ... und Ihr Bruder?« fragte Philip weiter, und wieder antwortete sie, als wollte sie sich über ihn lustig machen: »Sie kommen ja doch nicht drauf.«

»Warum nicht?« entgegnete er. »Ihr Haar ist blond. Und seins ist noch heller. Vielleicht aus Schweden?«
Sie lachte erneut: »Das meinen alle. Nein, wir kommen aus einem Land, von dem Sie sicher noch nie gehört haben. Estland.«
»Aber ja!« rief er wie ein Kind, das nach langem Suchen endlich des Rätsels Lösung gefunden hat. »Natürlich habe ich davon schon gehört. Ein Teil von Rußland.«
Ihr Lächeln verschwand. »Estland ist Estland. Es gehört zu keinem anderen Land.« Doch dann, aus Furcht, sie könnte zu streng wirken, fuhr sie im freundlicheren Tonfall fort: »Hört mal her, Männer. Dieser junge Herr hier hat vor, den Landweg nach Dawson zu riskieren. Erzählt ihm mal, was ihn da erwartet.«
Kaum hatte sie den Satz beendet, traten die drei Burschen näher an Philip heran und redeten alle auf einmal drauflos, aber das Kauderwelsch, soviel verstand er, lieferte ihm genau die Information, hinter der Lord Luton her war. »Mörderisch... man sollte den Scheißkerl erschießen, der uns die Route genannt hat... kein markierter Weg... können sich nicht vorstellen, wie viele Pferdekadaver in der glühenden Sonne verwesen... und bedenken Sie, Sie müssen fast ein ganzes Dutzend Flüsse durchwaten, ziemlich wildes Gewässer... wenn Schnee einsetzt, erfrieren alle zu Tode.«
»Und das ist erst die halbe Wahrheit«, gebot die junge Frau dem Redeschwall Einhalt.
»Sie haben die Route tatsächlich versucht?« warf Philip ungläubig ein.
»Und ob«, sagte Steno, und sein Bruder fügte hinzu: »Aber wir waren klug genug, frühzeitig wieder umzukehren.«
Irina unterbrach von neuem: »Wenn Ihre Leute daran denken, diesen Weg einzuschlagen, müssen Sie sie sofort davon abhalten.«

»Wenn wir alles darangesetzt hätten und noch weiter vorgerückt wären«, sagte Steno, »hätte uns der Schnee überrascht, und wir wären eingeschneit gewesen, den ganzen Winter lang.«
»Ohne Kleidung und Proviant«, fügte seine Frau noch hinzu.
»Was haben Sie jetzt vor?« fragte Philip. »Zurück nach Norddakota?«
»Auf gar keinen Fall!« kam es von den drei Männern wie aus einem Mund. »Wir sind wegen des Goldes gekommen. Und wir holen es uns auch.«
»Aber wie?«
»Auf dem einzig vernünftigen Weg. Den Mackenzie runter, das Boot über die Wasserscheide schleppen und dann bis Dawson.«
Nachdem das klargestellt war, ergriff Irina erneut Philips Hand, blickte ihm tief in die Augen und sagte mit weicher Stimme: »Ich bin ja so froh, daß Sie mich angehalten haben... mir diese Fragen gestellt haben. Bitte, bitte, hören Sie auf meine Jungs. Nehmen Sie auf keinen Fall diese Route. Es wäre Ihr sicherer Tod.«
Sie brachte das mit einem solchen Ernst hervor, daß Philip für einen Moment in Schweigen verfiel. Dann sagte er, wobei er sich vor jedem der auskunftwilligen Personen verbeugte: »Ihr Leute aus Norddakota seid sehr freundlich und hilfsbereit zu mir gewesen. Ich hoffe, Ihr werdet bis zu den Goldfeldern vorstoßen.«
Irina antwortete für die ganze Sippe, als sie entgegnete: »Das hoffen wir auch.« Als Ausdruck der brüderlichen Gemeinschaft, der sich alle Goldgräber in Edmonton zugehörig fühlten, überraschte sie ihn erneut mit einer warmherzigen Geste, umklammerte seine Hand, schenkte ihm ein kurzes Lachen und wiederholte dann in einer Stimme, die mit einemmal kalt und stählern klang: »Gehen Sie nicht den

Landweg. Sie sind viel zu jung, zu sterben«, worauf sie sich zu ihm hochreckte und ihn küßte.
Halb erwartend, daß nun ihr Mann über ihn herfallen würde, hörte er Steno statt dessen sagen: »Hören Sie auf sie, junger Mann. Wir tun's auch«, worauf sich die vier auf ihren Fußmarsch zum Mackenzie machten. Während sie im anhaltenden Dämmerlicht untertauchten, dachte Philip, noch ganz benommen von dem Abschiedskuß: ›Wäre das nicht wundervoll, so jemanden zur Frau zu haben? So mutig, immer zu einem Lachen aufgelegt, und so großzügig anderen Menschen gegenüber. Ob wohl alle Frauen in Amerika so sind?‹

Als die vier von Lord Luton mit Nachforschungen Beauftragten wieder zusammenkamen, um die Ergebnisse ihrem Meister vorzutragen, hörte er sich mit gespanntem Gesichtsausdruck die ernüchternden Berichte an und stellte anschließend jedem dieselbe Frage: »Bist du selbst zu dem Schluß gekommen?«, worauf jeder ihm die schockierenden Tatsachen nannte, die aus ihrer Befragung deutlich hervorgegangen waren. Überzeugt, daß sie mit ehrlichen Absichten losgegangen waren und auch ihre Schlußfolgerung glaubwürdig war, jeder Versuch, über den Landweg an das Gold zu kommen, sei der helle Wahnsinn, erhob er sich abrupt, nickte mit dem Kopf und stolzierte aus dem Zimmer. »Ich muß mir selbst ein Bild machen«, ließ er vernehmen und verschwand in den lauen Abend.
Hochgewachsen, schlank, sorgsam gekleidet, die aristokratische Adlernase gen Himmel gereckt, als wollte er ihr den Geruch des Pöbels nicht zumuten, spazierte er herum, in gebührendem Abstand zu den Goldgräbern, die kein Quartier mehr gefunden hatten und auf der Erde schliefen, ihre

Habseligkeiten um sich herum aufgetürmt. Nach kurzer, verhaltener Befragung war ihm klar, daß unter ihnen nicht einer war, der Näheres wußte, und eine tiefe Traurigkeit überkam ihn: Narren allesamt, von Narren verführt. Sie sind verloren. Er traf auf zwei Männer, die aus einem Dorf in Kanada stammten und die den Landweg per Fahrrad zurücklegen wollten, die Ausrüstung gedachten sie, in kleine Anhänger verstaut, hinter sich herzuziehen. Er hielt sie an und fragte: »Und was wollen Sie als Wintermäntel benutzen, wenn ein Schneesturm aufzieht?« Aber die beiden entgegneten geistreich: »Bis dahin sind wir längst in Dawson.« Er unternahm erst gar nicht den Versuch, sie aufzuklären, aber seine Niedergeschlagenheit verstärkte sich noch.
Unter ihnen wandelnd wie ein Engel, der alles hört und sieht, weise und unparteilich, murmelte er immer wieder: »Verloren! Verloren! Das Dreiergespann da drüben wird nicht mal bis November überleben.« Und er faßte den festen Vorsatz, seine eigene Expedition nicht blindwütig in diesen Wahnsinn zu stürzen: Wir sind Männer mit Sinn und Verstand, wir werden uns nicht wie Idioten aufführen.
In diesem Augenblick lief ihm ein alter Mann über den Weg, der zielstrebig auf etwas zuzugehen schien, als hätte er Wichtiges zu erledigen, obwohl es schon eine Stunde vor Mitternacht war. Luton wandte sich an ihn mit den Worten: »Guter Mann, können Sie mir helfen und etwas Vernunft in diesen Irrsinn bringen?«
»Irrsinn, das kann man wohl sagen«, erwiderte der Mann mit stark schottisch gefärbter Aussprache, als er seinen Blick über die Schlafenden am Boden schweifen ließ. »Was suchen Sie?«
»Antworten. Antworten. Wie sollen meine Mannschaft und ich von hier an die Goldfelder gelangen und dem sicheren Untergang entgehen, dem diese Stümper geweiht sind?«

»Da sind Sie genau an den Richtigen gekommen«, meinte der Schotte. »Ich arbeite für die Hudson's Bay Company, und ich bin der einzige in der Gegend hier, der die Reise hinter sich gebracht hat, und weil ich mich unterwegs voll und ganz auf die gefüllten Proviantlager meiner Gesellschaft verlassen konnte, hatte ich nur leichtes Gepäck. Fast keine Ausrüstung. Außerdem hatte ich für einen Teil der Strecke auch die Hilfe von ein paar Hundsrippen-Indianern.«
»Wie war der Marsch?«
»Schrecklich! Es ist ein Verbrechen, unerfahrene Menschen zu dieser Jahreszeit in den Norden zu schicken. Viele werden den Tod finden, nicht Gold.«
»Was würden Sie raten?«
»Sie sehen kräftig aus und machen einen ganz vernünftigen Eindruck. Wie steht's um die anderen aus Ihrer Gruppe?«
»Alle jung und tüchtig.«
»An Ihrer Stelle würde ich bis zur Eisschmelze im Juni hier in Edmonton bleiben, dann den Mackenzie-Fluß hinuntersegeln, den majestätischsten Strom, den ich je gesehen habe, und so lange auf dem Fluß treiben, bis er in den arktischen Ozean mündet. Aber halten Sie sich von dem Delta fern, es ist ein einziges Wirrwarr von miteinander verflochtenen Flüssen und kleinen Inseln. An der Stelle, wo das Delta beginnt, fließt vom rechten Ufer her der Peel River in den Mackenzie-Fluß. Den paddeln Sie zehn bis fünfzehn Meilen aufwärts, wo Sie auf den Rat River stoßen, der vom Westen her mündet. Verfolgen Sie den Fluß bis zum Oberlauf, und tragen Sie dann Ihr Boot über die Berge, keine leichte Sache, aber es läßt sich machen. Dort finden Sie den Bell River. Lassen Sie sich hinuntertreiben, leichte Paddelarbeit, und nach einiger Zeit kommen Sie an den Porcupine, einen riesigen Fluß. Hier biegen Sie rechts ab. Fahren Sie weiter flußabwärts, und ohne große Probleme, fast ohne zu paddeln, erreichen Sie Fort

Yukon. Und – ›Voilà‹, wie die Franzosen sagen – schon sind Sie am Yukon, wo Sie ein Flußboot erwischen, das Sie direkt bis Dawson bringt.«

Der gute Mann war so darauf erpicht, die Fehler wettzumachen, die die selbsternannten »Experten« begangen hatten, daß er mit dem Finger eine Karte in den Sand zeichnete, auf der alle von ihm empfohlenen Biegungen und Abzweigungen zu erkennen waren. »Er stellt schon seine Anforderungen, dieser Weg, aber er ist noch relativ einfach. Ein paar Flußstellen und Berge, über die das Boot getragen werden muß, ja, und auch flußaufwärts paddeln, aber nicht übermäßig viel.«

Nachdem sich Lord Luton die Karte genauer angesehen hatte, verfinsterte sich sein Gesichtsausdruck. »Wir legen keinen besonderen Wert darauf, die Flußdampfer auf dem Yukon zu benutzen. Wir haben beschlossen, es auf unsere Weise zu versuchen. Wegen der Herausforderung. Sie verstehen, was ich meine.« Er wies auf den Punkt, der Fort Yukon markieren sollte. »Und die Goldfelder via amerikanisches Territorium zu betreten kommt erst recht nicht in Frage.«

Der Angestellte der Hudson's Bay Company ließ die Zurückweisung eine Weile auf sich wirken, zügelte seinen Zorn und entgegnete dann ruhig: »Sir, Sie legen sich da selbst Hindernisse in den Weg, die hier im hohen Norden keinen Sinn ergeben. Ich würde mich auch mit dem Elan einer verkrüppelten alten Frau zufriedengeben, wenn es mir helfen würde, eine anstrengende Reise hinter mich zu bringen.« Er verbeugte sich steif und verschwand in der sternenklaren Nacht. Luton wollte sich gerade wieder auf den Heimweg zu seinem Hotel machen, als ein Licht in der Ferne ihn ablenkte. Er ging darauf zu, vernahm ein Gemurmel von leisen Stimmen, es klang, als würden sich Hunderte von Menschen flüsternd

unterhalten. Als er näher herantrat, sah er eine Schar Indianer, Männer und Frauen, einen rituellen Tanz aufführen, die Köpfe in den Nacken geworfen, als wollten sie den Mond beschwören, aus seinem Versteck zu kommen. Die Füße zogen sie im formlosen Schleifschritt nach sich, die Arme hingen schlaff an den Seiten herunter, als seien sie vom Körper halb gelöst. Es war kein übermütiger Tanz, kein Tanz, bei dem gesprungen oder geschrien wurde, aber die Anzahl der Beteiligten, ihre gleichmäßigen schlurfenden Bewegungen und ihr leises Geraune übten eine narkotische Wirkung aus, auf die Tänzer selbst wie auch auf die Umstehenden.
Minutenlang verharrte Luton im Schatten, von den Tänzern unbemerkt, aber durch ein Schwingen seines eigenen Körpers doch teilnehmend an ihrem stillen Taumel. Obwohl ihn der Rhythmus gepackt hatte, dachte er bei sich: »Wilde! Solche kenn' ich aus Afrika und dem Amazonasgebiet. Überall in der Welt dieselben.« Er hielt mit dem Schaukeln ein, gleichzeitig führte er den rechten Daumen zum Mund und fing an, am Fingernagel zu kauen, während er weiter die hypnotisierende Szenerie verfolgte. »Wie viele Generationen noch, bevor diese Wilden eine anständige Kultur zuwege bringen?«
Er wurde aus seinen Gedanken gerissen von einem Mann, der von hinten an ihn herantrat und in gebrochenem Französisch sagte: »Schwarzfüße. Der mächtigste Indianerstamm hier im Grenzland. Lassen Sie sich von der Tanzerei nicht täuschen. Fangen Sie Streit an, hängen gleich hundert Messer an Ihrer Kehle.«
Als gebildeter Engländer verfügte Luton selbstverständlich über ausgezeichnete Französischkenntnisse und obwohl er Montreal das dominierende französische Element übelnahm, hieß er den Fremden hier doch willkommen. »Was wollen sie hier in Edmonton? Ich meine, die Indianer?«

»Sie sind seit Jahrhunderten hier ansässig, behaupten sie wenigstens. Ihr habt Fort Edmonton genau an der Stelle errichtet, wo sie früher ihre Tanzfeste abgehalten haben, sagen sie.«
»Sind Sie ein Schwarzfuß?«
»Mestize. Es ist lange her, aber mein Großvater soll ein Schwarzfuß gewesen sein. Mein Vater kommt aus Schottland, sagen sie.«
»Ihr Name?«
»Simon MacGregor.«
»Klingt schottisch«, konstatierte Luton. Die beiden Zuschauer verfielen in Schweigen, als sie sich wieder dem gleichförmigen Tanz der Schwarzfußkrieger zuwandten, dann fragte Luton: »Passiert irgend etwas bei diesem Tanz? Ich meine, lohnt es sich zu warten?«
»Es ist immer dasselbe. Manchmal dauert es fünf Stunden lang«, antwortete der Mestize, diesmal auf englisch.
Luton stieß vor Überraschung ein leises Pfeifen aus, das zwei aus der Reihe der Tänzer hörten. Sie traten aus dem Schatten hervor und fragten in gebrochenem Französisch und mit einer gewissen Scheu: »Sie Tanz mögen? Sie wollen mittanzen?« Und als er es versäumte, mit allem Nachdruck deutlich zu machen, er habe für solch albernes Posieren nichts übrig, faßten sie dies als Zustimmung auf. Freundlich, geradezu feierlich, posierten sie links und rechts von ihm, schoben ihn sanft nicht in Richtung der Tänzer, sondern zu einem flachen Rund, unweit der Stelle, wo er gestanden hatte, und wiesen ihn in die Schrittfolge ein, der die Gruppe folgte.
Da die beiden Männer in der Tracht der Schwarzfußindianer gekleidet waren – in reichverzierten Jacken aus Hirschfell, enganliegenden, unterhalb des Knies geschnürten Hosen mit grellbunten Lederaufsätzen, auf den Wangen rote und blaue Streifen – und sich Lutons eher gesetzteres Gehabe

zwischen den beiden Kriegern vorteilhaft ausmachte, bildeten sie ein hübsch anzusehendes Trio. Der Widerschein des großen Feuers in der Mitte des Runds warf malerische Schattengebilde auf ihre stattlichen Gesichter, was den Mestizen dazu veranlaßte, verhalten Beifall zu klatschen: »Très bien! Les danseurs magnifiques!«
Luton, über sich selbst erstaunt, probierte ein paar neue Schritte, aber als die Männer ihn regelrecht an die Hand nahmen, um ihm den Tanz richtig beizubringen, stieß er sie beiseite und verließ fluchtartig die Szene. Fassungslos blickten die Zurückgebliebenen der davonrennenden Gestalt hinterher, legten die grobe Zurückweisung als einen erneuten Beweis für den bösen Willen des weißen Mannes aus, zuckten mit den Achseln und machten sich ebenfalls davon. Luton, nun wieder allein, hatte, wie schon vorher, nur Tänzer anderer primitiver Stämme vor Augen, die er selbst gesehen hatte, und sein Unbehagen gegen die Indianer Kanadas nahm zu. Sagte ihm schon seine Vorstellung von den Vereinigten Staaten nicht zu, bildete sich jetzt eine ähnliche Abneigung gegen die von Indianern bewohnten Landstriche Kanadas heraus, und mit gemischten Gefühlen kehrte er ins Hotel zurück.
Obwohl es schon sehr spät war, holte er seine drei Kameraden aus dem Bett und schickte Philip los, auch Fogarty Bescheid zu sagen. Als alle anwesend waren, hieß er Harry die große Karte ausbreiten und informierte sie in einer eindringlichen, meisterhaften Rede über eine ganze Reihe von Entscheidungen, die er getroffen hatte: »Unter gar keinen Umständen werden wir den Landweg einschlagen, ich will kein Wort mehr davon hören. Damit bleiben uns noch zwei Möglichkeiten, und ich möchte Harry bitten, sie euch näher zu erläutern, denn in diesem Punkt habt ihr selbstverständlich das Recht, an der Entscheidung mitzuwirken. Wie auch

immer ihr entscheidet, ich kann mit beiden Möglichkeiten leben.«
Carpenter räusperte sich auf die vornehme Art, für die er eine Schwäche hatte, und fing an: »Männer, ihr habt gehört, was Evelyn gesagt hat. Wir haben die Wahl. Wir können hier bleiben und sieben endlose Monate warten, bis der Mackenzie-Fluß eisfrei ist, was bedeutet sieben endlose Monate in einem Grenzkaff aushalten, das sich alle Mühe gibt, eine Metropole zu werden. Das bedeutet keine Bibliotheken, kein Theater, keine Musik, kein vernünftiges Essen. Oder wir brechen morgen zum Mackenzie-Fluß auf, besorgen uns ein Boot, fahren so weit flußabwärts, wie wir kommen, und wenn der Fluß anfängt zu gefrieren, suchen wir uns eine schützende Bucht, vergraben uns für die Schneemonate wie die Bären und sehen, ob wir Manns genug sind, einem arktischen Winter nördlich des Polarkreises zu trotzen. Also, was wollt ihr lieber? Sieben Monate Edmonton?« Das Aufstöhnen war so laut – nur Fogarty blieb stumm –, daß die Antwort überdeutlich ausfiel. »Nach Norden fahren bis zum Polarkreis und Mut beweisen?« Allgemeine Zustimmung, zu der Lord Luton nur noch hinzufügte: »Männer, ich hätte sehr bedauert, wenn ihr euch anders entschieden hättet.«
Er bat Harry, zur Seite zu treten, und übernahm wieder die Führung der Truppe: »Gentlemen, ihr habt euch für einen schwierigen Weg entschieden, aber für den einzig richtigen Weg. Wir werden ihn nur gehen können, wenn wir uns einer eisernen Selbstdisziplin unterwerfen. Wenn es soweit ist und wir vom Eis eingeschlossen sind, suchen wir die Gegend nach Holz ab, wahrscheinlich gibt es dort Treibholz, und bauen uns einen Unterschlupf, irgend etwas zwischen Zelt und Hütte. Der Platz, den wir zur Verfügung haben – er wird nicht größer sein als die Ecke da drüben. Jeder übernimmt bestimmte Pflichten. Und ich sage euch, wenn wir uns nicht

gegenseitig Respekt entgegenbringen, dann werden wir scheitern.«

Seine vier Zuhörer applaudierten leise, dann folgte der endgültige Befehl: »Morgen früh sechs Uhr aufstehen, um letzte Besorgungen machen zu können. Für ein Jahr, falls es Probleme geben sollte. Jeder muß zwei gute Bücher beisteuern.«

Jetzt waren die Männer nicht mehr zu bremsen, sie brachen in Euphorie aus, wie es oft nach einmal getroffenen Entscheidungen der Fall ist, aber Carpenter fühlte sich bemüßigt, die Mannschaft auf den Boden der Wirklichkeit zurückzuholen. Auf die Karte weisend, um seinen Aussagen Gewicht zu verleihen, erinnerte er die Männer an den einzigen heiklen Punkt, den es während der Fahrt auf dem Mackenzie-Fluß zu klären galt: »Dieser Fluß, der uns lange Zeit gefangenhalten wird, verläuft parallel zum Yukon, auf den wir ja letztendlich wollen. Bleiben wir zu lange auf dem Mackenzie-Fluß, landen wir am Ende im arktischen Ozean und haben nichts erreicht. Wir wären verloren. Unser Problem ist also: An welcher Stelle auf der Fahrt Richtung Norden biegen wir nach Westen ab, um der Tyrannei des Mackenzie-Flusses zu entkommen und dem freundlicher gestimmten Yukon unsere Aufwartung machen zu können?«

»Ich habe mich da bereits erkundigt, Harry«, warf Luton gelassen ein, »und aus der Karte geht die Antwort auch eindeutig hervor. Wir passieren auf unserem Weg Hunderte von kleinen Flüssen, die aus dem Gebiet einmünden, wo die Goldfelder liegen. Wir brauchen also nur einen dieser Flüsse aufwärts zu fahren, bis wir auf ein Gewässer stoßen, das in die entgegengesetzte Richtung fließt, was uns direkt zum Yukon bringen wird und damit auch zu den Goldfeldern . . .«

Harry hatte noch nicht zu Ende gesprochen, und nachdem er einen Finger in sein Rotweinglas getaucht hatte – »Nicht richtig temperiert«, entschuldigte er sich –, zeichnete er mit einer kühnen Handbewegung eine Linie über die gesamte Karte vom äußersten Norden Kanadas, der Beaufort-See, bis weit in den Süden der Vereinigten Staaten. Er betrachtete sein Werk, trat einen Schritt zurück, daß alle es sehen konnten, und sagte: »Die Rocky Mountains. Mal hoch, mal tief, mal sehr hoch, mal sehr tief, aber immer präsent, nicht zu umgehen, weder von Menschen noch Flüssen, noch Vögeln.« Aufmerksam schaute er in die Runde und fuhr dann in fast drohendem Tonfall fort: »Von welcher Richtung wir auch kommen, wie wir uns auch nähern – um an die Goldfelder zu kommen, müssen wir an einer Stelle unsere gesamte Ausrüstung, vielleicht sogar unsere Boote, huckepack nehmen und die Rocky Mountains überqueren. Daran kommen wir nicht vorbei, es sei denn, wir kehren um und entscheiden uns für den Anmarsch, den die anderen wählen, durch Alaska.«

Lord Luton, erhobenen Hauptes, die Arme auf dem Rücken verschränkt, erwiderte mit eindringlicher Stimme: »Wir befahren den Mackenzie-Fluß in nördliche Richtung, suchen uns den günstigsten Fluß westwärts, die niedrigste Erhebung der Bergkette, überqueren sie – und sind am Ziel.« Das geklärt, faltete er die Karte zusammen und empfahl sich seinen Männern: »Dank eures gesunden Menschenverstandes und auch des Ihren, Fogarty, haben wir einen tödlichen Irrtum vermeiden können und uns gegen den Landweg entschieden. Möge Gott uns den richtigen Weg auf dem Fluß zeigen.«

Am nächsten Morgen schwärmten die Männer aus und durchstöberten die Geschäfte, um letzte notwendige Besorgungen zu machen, darunter eine Axt und einen Extravorrat Ascorbinsäure. Zwei ihrer Erwerbungen sollten sich als besonders bedeutsam erweisen. Harry Carpenter, der bereits diverse Reisen und Safaris hinter sich hatte, suchte einen

Laden auf, der alte Bücher verkaufte, und erstand drei Werke, deren Einbände er zum Entsetzen des Verkäufers sogleich entfernte: »Große Erwartungen« von William Makepeace Thackeray, die Gedichte von John Milton und eine Bibel.
Philip Henslow erledigte seine Besorgungen in dem Laden, der den ausgestopften Bären im Schaufenster stehen hatte und wo Peter Randolph sein Verkaufstalent erprobte. Der Verfasser der Warenliste, die an alle Neuankömmlinge verteilt wurde, überredete ihn, er müsse unbedingt ein Paar Stiefel kaufen, die speziell für den Gebrauch im hohen Norden geeignet seien.
Die Stiefel waren aus Gummi, kräftig genug, Kälte abzuhalten, wie Randolph betonte, und reichten bis weit über die Knie. Sie waren blankgeputzt, und wenn man dazu die Hosenenden in den Schaft steckte, erinnerten sie irgendwie an Schuhwerk aus dem siebzehnten Jahrhundert. Als Carpenter sie jedoch an Philips Füßen sah, geriet er in Wut: »Wer hat dir diese Schuhe aufgeschwätzt?« Philip wollte nicht antworten, aber Harry blieb unnachgiebig: »Mein Junge, solche Gummistiefel sind für Bauern, die im Dreck arbeiten. Was du brauchst, sind deftige, schwere Lederstiefel, hochgeschnürte wie meine.«
»Mir gefallen sie aber«, entgegnete Philip, worauf Harry es auf die weiche Tour versuchte. »Sie sehen zwar kräftig aus. Aber auf so einer Reise, wie wir sie vorhaben, trägt man keine Gummistiefel.«
»Sie sind wasserdicht. Das hat der Verkäufer jedenfalls gesagt. Und wir werden doch ziemlich lange auf dem Wasser bleiben, nach unserer Marschroute zu urteilen.«
Carpenter war es schließlich leid und trug die Sache Luton vor, der seinen Neffen schalt: »Wenn du dich unbedingt mit diesen schweren Schuhen abplagen willst, bitte schön. Aber sag hinterher bloß nicht, wir hätten dich nicht gewarnt.«

Mitte August des Jahres 1897, als aus der ganzen Welt Abenteurer zum Klondike aufbrachen, setzten sich Lord Luton, seine drei Freunde und der Ire Fogarty mit zwei gemieteten einachsigen Red-River-Karren in Marsch, bis ihnen neunzig Meilen nordwärts der Athabaska den Weg abschneiden sollte. Dort angekommen, wollten sie ein Boot in Auftrag geben, mit diesem das Gewässer hinuntersegeln und hatten so, aber auch aufgrund der sorgfältigen Planung von Luton und Carpenter gute Chancen, im Juni des darauffolgenden Jahres an die Goldfelder zu kommen, falls sie die richtige Wahl träfen zwischen den zahlreichen Flüssen, die aus dem Westen einmündeten.

Etwa zur gleichen Zeit verließen drei Österreicher die Stadt über den Landweg, ebenso ein Zahnarzt aus Salt Lake City und drei Begleiter. Wenig später machten sich auch ein Franzose, ein Norweger, zwei Deutsche und etwa fünfzig Männer und Frauen aus den unterschiedlichsten Landstrichen der Vereinigten Staaten sowie unzählige Kanadier und zwei weitere englische Mannschaften auf den Weg. Keiner dieser Glücksritter, die der Landroute folgten, kamen auch nur in die Nähe des Klondike.

Ein Mann, der Edmonton in jenem turbulenten Sommer verließ, benutzte für die Reise einen alten Farmkarren mit zwei riesigen Rädern, gezogen von zwei Ziegenpaaren, die er auf den Weiden grasen lassen wollte, an denen sie unterwegs vorbeikommen würden. Sein Versuch scheiterte nach zwei Wochen, als es keine Weiden mehr gab. Ein anderer wollte sich von einem Hundegespann ziehen lassen, wieder ein anderer brach nur mit einem Rucksack und einem Vorrat aus speziell zubereiteten Nüssen und Trockenfrüchten auf, die ihn, behauptete er wenigstens, bis zu seiner Ankunft auf den Goldfeldern Anfang September ernähren würden. Siebzig derart Kurzsichtige, die entweder bereits losmarschiert waren oder noch aufbrechen wollten, sollten unterwegs zugrunde gehen – ein trauriger Beweis für den allgemeinen Wahnsinn, der um sich gegriffen hatte.

Lord Luton rechnete sich für seine Truppe einen guten Start auf dem Mackenzie-Flußsystem aus, falls sie die vergleichsweise unbeschwerlichen neunzig Meilen bis zum Athabaska ohne große Schwierigkeiten schaffen würden. Darauf bedacht, auch nicht einen Sommertag zu vergeuden, war er sogar gewillt, Rollkutscher anzuheuern, die sie bis zur Anlegestelle am Athabaska bringen sollten, vorausgesetzt, sie waren besonders schnell, denn er hatte es sich in den Kopf gesetzt, einer der ersten zu sein, die nach Norden segelten. »Wir müsssen«, erklärte er den Rollkutschern, »den Mackenzie-Fluß schon ein gutes Stück hinuntergefahren sein, bevor er gefriert.«

»Das sind vierundneunzig Meilen über Land, und bei zwanzig Meilen pro Tag ... können Sie ja selbst nachrechnen ... das sind über vier Tage.«

»Versuchen Sie, 's in dreieinhalb zu schaffen. Hier haben Sie noch ein Pfund für jeden.«

»In Dollar?«

»Fünf kanadische Dollar.« Und die Sache war abgemacht.

So fanden sie sich unter den aus Edmonton strömenden Horden wieder, und es war ein seltsames Gefühl, mitten im Sommer und in leichter Jagdkleidung immer die Gefahr im Auge behalten zu müssen, daß der Fluß bald gefrieren wird. Auf ihrem Weg durch einsam gelegene Siedlungen riefen ihnen die Bewohner, nur den Anblick von Jagdgesellschaften gewohnt, zu: »Wo soll's hingehen? Jagd auf Elche oder Jagd nach Gold?«, worauf Philip immer zurückrief: »Gold natürlich!«

Als sie am Abend des dritten Tages ihr Nachtlager aufschlugen, breitete Harry Carpenter die noch in Edmonton erwor-

bene Karte des Mackenzie-Gebietes aus und berechnete mit dem Lineal, das er der Expedition gestiftet hatte, welche Strecke noch zu bewältigen war, sobald sie das Flußsystem des Mackenzie-Flusses erreicht hatten. Er war der Ansicht, alle Mitglieder der Mannschaft sollten über die gewaltige Aufgabe informiert sein, die sie in Angriff nehmen wollten, und zählte daher die einzelnen Wegstrecken genau auf: »Wenn wir morgen schon, also am 18. August, in die glückliche Situation kommen, ein Boot kaufen und sofort losfahren zu können, und anschließend alle unsere Kräfte konzentrieren, dann bleiben uns genau vierundsechzig Tage bis zu dem Datum, an dem der Mackenzie-Fluß normalerweise anfängt zu gefrieren. Von hier bis Fort Norman, was wir als mögliches Ziel anpeilen könnten, sind es nur achthundertsechzehn Meilen, Luftlinie, aber...«
»... leider sind wir keine Vögel«, ergänzte Philip.
Harry nickte und fuhr fort: »Wenn wir die ganzen Windungen mitrechnen, müssen wir etwa eintausendzwölfhundert Meilen zurücklegen«, worauf Philip vor Staunen durch die Zähne pfiff.
»Alles halb so schlimm. Zwölfhundert Meilen geteilt durch vierundsechzig Tage, das macht eine durchschnittliche Entfernung von weniger als neunzehn Meilen pro Tag, und das kann man schaffen.«
»Wir haben drei enorme Vorteile, die sich nur günstig für uns auswirken«, nahm Luton das Heft wieder in die Hand. »Erstens fahren wir die ganze Zeit über flußabwärts bei einer gleichmäßigen und manchmal schnellen Strömung, die uns jeden Tag schon von ganz allein ein gutes Stück voranbringt, auch wenn wir keinen Finger rühren. Zweitens haben wir die meiste Zeit Rückenwind. Und was am wichtigsten ist, wenn wir erst mal in unserem Boot sind und die Segel gespannt, bewegen wir uns automatisch in nördliche Richtung, unun-

terbrochen, vierundzwanzig Stunden am Tag, bis der Frost einsetzt.«
»Bei den Bedingungen könnten wir ja bis China weitersegeln«, scherzte Philip, aber sein Onkel ließ sich nicht aus der Fassung bringen. »Ein weiterer Vorteil: Wir sind nicht gezwungen, Fort Norman oder irgendeinen anderen Punkt entlang der Strecke anzusteuern. Dank Harrys sorgfältiger Planung, in London angefangen und hier in Edmonton fortgeführt, können wir haltmachen, wo es uns Spaß macht, unsere Hütte bauen und gelassen den Winter abwarten.«
»Warum dann die Eile?« fragte Philip.
Aber sein Onkel wußte, was die Goldgräber antrieb, die Edmonton in jenen letzten Sommertagen verließen: »Weil wir zum nächsten Frühjahr, wenn das Eis schmilzt und wir weiterfahren können, so weit wie möglich flußabwärts sein wollen. Gentlemen, morgen hebt unser Abenteuer an, ein hartes Stück Arbeit wartet auf uns. Das ist die letzte Nacht in einem bequemen und frisch bezogenem Bett, so eins werdet ihr lange nicht wiedersehen. Das solltet ihr ausnutzen.«
In Athabaska Landing – einer Ansammlung mehrerer stabil gebauter Holzhäuser und einer gleichen Anzahl Lagerschuppen, im Besitz der Handelskompanien – fanden sie Hunderte Zelte vor. Luton, angewidert von der heillosen Unordnung, wandte sich an Carpenter und Fogarty: »Wir haben keine Ahnung, welche Boote für den Mackenzie-Fluß geeignet sind. Mischt euch unter die Leute, und findet heraus, was günstiger ist, sich ein neues Boot bauen zu lassen oder ein gebrauchtes zu kaufen, das sich schon bewährt hat.« Die beiden brauchten sich nicht lange umzuhören, die meisten Siedler verwiesen sie gleich an die Schnabels, vier hart arbeitende Brüder aus Deutschland, die gemeinsam eine Hütte bewohnten und in jenem Sommer fast alle Mackenzie-Boote gebaut hatten.

»Wir könnten Ihnen ein stabiles Boot für zwei Personen bauen.«
»Wir sind zu fünft, wir wollen nach Dawson«, sagte Carpenter.
»Kein Problem, wir bauen auch Boote für fünf Passagiere.«
»Haben Sie schon mal welche gebaut?«
»Die beiden da drüben«, sagte einer der vier Brüder. Lutons Kundschafter erspähten zwei völlig verschiedene, am Ufer festgezurrte Boote, ein sehr elegantes großes, etwa siebenunddreißig Fuß lang, von entsprechender Breite und mit einem kleinen kabinenartigen Aufbau achtern, der Platz für zwei Personen bot, und einen kleineren, gedrungeneren Kahn, nicht mal halb so groß wie das andere Boot.
»Sind die beiden zu kaufen?« wollte Carpenter wissen, und einer der Deutschen antwortete: »Kommt ganz drauf an.«
»Ich verstehe nicht«, antwortete Carpenter, und der Deutsche erklärte: »Das große Boot haben ein paar Männer aus Saskatoon bestellt, die auf dem Mackenzie-Fluß Handel treiben wollen. Und das kleine hat ein Zahnarzt in Auftrag gegeben, der uns die Angaben extra telegraphisch aus Detroit übermittelt hat.«
»Also sind beide schon verkauft.«
»Kann man so nicht sagen. Wir sind früher als geplant fertig geworden. Wenn Sie sie kaufen wollen, bitte. Wir können sie jederzeit ersetzen, bevor die Eigentümer hier sind.«
»Wir nehmen das große«, bestimmte Carpenter, aber kaum hatte er entschieden, brachen die vier Brüder in Lachen aus. Einer fing sich schließlich wieder und erklärte: »So schnell geht das nicht. Die beiden Boote sind gebaut für verschiedene Zwecke. Wie gesagt, das eine für die Schiffahrt auf dem Mackenzie-Fluß...«
»Genau, was wir wollen...«
Schnabel überhörte den Einwurf. »Nur das kleine eignet sich

für die Fahrt auf dem Mackenzie-Fluß und die Überquerung der Rockies, um an die Goldfelder zu kommen.«
»Wo liegt denn da der Unterschied?« fragte Carpenter, aber nach Schnabels knapper Entgegnung – »Portage« – klopfte er sich mit einem selbstironischen Lachen auf die Schenkel. »Natürlich, wie dumm von mir. So ein riesiges Ding läßt sich ja nicht überall hintragen.«
Sie wandten sich jetzt dem kleineren Boot zu, und Harry fragte den Deutschen: »Was würden Sie uns raten? Wären wir besser bedient, wenn wir so lange warten, bis Sie eins gebaut haben, das genau unseren Zwecken entspricht? Wir sind zu fünft.«
»Sie wären genau um soviel besser bedient«, antwortete einer der Schiffbauer und hielt dabei Daumen und Zeigefinger so dicht übereinander, daß kaum ein Zwischenraum zu erkennen war. »Ich glaube, wir nehmen doch das Boot, das der Zahnarzt bestellt hat«, sagte Harry, »aber ich muß erst mit Lord Luton darüber sprechen...«
»Mit einem echten Lord?«
»Ja – und ein Gentleman obendrein«, entgegnete Carpenter, worauf er Fogarty losschickte, Evelyn zu holen.
Als Luton eintraf, drängten sich die Deutschen gleich um ihn. »Sie müssen verstehen, es kommt selten vor, daß sich ein Lord hierher verirrt«, sagte einer, und ein zweiter ergänzte: »Um die Wahrheit zu sagen, es ist noch nie vorgekommen.« Mit wenigen Worten erläuterten sie ihm den entscheidenden Unterschied zwischen einem großen schweren Boot, gedacht für den Pendelverkehr auf dem Mackenzie-Fluß, und einem kleineren, stabilen, mit dem sich die Goldfelder erreichen ließen. Noch bevor sie geendet hatten, unterbrach Luton: »Wir nehmen das kleine«, aber stellte dann die gleiche Frage, die schon Carpenter geäußert hatte. »Wäre es nicht günstiger, wir warteten so lange, bis Sie ein unseren Wünschen

gemäßes Boot fertig haben?« Der älteste der vier Brüder trat vor: »Sir, ich verstehe Ihre Sorge. Sie denken vielleicht, wir wollen Ihnen das Boot nur verkaufen, weil es gerade fertig ist.« Leise schmunzelnd drehte er sich um. »Sehen Sie sich die vielen Leute an. Und täglich kommen noch mehr. Wenn wir wollten, könnten wir alles, was wir anzubieten haben, bis Mitternacht loswerden.«
»Und das Boot ist groß genug für uns alle?«
»Ja«, lautete die knappe Antwort, und der Handel war perfekt.

Die Deutschen waren ehrliche Handwerksgesellen und wollten natürlich, daß Luton mit seinem Kauf auch zufrieden war, also warfen sie sich für ihn noch einmal ins Zeug und fügten hier und da ein paar Verbesserungen und Verzierungen hinzu – rundum eine zusätzliche Schicht Süll, doppelt verstärkte Hüsing, in die der Masten gesteckt wurde, wenn genug Wind wehte und die beiden kleinen Segel gesetzt werden konnten –, und als alles fertig war und Lutons Mannschaft zur Begutachtung geholt wurde, erschien einer der Brüder Schnabel mit Farbe und Pinsel. »Nun, wie soll sie heißen?« Lord Luton zog die Schultern hoch, die Hände ausgestreckt, als wüßte er keinen Rat, da machte Trevor Blythe einen hübschen Vorschlag: »Es muß auf jeden Fall ein englischer Name sein. Wie wäre es mit ›Sweet Afton‹, in der Hoffnung, der Mackenzie-Fluß fließt gleichmäßig und sanft.« Der Vorschlag fand allgemein Anklang, und Luton ließ sich sogar dazu hinreißen, alle umstehenden Zuschauer zur Schiffstaufe einzuladen und Brot, Wein und Käse sowie Zigarren und die wenigen Süßigkeiten, die man in Athabaska Landing kaufen konnte, an sie auszuteilen. Eine Flasche gegen den Schiffsbug werfend, rief er aus: »Es ist zwar kein Champagner, aber ich taufe das Schiff auf den Namen ›Sweet Afton‹. Möge Gottes Schutz und Schirm stets über den Passagieren walten.«

Die »Sweet Afton« war ein Boot, was sich nach der Erfahrung der Schnabels bestens für die Fahrt auf dem Mackenzie-Fluß eignete: flach gebaut, um besser an Felsen und Stromschnellen vorbeimanövrieren zu können, leichtgewichtig, um die mörderisch anstrengende Arbeit des Tragens besser bewältigen zu können, und mit hohem Plankengang gegen die Wellenberge, die sich in den größeren Seen auftürmten. Achtern hatten die Zimmerleute eine kleine niedrige Kabine aufgebaut, hauptsächlich als Stauraum für die Ausrüstung gedacht, aber auch groß genug für zwei, allerdings nicht sonderlich bequeme Schlafplätze. Entlang der Backbordseite der Kabine verlief eine Holzbank, von der aus der Steuermann ein langes Ruder bedienen konnte, um den Schiffsrumpf zu Wendemanövern zu veranlassen und so an den durch Stromschnellen verborgenen Steinen oder im Wasser treibenden Baumstämmen vorbeizukommen, die gängigen Gefahren, mit denen man rechnen mußte.

Die »Afton« war ein Boot, in das die Mackenzie-Kenner den ganzen Schatz ihrer Erfahrung gesteckt hatten, und als die Schnabels es jetzt dem neuen Besitzer übergaben, zeigte sich, daß es wohl das beste war, das je für die Fahrt auf diesem großen ungestümen Fluß gebaut worden war.

Als sich die Mannschaft anschickte abzulegen, stellte Luton erstaunt fest, daß außer dem Namen des Bootes die Schnabels in derselben leuchtendroten Farbe noch eine feine Linie gezogen hatten, die in der Mitte und vertikal um den gesamten Schiffsrumpf verlief, innen und außen. »Was soll diese Linie?« fragte er, und der Schiffsmaler antwortete: »Das ist die Leitlinie beim Sägen.«

»Wieso Sägen? Was soll ich denn zersägen?« kam die Frage

zurück, und der Mann rief seinen Bruder: »Los, erzähl es ihm.«

»Ähem, Sir, Sie segeln zwar den Mackenzie-Fluß runter, aber die schwerste Arbeit bleibt natürlich, über die Berge zu kommen, auf den Yukon...«

»Das habe ich schon mal gehört«, sagte Luton, wobei er Carpenter ein wissendes Grinsen zuwarf.

»Sie müssen sich also für einen der kleinen Zuflüsse entscheiden, die von Westen her münden.«

»Auch das ist mir bekannt.«

»Befahrbar sind sie alle. Der Liard ist ganz günstig, der Gravel manchmal sogar noch besser. Aber für welchen Sie sich auch entscheiden...«

»Ein Angestellter der Hudson's Bay Company hat mir gestern abend geraten, die ersten Zuflüsse lieber zu passieren und direkt auf das Delta zuzusteuern und dann...« Er zog aus seiner Tasche das Notizbuch, in das er das komplizierte Geflecht der Zuflüsse im äußersten Norden eingetragen hatte. »Durchschlagen bis zum Rat, rübertragen zum Bell, weiter bis zum Porcupine.«

»Ja, ja, die alten Hasen nehmen immer diese Route. Aber wenn Sie erst mal heil auf dem Rat River gelandet sind, stehen Sie vor Situationen, da sind Sie gezwungen, Ihr Boot in der Mitte durchzusägen. Die kleinen Flüsse machen viele Windungen, alle zu schmal für ein Boot dieser Größe. Es kriegt die Kurven einfach nicht. Ein halbes Boot dagegen schafft es ohne weiteres. Und nach kurzer Zeit, vor allem auf dem Rat, wird das Wasser so seicht, daß Segeln und Staken auch unmöglich sind. Dann binden Sie Schleppseile an Ihr Boot, steigen aus, gehen am Ufer lang und ziehen den Kahn flußaufwärts.«

»Und wenn man am Ufer nicht entlanggehen kann?« schnitt Luton ihm das Wort ab.

»Dann hält man die Luft an, steigt in das kalte Bergwasser und watet durch den Fluß, das Boot im Schlepptau. Und das kann ich Ihnen versprechen: In dem Augenblick werden Sie uns noch dankbar sein, daß wir Ihnen den Rat gegeben haben, das Boot in zwei Hälften zu zersägen.«
Der Bruder ergänzte: »Wenn Sie ans Ende des Flusses gekommen sind, müssen Sie Ihr Boot natürlich über den Paß tragen, zu Fuß, Portage heißt das bei uns, bis zum Oberlauf des Bell. Das ist Knochenarbeit, drückt auf Arme und Schultern, und wenn Sie dann mit dem Boot an das letzte Stück bis zur Bergspitze kommen, sind Sie verdammt froh, daß Sie das gute Stück auseinandergesägt haben.«
Ihre Abfahrt schließlich wurde nur noch durch die Ankunft des Zahnarztes aus Detroit leicht getrübt, der just in dem Augenblick zu Pferde aus Edmonton eintraf, als sie gerade abgelegt hatten. »Piraten! Piraten!« rief er verzweifelt, am Ufer entlanggaloppierend. »Das ist mein Boot!« Carpenter rief zurück: »Sie werden Ihnen ein besseres Boot bauen!« und konnte ihn damit beschwichtigen.

Während der Fahrt den dreihundertfünfzig Meilen langen Athabaska hinunter bildete sich ein Muster heraus, das die gesamte Reise über beibehalten werden sollte. Lord Luton, eifrig sein Ziel verfolgend, möglichst weit zu kommen, bevor der Winterfrost das Boot gefangensetzte, trieb seine Männer unermüdlich vorwärts. An den diversen Trageplätzen, um Stromschnellen auszuweichen, wo das voll beladene Boot über unebenen Boden gezogen werden mußte, heuerte er bereits wartende Indianer an, aber er selbst nahm immer die vorderste Position ein, wobei er ein Tempo vorlegte, das die Nachfolgenden kaum einzuhalten vermochten. Fiel die Strecke über Land besonders weit und mühsam aus, konnten sich die Männer zudem auf Fogartys Zähigkeit und Kraft verlassen.

Die eiserne Regel jedoch, die es den Flußfahrern ermöglichte, schier unvorstellbare Entfernungen zu überwinden, war das Boot erst einmal wieder auf Wasser, setzte sich an jenem ersten Abend nach ihrer Ausfahrt aus Athabaska Landing durch, als Lord Luton sich standhaft weigerte, die Nacht über am Ufer anzulegen. »Sternenklarer Himmel. Ein gutes Zeichen. Wir fahren weiter.« So geschah es, mit Luton an der Ruderpinne; und von da ab, außer wenn Sturm aufzog, bahnte sich die »Afton« ihren Weg Tag und Nacht und legte auf diese Weise riesige Strecken zurück. Schließlich gesellte sich zu der ungewöhnlich starken Strömung noch eine steife Brise hinzu, die die »Afton« mit einer Geschwindigkeit von vier Meilen die Stunde vor sich herschob. In einer einzigen Tagesetappe brachte sie es damit auf sechsundneunzig Meilen. »Wir fliegen! Wir fliegen!« rief Philip hoch erfreut, aber natürlich gab es auch andere Erfahrungen, zum Beispiel an den Portagen, sie konnten von Glück reden, wenn sie dann eine Meile schafften.

Die zweite Regel, die Luton aufstellte, besagte, daß auch während der Nachtfahrten entweder er selbst oder Carpenter den Befehl führten, wobei ihnen jeweils einer der beiden jüngeren Männer oder Fogarty zur Seite standen. Natürliche Auslese sozusagen machte Trevor Blythe zu seinem Partner, und während ihrer gemeinsamen nächtlichen Stunden unterhielten sie sich über die Themen, für die Luton ein besonderes Interesse hegte: Tapferkeit, Haltung, Fairneß, Cricket und die Verpflichtung der Engländer, die Welt zusammenzuhalten, vorausgesetzt, sie konnten sich auf die gelegentliche Unterstützung der Deutschen und Russen verlassen. Von Frankreich hatte er keine hohe Meinung, und die Vereinigten Staaten verachtete er geradezu. »Sie besitzen nicht eine der Tugenden, über die wir uns unterhalten haben«, erklärte er Blythe.

Am Tage, wenn das Boot langsam dahinglitt, erlebten die Passagiere die trostlose Einförmigkeit der Landschaft in diesem Teil Kanadas, einer Landschaft, die durch Wiederholung gekennzeichnet war ohne jegliche das Auge des Betrachters versöhnenden Merkmale: gleichmäßige Hügel, ausgedehnte reizlose Wälder, übelriechende Wassertümpel. »Nicht mal Forellenbäche, die ich so liebe«, bemerkte Luton, als die bedrückende Landschaft kein Ende nehmen wollte. Tagelang ließ sich keinerlei Anzeichen von Veränderung beobachten. Als sie schließlich am 2. September den Slave River erreichten, war die Langeweile vorbei, und die wirklichen Probleme begannen, denn dieser an sich nur kurze Fluß enthielt übermäßig viele Stromschnellen, manche schwierig zu durchfahren, andere so undurchdringlich, daß die »Afton« getragen werden mußte. Die Tage schienen vergeudet, außerdem wurden sie kürzer, ein deutlicher und ebenso nüchterner Hinweis darauf, daß der Winter im Vormarsch war. Wenig später jedoch sollten sie vor Schwierigkeiten von solchem Ausmaß stehen, daß diese kleinen Ärgernisse rasch vergessen werden konnten.

Der Great Slave Lake, ein Name, den die Engländer, nicht vertraut mit den Gegebenheiten Nordkanadas, noch nie gehört hatten, war riesig, in seiner Ausdehnung noch größer als die beiden bekannteren Seen – Erie und Ontario –, und als die »Sweet Afton« munter in das Gewässer einlief, hatten sich die Passagiere auf eine unbeschwerte Segelfahrt von einem, vielleicht auch zwei Tagen eingerichtet, denn der Karte nach brauchten sie nur das südliche Ufer entlangzusegeln. »Wir werden den See gar nicht richtig zu Gesicht

bekommen«, eröffnete Luton seinen Männern, »was wirklich schade ist, denn er sieht doch nach was aus, findet ihr nicht?«
Sechs bange Tage verbrachten sie jedoch auf dem ungeheuren See, legten hundertzwanzig Meilen zurück, hielten sich immer nahe am Ufer und krochen im Schrittempo dahin, wenn unerwartet Stürme aus dem Nordwesten Wellen hochpeitschten, wie man sie sonst nur auf dem Ozean erlebte. Das Navigieren wurde so gefahrvoll, daß nur noch Luton und Carpenter ans Steuer durften, und oft mußten sie mit eingerollten Segeln in kleinen Buchten oder hinter einer Landzunge Schutz suchen.
Eines Nachmittags, als Luton gerade die Führung des Bootes übernommen hatte, hörte er Carpenter von vorne brüllen: »Evelyn! Um Gottes willen!« Und schon brach über ihnen eine riesige Welle zusammen, die alles unter sich begrub. Die Mannschaft machte sich sofort ans Wasserschöpfen, sechs häßliche Minuten lang schlingerte und stampfte die »Afton«, jeder schnappte sich ein Gefäß, was er gerade in die Hände kriegen konnte, aber Lord Luton verlor die Ruhe nicht, und wenig später war das Schiff wieder aufgerichtet.
Sie waren ordentlich durchgeschüttelt worden, so daß alle gemeinsam den Entschluß faßten, hinter einem Landvorsprung erst einmal in Deckung zu gehen, und als der Abend anbrach, fanden sie auch eine Bucht, die hinter einer dünnen Baumreihe Schutz bot. Als sie auf das Ufer zuhielten, entdeckten sie ein zweites Boot, das weniger Glück gehabt hatte als sie, der Sturm hatte es zum Sinken gebracht und das Wrack gnadenlos auf die Felsen geschleudert.
»Von denen hat keiner überlebt«, sagte Luton, den traurigen Anblick in sich aufnehmend, doch beim Näherkommen sahen sie eine einsame Gestalt neben dem Wrack stehen, wild gestikulierend, und als der Kiel der »Afton« auf Grund lief,

rief Philip voll Freude: »Das ist ja das Mädchen aus Dakota!«, sprang an Land und lief auf sie zu, die in völlig durchnäßter Kleidung zitternd dastand. Gänzlich aufgelöst, erkannte sie ihn nicht einmal, aber begriff instinktiv, daß er gekommen war, sie zu retten, und warf sich in seine Arme.

Erst als Lord Luton sie sanft fortführte, fing sie unter Schluchzen an, von der Katastrophe zu erzählen, die ihr Schiff vernichtet hatte. »Vor zwei Tagen... ein schrecklicher Sturm... Steno führte uns heil durch, aber wir wußten nicht ... als das Boot auseinanderbrach, war der erste Befehl: ›Rettet Irina.‹ Und sie warfen mich über Bord an Land... von ihnen hat's keiner geschafft...« Ihre Stimme verlor sich, und trotz Lutons Versuch, den geschwächten Körper zu halten, glitt er ihm aus den Händen auf den Uferboden. Alle Kraft war aus ihm gewichen.

Harry kümmerte sich um sie, wusch, während sie noch ohnmächtig dalag, mit Seewasser ihr verschmutztes Gesicht und trocknete ihre Stirn mit dem Ärmel. Er wies die anderen an, das Ufer abzusuchen, vielleicht waren die Leichen oder auch Reste der Ausrüstung angeschwemmt worden, aber nichts war übriggeblieben. Noch ehe sie wieder bei Besinnung war, hatte Harry die anderen schon soweit, daß sie sich überlegten, welches Hemd sie der Schiffbrüchigen wohl überlassen konnten, und als er sie mit einem leichten Schlag gegen die Wange wieder aufgeweckt hatte, war bereits alles in die Wege geleitet. Als sie all die Geschenke sah und ihr endlich klar wurde, daß sie tatsächlich dem Tod entronnen war, brach sie in Tränen aus. »Wo kann ich mich umziehen?« fragte sie und deutete den fünf Männern an, sich so aufzustellen, daß sie einen Kreis um sie bildeten, aber dann ließ Harry mit seiner väterlichen Stimme verlauten: »Ich bin verheiratet und habe eine Tochter. Die anderen sollen ein Stück weiter gehen« und half ihr, in die trockene Kleidung zu schlüpfen.

Fogarty hatte in der Zwischenzeit ein Feuer angezündet, und als sie jetzt den Tee entgegennahm, den Trevor Blythe bereitet hatte, umklammerte sie die Tasse mit beiden Händen und fing an, ihre traurige Geschichte zu erzählen: »Wenig Geld, aber große Hoffnungen. Landwirtschaft in Dakota, arm, sehr arm. ›Eine Tonne Gold...‹ Wir haben's in der Zeitung gelesen und sind übergeschnappt...«
»Und am Ende«, unterbrach Luton, »standen Sie ganz allein da? Zwei Tage lang am Ufer in der Kälte?«
»Ja«, kam die Antwort.
»Und nichts... nichts an Land gespült?«
»Es war ein schrecklicher Sturm. Es ist alles verloren, das sehen Sie doch.«
»Wie sind Sie überhaupt nach Edmonton gekommen?« wollte Harry wissen, aber sie wich der Frage aus. »In Athabaska waren diese vier netten Deutschen. Wir hatten nicht viel Geld, aber sie überließen uns trotzdem ein Boot. Kein großes, aber immerhin. Keiner von uns hatte jemals im Leben ein Boot gelenkt, also brachten sie es uns bei. Dann haben wir es für fast nichts von ihnen gekauft.« Sie zögerte einen Moment: »Einer der Deutschen flehte mich an, nicht zu fahren. Er warnte, es würde eine Strapaze, riet mir, wieder nach Hause zu fahren, und als wir dann doch lossegelten, sah ich, wie er sich bekreuzigte.«
»Was haben Sie gemacht, als Sie merkten, daß Sie in eine Notlage geraten waren?« fragte Luton, immer interessiert, mehr über das menschliche Verhalten im Unglück zu erfahren, und sie entgegnete: »Ich habe geweint und für Steno gebetet. Mir wurde klar, daß ich keine trockene Kleidung besaß, keinen Proviant... daß ich völlig allein war.«
»Und danach? Ich meine, was haben Sie dann gemacht?« Ihre Antwort offenbarte den standhaften Charakter, der Philip bereits an jenem Abend aufgefallen war, als er zum ersten-

mal in ihre stahlblauen Augen geblickt hatte. »Ich sagte mir: ›Keine Panik, Mädchen. Entweder sie finden dich, oder sie finden dich nicht.‹ Um warm zu bleiben, sprang ich auf und ab.«
»Und? Gerieten Sie in Panik?«
»Bei Tagesanbruch, heute morgen. In der Nacht hatte ich keine Angst, aber als ich das erste Tageslicht sah und mir wieder deutlich wurde, daß kein Mensch wußte, wo ich abgeblieben war, da dachte ich: Vielleicht werde ich noch wahnsinnig ... keiner ... kein einziger.«
Lord Luton, als Anführer der Expedition imstande, schnelle Entscheidungen zu treffen, ohne sich mit den anderen zu beraten, verkündete: »Wir müssen weiter, bevor uns das Eis einholt. Sie können sich uns anschließen, aber nicht bei uns bleiben. Wir werden versuchen, unterwegs ein Handelsschiff Richtung Süden abzupassen, das wird Sie in Sicherheit bringen.«
»Was soll ich denn machen?«
»Ich bin sicher, in Edmonton wird sich eine Möglichkeit finden. Von dort kommen Sie leichter zurück nach Dakota.«
Was sie darauf erwiderte, überraschte die Männer: »Nein! Ich bin wegen des Goldes gekommen, und ich werde Gold finden!« Luton fühlte sich durch diese Aussage, vorgebracht zudem in solch einer Situation, wie vor den Kopf geschlagen, und er trat mit strengem Gesichtsausdruck vor sie hin: »Ich will nichts davon wissen. Sie sind nur deswegen dem sicheren Tod entronnen, weil wir zufällig vorbeigekommen sind. Das nächstemal kommen Sie nicht mehr davon.« Sie jammerte, daß nun all ihre Träume dahin seien. Carpenter sprach ihr Trost zu, aber Luton setzte dem ein Ende: »Ma'am«, sagte er mit fester Stimme, »wir werden Sie mit dem ersten Flußboot, das unseren Weg kreuzt, nach Hause schicken, und jetzt möchte ich meinen Neffen bitten, ein kurzes Dankgebet

zu sprechen dafür, daß wir unbeschadet aus dem Sturm herausgekommen sind und Ihnen der sichere Tod erspart blieb.«

Die sturmerfahrenen Goldsucher senkten die Köpfe, und Philip hob flüsternd an: »Lieber Gott, wie Petrus damals, den du vor jenem Sturm auf dem galiläischen Meer errettet hast, wollen auch wir dir danken für unsere Errettung vor dem Sturm auf dem Great Slave.« Er hielt einen Augenblick inne: »Besonders aber danken wir, daß du deine tapfere Tochter Irina gerettet hast, die nur durch dein Wunder dem Tod entkam. Führe uns auf unserer Fahrt auf dem Mackenzie sicher durch alle Gefahren.«

Nachdem das Amen gesprochen war, hob Carpenter die junge Frau an Deck der »Sweet Afton«, die anschließend ohne weitere Unterbrechungen auf den Ausgang des Sees zusteuerte. Sobald sie sich wieder auf dem Fluß befanden, trat ein, wovon Philip in seinem Gebet gesprochen hatte: Sie fühlten sich wieder in Sicherheit geborgen und in guten Händen.

Irina Kozlok blieb mehrere Tage an Bord der »Sweet Afton«. Es war eine unangenehme Situation. Da Lord Luton nun einmal entschlossen war, das Rennen mit dem Winter aufzunehmen und vorzupreschen, koste es, was es wolle, fuhren sie, ohne auch nur einmal vor Anker zu gehen. Das aber bereitete Probleme, wenn die Männer ihren natürlichen Bedürfnissen nachkommen wollten, jetzt, wo sich eine Frau an Deck befand. Vorher hatten die Männer diese Dinge nach der hygienisch einfachsten Methode gelöst, doch jetzt fühlten sie sich gehemmt. Fogarty schließlich war es, der das Eis brach. Als er es nicht mehr länger halten konnte, platzte er heraus: »Madam, würden Sie sich bitte einmal umdrehen?«

Und mit der stillen Eleganz einer Fürstin entgegnete sie: »Gentlemen, ich war verheiratet, und ich habe Brüder. Lassen Sie sich durch mich nicht stören.« Das erste Lächeln nach dem schrecklichen Untergang ihres Schiffes huschte über ihr Gesicht, und sie fügte noch hinzu: »Ich erwarte natürlich dieselbe Geste auch von Ihnen.«
Philip fühlte sich durch diesen Wortwechsel getroffen, denn wie jeder junge Verliebte es getan hätte, gab er sich dem Glauben hin, es müsse mehr als nur ein Zufall gewesen sein, daß Irina ihm in Edmonton das Leben gerettet hatte – so nämlich erklärte er sich jetzt ihre Warnung vor der Route über Land – und er nun an der Küste des Great Slave Lake das ihre. »Schicksal«, murmelte er vor sich hin, »es war Schicksal.« Und je mehr er von ihrer tapferen Entschlossenheit mitbekam, je länger er ihre hübsche Erscheinung vor Augen hatte, nachdem ihre Kleidung getrocknet war und sie die Jacke wieder tragen konnte, desto lebhafter wurde die Erinnerung an jenen Abend ihrer ersten Begegnung in der Stadt. »Wie herrlich wäre es, ein solches Prachtweib zur Frau zu haben...«, dachte er bei sich, und am Ende des zweiten Tages mit ihr an Bord waren seine Gefühle seltsam durcheinandergeraten, eine betörende Mischung aus Mitleid, Bewunderung und starker Anziehung. In seiner blinden Vernarrtheit interpretierte er auch die kleinste Geste ihrer Freundlichkeit als eine Erwiderung seiner Gefühle.
Lord Luton war der erste unter den vier anderen Mitgliedern der Mannschaft, der erkannte, daß Philip dabei war, sich in eine Frau zu verlieben, die um einiges älter war als er, und wie ein echter Bradcombe verfiel er in eine gewisse Förmlichkeit und besann sich auf die Tradition seines uralten und ehrwürdigen Adelsgeschlechts. Die Bradcombes haben überlebt, während viele andere Familien zugrunde gegangen sind, rief er sich ins Gedächtnis, weil sie es verstanden haben,

über die Jahrhunderte hindurch ihre männlichen Sprößlinge vor den Fallstricken aufreizender junger Frauen aus Frankreich zu bewahren – und nicht nur solcher, ebenso englischer Bürgerlicher, vorlauter irischer Gören und, seit einigen Jahren, auch verzogener Töchter millionenschwerer amerikanischer Emporkömmlinge. Mit untrüglichem Gespür hatten sie eheliche Verbindungen nur mit den am meisten Gewinn versprechenden Frauen aus den angesehensten Familien Englands geduldet, und obwohl selbst noch nicht verheiratet, war Lord Luton fest davon überzeugt, daß der »Ältestenrat« seiner Familie zu gegebener Zeit auch für ihn eine junge Frau von untadeligem Ruf erwählen würde. Die Vorstellung, sich »zu verlieben«, lag ihm fern, für ihn gab es nur ein »In-den-Stand-der-Ehe-Treten« nach den Regeln, die die umsichtigen Männer seiner Familie vor langer Zeit einmal aufgestellt hatten.
Insofern stellte Irina Kozlok eine Bedrohung dar, sie war ein ungebildetes Frauenzimmer, und außerdem ... woher kam sie überhaupt? Sich einen so unbedeutenden Namen wie Norddakota zu merken, hatte Luton nicht für notwendig gehalten. Seine durch die Familientradition auf ihn übergegangene Verpflichtung sah er darin, dafür zu sorgen, daß sein Neffe, ein Bradcombe, sich nicht mit dieser Frau einließ, jedenfalls nicht in stärkerem Maße als durch den unglücklichen Zufall bereits geschehen, es würde doch nur zu Verwicklungen führen. Da Harry mehr oder weniger auch zur Familie gehörte, er war mit einer Bradcombe verheiratet, weihte Luton ihn in seine Pläne ein. »Harry, wir müssen diese Person irgendwie von Bord schaffen. Um den jungen Philip zu schützen.«
»Sehr vernünftig, Evelyn. Sie ist eine echte Gefahr.«
»Wie weit ist es bis zur nächsten Siedlung? Egal, welche.«
»Wenn ich mich recht entsinne, ist Fort Norman die nächste.

Wir können es schaffen bis dahin. Ich meine, bevor der Frost einsetzt.«
»Und wenn nicht?«
»Dann liegt die Sache klar auf der Hand. Wir hätten sie den Winter über am Hals.«
»Ach du meine Güte.«
Am Nachmittag desselben Tages bestätigten sich ihre Befürchtungen, als sie zufällig mitbekamen, wie Irina zu Philip sagte: »Das ist aber ein feines Paar Stiefel, das Sie da haben. Ich finde nur, sie sind zu sehr auf Hochglanz poliert. So etwas trägt man, wenn man mit reichen Leuten einen Anglerausflug unternimmt, und nicht, um in der Arktis im Schneematsch herumzustapfen.«
»Meinen Sie wirklich?« fragte er eifrig, ihr zu gefallen, und sie entgegnete: »Aber ja. Was Sie brauchen, sind schwere Lederstiefel, sehen Sie, so wie meine.« Als er kurz darauf seinen Onkel und Carpenter fragte: »Meint ihr auch, es wäre vielleicht besser, ich würde Lederstiefel tragen?«, konnten die beiden ihre Verärgerung kaum verbergen, denn in Edmonton hatten sie ihm wegen derselben Sache die Leviten gelesen, aber er hatte nicht auf sie hören wollen. Jetzt kam diese Amerikanerin daher und warnte ihn noch einmal, nur mit einem Lächeln im Gesicht, und schon schmolz der Trottel dahin.
Luton war aufrichtig empört über das Verhalten seines Neffen und flüsterte Carpenter zu: »Harry, wir müssen etwas unternehmen, bevor es zu spät ist.« Aber was, wußte er auch nicht zu sagen. Bei einer ihrer Beratungen machte er den dreisten Vorschlag: »Wenn die anderen gerade mal nicht hinschauen, werfen wir das Mädchen einfach über Bord.« Aber kaum war das letzte Wort über seine Lippen gegangen, fühlte er einen schmerzhaften Griff seinen Arm umklammern und vernahm Harrys Stimme, die mit seltener Festig-

keit auf ihn einredete: »Evelyn! Schon der Gedanke daran ist Todsünde.« Zum erstenmal auf der Reise seinen Status als Ältester ausspielend, sagte er, was fast wie eine Drohung klang: »Ich will das nicht noch einmal hören, Evelyn. Ich warne dich.«

Erschreckt durch den Zorn, der aus Harrys Worten zu hören war, fragte Evelyn reumütig: »Was sollen wir denn nur machen?« Und Carpenter antwortete: »Der Herr hat uns offenbar dazu ausersehen, sie vor dem Tod zu retten. Wir sind ihr so lange verpflichtet, bis wir die Last los sind. Schon mal was vom barmherzigen Samariter gehört?«

Lutons Bedenken beschwichtigte das keineswegs, ja sie wurden sogar noch verstärkt, als er Irina neben Philip im Bug des Schiffes hocken sah, die Mütze abgesetzt, das Haar vom Wind zerzaust, was sie noch begehrenswerter erscheinen ließ. Die Geste, mit der sie das Haar aus dem Gesicht strich – verdammt slawisch, dachte Luton, sie könnte glatt eine russische Prinzessin sein. Dann sann er darüber nach, ob die Esten überhaupt zu den Slawen zählten; er kam zu dem Schluß, daß sie das nicht taten.

Es war nicht bloß Enttäuschung bei ihm. Als Leiter einer Expedition und vorübergehend auch Kapitän eines Schiffes, eines kleinen zwar, aber immerhin, kamen Lord Luton unweigerlich historische Ereignisse aus der langen Geschichte der englischen Seefahrt ins Gedächtnis, von eingeschworenen Forschungsgemeinschaften, die durch zersetzende Kräfte auseinandergebrochen waren. In seinem Kummer wandte er sich an Harry und bat ihn zu einer Unterredung auf dem hinteren Deck des Schiffes. »Hast du schon mal in alten Geschichtsbüchern geblättert und was über diesen Burschen namens Bligh gelesen, einer von der üblen Sorte? Wie er sein Schiff verloren hat, das den Auftrag hatte, Brotfrüchte von Tahiti nach Jamaika zu transportieren?«

»Klar kenne ich die Geschichte.«
»Soll ich dir sagen, was ihn erledigt hat? Eingeborene Frauen, die seine Matrosen becirct hatten. Aber hast du die Geschichte auch weiterverfolgt? Weißt du, was dann passiert ist? Nachdem die Meuterer auf eine kleine Insel geflüchtet waren?«
Harry wußte es nicht. Die Fortsetzung dieser tragischen Begebenheit war allgemein weniger bekannt, aber Luton wußte, wie es weitergegangen war. »Dasselbe noch mal! Die englischen Matrosen fanden sich eigentlich ganz gut zurecht, wenn man die Sache mit der Meuterei mal beiseite läßt, aber sie gerieten wiederum in Streit, diesmal über die eingeborenen Mädchen. Ich glaube sogar, sie haben sich gegenseitig umgebracht. Keiner hat überlebt.«
Die beiden Veteranen unterhielten sich noch eine Weile über diese Geschichte. Sie waren sich einig, eine Frau an Bord, eingepfercht mit fünf Männern in einer engen Hütte, und das einen ganzen Winter lang, bedeutete, ein Risiko einzugehen, ein höchst gefährliches Risiko, ja, Lord Luton ging sogar noch weiter, zeigte mit dem Finger auf den Schiffsbug, wo Irina saß, ihr silbriges Haar im Wind flatterte, und sagte: »Daß gerade diese Frau bei uns ist, das ist kein Risiko mehr, das ist glatter Selbstmord. Ich kann mir schon lebhaft vorstellen, wie zuerst Philip und Trevor sich um sie prügeln, und am Ende, ich sag's dir, wären wir beide die Kontrahenten. Und sie? Sie würde die ganze Zeit seelenruhig wie eine Circe in der Hütte sitzen, unentwegt grinsen, ihr Haar bürsten und sich aushecken, wie sie uns gegenseitig ausspielen kann, bis wir vor ihr im Staub kriechen.« Seine Angst davor, was Irina anrichten könnte, hatte einen so gewaltigen Zorn in ihm erregt, daß er zu keinem klaren Gedanken mehr fähig war.
Sie machte es ihm aber auch nicht leicht. Übereifrig, wie um zu demonstrieren, daß sie den Männern keine Belastung sein wollte, fand sie immer neue Mittel und Wege, ihre Hilfsbe-

reitschaft unter Beweis zu stellen, und übernahm mehr als nur die üblichen Pflichten: Sie kochte die Mahlzeiten, hatte Harry erst einmal die Rationen eingeteilt, die er allein bestimmte; sie räumte anschließend den Tisch ab; sie stellte sich erstaunlich geschickt an, den Männern aus dem Weg zu gehen, die gerade ihren Dienst an der Takelage versahen; und was sie auch tat, immer trug sie diese Haltung aus Verantwortungsbewußtsein und Ernsthaftigkeit zur Schau, gelegentlich unterbrochen von einem strahlenden Lächeln, das sich über ihr ganzes kantiges Gesicht auszubreiten schien; kurzum, sie hatte es verstanden, sich unentbehrlich zu machen. Sie war der ideale Kumpel.

Genau darin erkannte Lord Luton aber das Problem, denn er mußte mit ansehen, wie sie durch ihr tadelloses Benehmen nicht nur den jugendlich ungestümen Trevor Blythe für sich gewinnen konnte, der ihr Gedichte aus der Sammlung von Palgrave vorlas, sondern auch Harry Carpenter, einen Mann mit Frau und Kind, den er eigentlich für klüger gehalten hätte. Ihre freiwillig übernommenen Pflichten erfüllt, schritt sie zum vorderen Teil des Bootes, »wo sie jeder einfach sehen muß«, murrte Luton vor sich hin, »nimmt ihre Mütze ab und läßt ihr wunderschönes Haar im Wind tanzen«. In solchen Momenten erblickte er in ihr eine der Sirenen, die nicht im Bug seines Bootes, sondern draußen auf einem zerklüfteten Felsen kauerte, auf den sie seine Männer zu locken versuchte, um sie dort ihrem Untergang preiszugeben. In seiner Phantasie stattete er sie noch mit einer Leier aus, mit der sie ihre Verführungskünste noch verstärkte.

Sogar Fogarty erwies sich als nicht gefeit gegen ihre Reize, und eines Abends ertappte Luton ihn dabei, wie er sie mit schmelzendem Blick anstarrte, als sie gerade dabei war, ihr Haar zu kämmen. »Fogarty!« schnauzte Luton ihn an. »Kümmern Sie sich um das Segel!« Die Antwort des Iren klang

betrübt: »Sie erinnert mich an meine Frau, an Jenny.« Luton, erbost über diese Unverschämtheit seines zukünftigen Jagdaufsehers, setzte schon an, um ihn mit einer Ohrfeige zur Vernunft zu bringen, aber er beherrschte sich noch einmal und murmelte nur: »Er also auch?«
Als immer deutlicher wurde, daß nur er allein unempfindlich für ihre weiblichen Einwicklungsversuche war, dachte er erneut darüber nach, wie er sie am besten loswerden könnte: »Ich könnte sie zum Beispiel einfach auf einem Landvorsprung aussetzen, wo die vorbeifahrenden Handelsschiffe sie auf jeden Fall sehen müssen. Natürlich müßten wir ihr etwas Proviant mitgeben – aber ob die Männer das mitmachen? Wenn wir unser Lager aufschlagen, könnten wir eine kleine Hütte für sie bauen, etwas abseits, aber ich bin sicher, wenn ich erst eingeschlafen bin, schleichen sich die anderen zu ihr rüber.« Dann tauchte wieder der schreckliche Gedanke auf, sie bei dunkler Nacht über Bord zu stoßen; er sah schon, wie die anderen aufgescheucht herumliefen und ihn bestürmten: »Wo steckt sie? Was kann bloß passiert sein?« Er versuchte, diesen gräßlichen Angsttraum aus seinem Kopf zu verbannen, aber er war unfähig, sich davon zu befreien.
Die Erlösung schließlich kam in Gestalt eines plötzlich auftauchenden, recht ansehnlichen Handelsschiffes, das wenige Tage zuvor zum letztenmal für die nur kurze Sommersaison ausgelaufen war und nun mit Volldampf die Heimfahrt zurück zur Zivilisation angetreten hatte. Luton gestikulierte wie wild, und als der Kapitän verstanden hatte, drehte er bei und ließ sich von den Männern der »Afton« erklären, wie es dazu gekommen war, daß sie eine Frau an Bord hatten aufnehmen müssen. »Ein paar Farmer aus Norddakota erlitten Schiffbruch am Great Slave. Sie hat als einzige überlebt. Sie müssen sie zurück nach Athabaska bringen. Von da kommt sie weiter nach Edmonton und nach Hause.« Als der

Kapitän fragte: »Und wer bezahlt mir das?«, drängte sich Luton mit ungebührlicher Hast vor und rief: »Ich zahle!« und gab dem Kapitän nicht nur die verlangte Summe, sondern darüber hinaus noch einen Bonus in Höhe von fünf Dollar. Carpenter drückte Irina währenddessen verstohlen ein paar Scheine in die Hand und gab ihr den väterlichen Rat auf den Weg: »Fahren Sie zurück nach Dakota, Irina. Geben Sie Ihren Traum vom großen Geld auf.«

Nacheinander ging Irina auf jeden ihrer Lebensretter zu und drückte ihm als Zeichen ihrer Dankbarkeit einen Kuß auf die Wange. Als die Reihe an Philip kam, errötete er heftig, nur Lord Luton, vor den sie zuletzt trat, reagierte anders als der Rest der Mannschaft. Steif, mit dem besten stillen Naserümpfen, das er zu bieten hatte, wich er zurück, wollte sich nicht von ihr küssen lassen, sondern duldete nur einen Händedruck, in gebührendem Abstand, versteht sich.

Seine Zurückweisung nicht beachtend, stieg sie auf das größere Schiff um, und nachdem das kleine Bündel abgelegter Kleider, die sie von den Männern geschenkt bekommen hatte, heraufgereicht worden war, blieb sie noch eine ganze Zeit an der Reling stehen, während die beiden Schiffe in der Mitte des gewaltigen Flusses auseinandertrieben. Philip verfolgte, wie sie langsam flußaufwärts den Blicken entschwand, und fühlte eine nie gekannte Schwermut im Herzen. Er gestand sich ein, daß der Altersunterschied zwischen ihnen groß war und daß sie eine Amerikanerin von ungewisser Herkunft war, aber er mußte auch zugeben, daß sie eine tapfere, vor Leben sprühende Frau war, Sinn für Humor hatte, Mitgefühl ihr nicht fremd war, und plötzlich wurde ihm klar, daß ihre Natürlichkeit ihn gänzlich eingenommen hatte. Evelyn und Harry jedoch, seine beiden älteren Kameraden, wußten aus eigener Erfahrung, daß sich diese Art tragische Verliebtheit schon wieder verflüchtigen würde. Das tat sie immer.

Luton und seine Mannschaft setzten ihre Reise auf dem Mackenzie fort, ohne jegliches Anzeichen für eine menschliche Behausung oder dafür, daß schon andere vor ihnen diese Wasserstraße zurückgelegt hatten, zu Gesicht zu bekommen. Gespannt beobachteten sie die Uferbänke, gesäumt von zunehmend zwergwüchsigen Bäumen, und sie stimmten darin überein, daß diese Gegend wirklich das Ende der Welt sein mußte.

Als sie schließlich nach Nordwesten abdrehten und sich einem der Höhepunkte ihrer Reise näherten, dem siebenhundert Meilen langen Endspurt bis zum Delta, hatten sie Gelegenheit, den Fluß von einer ganz anderen Seite zu erleben. Manchmal verbreitete er sich auf einen Durchmesser von zwei oder gar drei Meilen, so daß Philip und Trevor schon meinten, es hätte sich ein neuer See vor ihnen aufgetan, aber dann verengte sich das Flußbett wieder, das Wasser strömte rascher, und die Straße wurde zu einem schmalen Kanal. Der Blick reichte endlos weit, die Einsamkeit war geradezu erschreckend, doch überwältigt waren sie während der Nachtfahrten, wenn die gigantischen Nordlichter helleuchtende Muster am Firmament zeichneten und sich der Himmel mit elektrischer Spannung auflud.

Eines Nachts, als Luton und Trevor Blythe gerade Dienst taten, während die anderen friedlich in dem kleinen Deckhaus schlummerten, zog sich das grandiose Schauspiel über sagenhafte drei Stunden hin. Am Ende verkündete Trevor: »Ich habe die neue Seite in meinem Tagebuch mit ›Borealis‹ überschrieben. Wäre das nicht ein wunderbarer Titel für ein kleines Bändchen mit Gedichten über die Arktis?«

Der Abschnitt ihrer Reise, der nun folgte, verwickelte sie in eines der erregendsten und gefährlichsten Spiele der Natur, und Luton und seine Männer gaben sich aus freien Stücken diesem Spiel hin. Sie hatten immer gewußt, daß der Macken-

zie ungefähr parallel zum Yukon verlief, dem Fluß, der ihr eigentliches Ziel war und der sich sein Bett drei- bis vierhundert Meilen weiter westlich gegraben hatte. Die Frage, die sie sich unentwegt stellten, lautete: »Wo ist die für uns günstigste Stelle, den Mackenzie zu verlassen und zum Yukon überzuwechseln, um uns dann bis Dawson treiben zu lassen?«
Es gab viele Unwägbarkeiten in diesem Spiel, denn vom Westen her mündeten zahlreiche einladende Bäche in den Mackenzie, beachtliche Flüsse zum Teil, und folgte man ihnen flußaufwärts bis zum Oberlauf, paddelnd oder sein Boot tragend, kam man wieder an einen Fluß, der zum Yukon hinunterfloß. Sie mochten noch so einladend aussehen, bei jeder Route galt es, zwei schier unüberwindliche Hindernisse zu meistern. Es würde mörderisch anstrengend werden, flußaufwärts zu rudern, also gegen den Strom, falls sie zu früh überwechselten, und in jedem Fall mußten sie immer noch das schwere Boot und die gesamte Ausrüstung über die Hauptwasserscheide, die Rocky Mountains, schleppen, wie Harry Carpenter nicht müde wurde zu erinnern.
Was sich nun im folgenden ereignete, war höchst seltsam. Die Reisenden verfielen in eine Art Trance; sie wußten zwar, daß der Winter nahte, aber das Klima blieb verführerisch mild, und oft trugen sie an Deck nichts außer einem dünnen Hemd. Die Sonne schien warm, und der mächtige Strom lullte die Männer geradezu ein, so zielstrebig lockte er sie nach Norden und führte sie immer näher an den Polarkreis heran. So gleichmäßig zog er sie davon, so sanft und doch geschwind war die Strömung, als schien sie zu singen: »Keine Angst, keine Angst, nicht fort von den Goldfeldern führe ich euch, nein, immer näher, immer näher rückt unser Ziel.« Das Ziel jedoch, auf das der Fluß zustrebte, war die Arktis, und das war nicht das Ziel der Männer.
Jeder an Bord der »Sweet Afton« war sich darüber im klaren:

Der Winter stand bedrohlich nah vor der Tür, ein Umstand, der es erforderlich gemacht hätte, schnellstmöglich einen Platz zu suchen, auf dem sie ihr Lager hätten aufschlagen und die sieben oder acht Monate überwintern können, statt dessen aber ließen sie sich treiben, ohne den Mut aufzubringen, endlich die schwere Entscheidung zu treffen, wo sie denn nun den Winter über bleiben wollten, um anschließend die Rockies zu überqueren und auf dem Yukon weiterzufahren. Die unendliche Weite des Nordens, die Furcht vor den verzwickten Fragen, die einer Antwort harrten, und nicht zuletzt die einlullenden Verlockungen des Mackenzie, all das hatte ihre Moral untergraben. »Wir müssen zu einem Entschluß kommen, möglichst bald«, wiederholte Lord Luton jedesmal, wenn er den Sonnenuntergang beobachtete, als wollte er am nächsten Morgen mit aller Gewalt eine Entscheidung herbeiführen, aber war der neue Tag erst einmal angebrochen, wälzte sich der friedliche Fluß weiter Richtung Norden, trug das Boot mit sich fort – und wieder wurde die Entscheidung hinausgezögert.
Es war wie zu erwarten der Dichter unter ihnen, Trevor Blythe, der ein angemessenes Bild für ihr sonderbares Verhalten fand. »Wir streben vorwärts, wie alle berühmten Seefahrer, auf der Suche nach unserem Gral, aber wir nähern uns dem Ziel, indem wir davonlaufen, als hätten wir Angst davor, den Schwarzen Berg zu erklimmen, hinter dem sich das Gesuchte schützend verbirgt.«
Eines Tages in der Dämmerung, es war bereits Oktober, entdeckte Luton einen kleinen Strom, der sich vom Westen her in den Mackenzie ergoß, und nach längerer Musterung kam er zu dem Schluß: »Ich glaube, das muß der Gravel sein.« Alle drängten zur Backbordseite, um einen Blick auf diesen geheimnisvollen und doch eher unauffälligen Fluß zu werfen, denn sie ahnten, daß dies die letzte lebensrettende

Wasserader war, für die sie sich entscheiden mußten, wollten sie sich nicht dem Irrgarten aus Nebenflüssen und Zuflüssen am Delta ausliefern, da, wo der Mackenzie in die Beaufort Sea mündet.

Wenn sie sich dazu durchringen konnten, hier den Mackenzie zu verlassen und den Gravel aufwärts zu rudern, würden sie am Oberlauf den besten Trageplatz zur Überquerung der Rockies vorfinden und außerdem einen wunderschönen, leicht befahrbaren Fluß, den Stewart, der sie im Frühjahr in Windeseile bis Dawson bringen würde. Lord Luton, voll Freude über diese herrlichen Aussichten, rief: »Wir werden heute abend in der Mündung vor Anker gehen und morgen früh entscheiden, ob wir uns weiter den Mackenzie hinuntertreiben lassen wollen oder nicht«, woraufhin seine Männer die »Sweet Afton« nach Backbord drehten, auf den Gravel zu, um dort über Nacht zu ankern und sich am nächsten Morgen der schweren Entscheidung zu stellen.

Aber noch einmal konnte die unangenehme Pflicht aufgeschoben werden, denn kaum war der Tag angebrochen, verkündete Carpenter: »Ich glaube, die Wahl, wo wir überwintern sollen, hat schon jemand anders für uns getroffen.« Die Männer schauten aufs Wasser und sahen, daß beide Flüsse, der große und der kleine, von den Rändern her zuzufrieren begannen. Das Eis reichte noch nicht sehr weit von den Ufern in den Fluß hinein, aber zarte Eisfinger umschlossen bereits ihr Boot, eine ernstzunehmende Warnung, daß schon bald das gesamte Flußsystem mit einer einzigen Eisdecke überzogen sein würde.

»Ich muß sagen«, gestand Luton, als er die Lage untersucht hatte, »das kommt reichlich überraschend. Damit habe ich nicht gerechnet. Ich wollte unbedingt bis Fort Norman kommen. Es können nicht mehr als achtzig Meilen flußabwärts sein.«

»Milord«, sagte Harry daraufhin, und indem er ihn mit seinem offiziellen Titel anredete, unterstrich er noch, wie ernst es ihm mit dem war, was er zu sagen hatte. »Du hast recht. Es sind nur noch ein paar Meilen bis Norman. Aber in Edmonton und auch in Athabaska haben sie uns gewarnt, daß der Mackenzie im Nu zufrieren kann«, wobei er mit den Fingern schnippte. »Wenn wir in der Mitte dieses gewaltigen Flusses vom Eis überrascht werden und die Brocken uns von allen Seiten zerquetschen, dann werden wir gnadenlos zwischen zwei Schollen zerrieben, und von dem Boot bleiben nichts als Späne übrig.«
Luton benötigte nur wenige Augenblicke, den Ernst dieser Aussage zu erkennen: »Wir bauen unsere Hütte ein paar Yards flußaufwärts. So entkommen wir dem Eis.« Mit Hilfe langer, um Uferbäume gewickelter Warpleinen bugsierten die Männer die »Sweet Afton« aus dem größeren der beiden Flüsse heraus und machten sie ein kurzes Stück den Gravel aufwärts am linken Ufer fest.
Ironischerweise war Luton nun doch gezwungen, sich für den Gravel zu entscheiden, aber nur als einen sicheren Hafen zum Überwintern und nicht als Wasserstraße nach Westen, zum weniger gefährlichen Yukon.

2. Kapitel

Mut

Der Lebensstil, den sich Lord Lutons Gruppe in ihrer Zufluchtstätte am linken Ufer des Gravel aneignete, entwickelte sich aus gemeinschaftlichen Diskussionen, denn Evelyn handelte nicht diktatorisch, mit Ausnahme bei Entscheidungen, die ein Urteil über Wohl und Wehe seiner Unternehmung bedeutet hätten. Er war leuchtendes Beispiel des altehrwürdigen englischen Prinzips »noblesse oblige«, stets daran denkend, daß er als Adliger die moralische Verpflichtung hatte, sich seiner Umgebung gegenüber ehrenhaft und großzügig zu erweisen. Bei Entscheidungen, die auch Fogarty betrafen, erlaubte er sogar, daß der Ire zu den Gesprächen hinzugezogen wurde. »Wir sind zivilisierte Menschen«, pflegte Luton gern zu sagen, »und werden uns dementsprechend aufführen.«

Sein Führungsstil offenbarte sich, sobald die »Sweet Afton« sicher an Land vertäut war, denn was den Platz und die Größe ihres Winterquartiers betraf, erbat er den Rat jedes einzelnen Mitglieds ihrer Gemeinschaft. »Ihr werdet von Oktober bis Mai darin verbringen, also teilt mir gefälligst eure Ansicht mit.«

Er fing an, ein nach seinem Empfinden für Wohnen und Schlafen angemessen großes Gelände abzuschreiten, und markierte die beabsichtigten Eckpunkte mit kleinen Steinhaufen. Kaum war er damit fertig, legten sich Philip, Trevor und Fogarty innerhalb der abgesteckten Fläche auf den Boden, um zu zeigen, wo ihrer Meinung nach die Betten stehen sollten. Aber als sich Lord Luton selbst auch hingestreckt hatte und Carpenter bat, es ihm nachzutun, wurde deutlich, daß sein erster Entwurf für die Wohnfläche weitaus zu klein geraten war, und er fing an, die Ränder weiter nach außen zu versetzen, doch warnte er die Männer: »Mit jedem Schritt verdoppelt sich für euch die Arbeit.« Und nach ein paar im stillen angestellten Berechnungen mußte Carpenter einräumen: »Er sagt die Wahrheit. Jede Erweiterung, egal, in welche Richtung, bedeutet erheblich mehr Arbeit.«

Harry schließlich schlug eine geniale Lösung des Problems vor: »Warum bugsieren wir die »Sweet Afton« nicht einfach bis hierher und kippen sie seitlich. Wir keilen sie an den Balkenköpfen fest und nutzen das Deck als Flanke für unsere Hütte«, worauf Philip den Vorschlag noch um einen weiteren ergänzte: »Wir richten die ›Afton‹ so aus, daß sie uns vor dem Nordwind schützt.« Carpenter entgegnete: »An sich eine gute Idee, Philip, nur weht der Wind an dieser Stelle aus dem Westen über den Gravel zu uns herüber.« Und das Boot wurde so gewendet, daß es Schutz aus dieser Richtung bot. Luton baute seine Steinhaufen an den neuen Eckpunkten des Terrains auf. »Harry«, sagte er, »das war eine großartige Idee. Siehst du, das macht eine ganze Wand überflüssig. Der Trick spart uns eine Menge Arbeit beim Holzfällen, und die in den Raum ragende Kabine können wir als Regal nutzen.« Es war jedoch Trevor Blythe, der von allen den besten Vorschlag beisteuerte. »Wie wäre es, wenn wir unser größtes Segel hier an das offene Ende der ›Afton‹ binden, es unten festzurren und wir uns auf diese Weise einen geschützten Stauraum verschaffen? Zu kalt zum Schlafen, aber gut geeignet, um Sachen aufzubewahren.« Er grinste Fogarty an. »Zum Beispiel den gefrorenen Kadaver eines Elchs, den Sie

für uns schießen können.« Auch dieser Vorschlag wurde bei der Gesamtplanung berücksichtigt, das Segel umgehend gespannt und fest am Rumpf der »Afton« vertäut.
Als Luton ihre aus drei Teilen bestehende Unterkunft für den Winter begutachtete, gab er ihr den Namen »Unser hermaphroditischer Iglu«. Doch die anderen protestierten, dieser Teil der Welt hätte noch nie einen Iglu gesehen. »In meinen Märchenbüchern waren nur Iglus abgebildet, und ich habe mir immer gewünscht, mal in einem zu wohnen«, meinte Luton, worauf Harry ihm trocken entgegenhielt: »Was wir uns hier zusammengestückelt haben, sieht ungefähr so aus wie das, was die Eskimos entlang der Meeresküsten schon immer gekannt haben. Ein großes Kanu auf die Seite gekippt und festgezurrt als Schutz für eine Art Erdhöhle im Boden.« Den Platz überblickend, fuhr er fort: »Wir nehmen da eine große Tradition auf. Und wenn Tausende Eskimos den arktischen Winter in solchen Behausungen überlebt haben, dann werden wir das wohl auch.«
Damit hatte das Philosophieren und Herumalbern ein Ende, denn nun hieß es, sich schnellstens, noch vor dem Herannahen der Schneestürme, an die anstrengende Arbeit zu machen, eine relativ große Hütte zu errichten, und jeder der Männer übernahm bereitwillig die ihm zugewiesene Aufgabe. Philip und Trevor bekamen ein Seil und wurden losgeschickt, sich zwischen dem verblichenen Treibholz, das der Gravel reichlich an seine Ufer schwemmte, nach verwertbarem Baumaterial umzusehen. Wie alle Flüsse der Arktis, die durch eine nahezu baumlose Landschaft führen, gab es an seinen Gestaden einen so unerschöpflichen Vorrat an Holz, daß Trevor erstaunt rief: »Woher mag bloß all das Holz kommen?« In ihrer Neugier wandten sie sich an Carpenter.
»Ganz einfach. Hier unten stehen kaum Bäume. Aber weiter oben, in den Bergen, gibt es kleine Wälder.«

»Und wie kommt das Durcheinander hierher zu uns?«
»Der Winterschnee begräbt den Wald unter einer Decke. Durch die Frühjahrsschmelze wird der Uferbereich fortgespült, und die Bäume stürzen um. Voilà. Mit der nächsten Flut landen sie direkt vor unserer Haustür.« In Reichweite entlang des linken Ufers, nach Westen und Osten, lagen gleichmäßig gewachsene, makellose Hölzer für sie bereit, genug, um eine ganze Kathedrale zu errichten. Nur das beste als Bauholz auswählend, arbeiteten sie bis weit nach Anbruch der Dämmerung und schleppten soviel Holz heran, wie sie für den Bau ihrer Hütte benötigten.

Carpenter und Fogarty hatten sich in der Zwischenzeit an die wohl mühsamste Arbeit gemacht, die vier Bäume zu fällen und zurechtzuschlagen, die als stabile Eckpfosten für ihre Hütte herhalten sollten. Ausgerüstet mit den beiden groben Äxten der Expedition, suchten sie sich große Lerchen oder Fichten aus, ringelten den Stamm so dicht in Bodennähe wie möglich, nahmen dann zu beiden Seiten Stellung auf und schlugen drauflos, bis der Baum gefällt war. Dann, nach Absprache, ruhten sie sich abwechselnd aus, schlugen die unteren Äste ab und kappten die unnötige Baumkrone, so daß sie zum Schluß vier stämmige Eckpfeiler hatten. Eine kräftezehrende, aber notwendige Arbeit, denn obwohl Treibholz in der gewünschten Größe vorhanden war, fürchteten beide, es könnte durch Flutwasser, Ausbleichung und den rauhen Transport den Gravel hinunter so mürbe geworden sein, daß es den Winterstürmen, wenn der Druck durch den Wind ungeheuer sein würde, nicht standhielt.

Während die anderen mit der schwierigen Aufgabe beschäftigt waren, das Holz für den Bau ihrer Hütte zu sammeln, plagte sich Lord Luton mit einer Hacke zum Unkrautjäten ab, den Boden zu ebnen, und als er damit fertig war, griff er nach der einzigen Schaufel der Expedition und machte sich

an die mühevolle Arbeit, Löcher für die vier Eckpfeiler zu graben. Umgehend mußte er die Erfahrung machen, daß das nicht dasselbe war, wie seinen Garten zu Hause in Devon umzugraben, wo der lehmige Mutterboden bei jedem Spatenstich bereitwillig zur Seite wich. Das hier war rohe Schwerstarbeit, jeder Zoll schäbigen Bodens von steinigen Ablagerungen behütet, und als er nach einer Stunde größter Anstrengungen feststellte, daß er nur eine Handbreit tief eingedrungen war, rief er die anderen zu sich.
»Ich bin kein Drückeberger«, sprach er. »Das wißt ihr. Aber die Löcher hier zu graben ... also wirklich. Ich komme nicht von der Stelle.« Und er zeigte ihnen das jämmerliche Resultat seiner Arbeit.
Es folgte eine ernste Auseinandersetzung, in deren Verlauf Lord Luton und Trevor Blythe die Ansicht äußerten, ein kleineres Fundament würde schon ausreichen, wenn das Gebäude mehr oberhalb genügend abgestützt wäre, doch Carpenter und Fogarty, aus ihrer größeren Erfahrung heraus, rieten: »Ein Eckpfeiler, nicht richtig in den Boden gerammt, fordert die Katastrophe geradezu heraus.« In diesem Moment ging eine kaum spürbare, subtile Veränderung in dem Gefüge der Gruppe vor sich, denn ohne großes Gehabe oder eine Geste, die eine Herabsetzung der Autorität seines Herrn bedeutet hätte, hob Tim Fogarty die Schaufel vom Boden auf und meinte dabei im scherzenden Tonfall: »Auf den irischen Feldern sind mehr Steine als auf den englischen, Milord. Harry braucht noch etwas Hilfe, den dritten Pfosten zurechtzuschneiden.«
Als man daranging, den vierten Eckpfeiler in Angriff zu nehmen, sagte Carpenter: »Fogarty, gehen Sie Evelyn bei dem letzten Pfeiler zur Hand.« Und genauso ruhig, wie der Ire sich verhalten hatte, als er die mörderische Arbeit des Fundamentaushebens übernahm, ergriff Harry die Schaufel

und fragte: »Evelyn? Wo, hast du dir gedacht, soll der hier hin?« Auf diese einfache Art wurde Lord Luton die Befehlsgewalt genommen, blieb aber scheinbar unangetastet in seiner Rolle als Leiter des gesamten Unternehmens.
Es war auch Fogarty, der einen Vorschlag zur Lösung des Kaminproblems machte, denn in den arktischen Regionen war allgemein bekannt, daß ein sieben- oder achtmonatiger Aufenthalt in einer Hütte ohne angemessene Entlüftung zum Abzug von Rauch und schädlichen Gasen das Augenlicht schädigen, ja sogar zum Tode führen konnte. In jedem Winter kamen in den nördlicher gelegenen Landstrichen mehrere Menschen um, meist im Schlaf, zwei oder drei dicht gedrängt nebeneinander liegend, weil der Rauch der Hütte nicht entweichen konnte. Bei denen, die im Frühjahr auf die friedlich Entschlafenen stießen, hieß es dann oft: »Eine bequeme Art aus dem Leben zu scheiden, aber es muß nicht sein.«
Carpenter und Fogarty wußten, es empfahl sich, irgendeine Vorrichtung zu schaffen, die den Rauch entweichen ließ, aber gleichzeitig verhinderte, daß Wind, Regen und Schnee eindrangen. Da die Mannschaft aus Edmonton kein Ofenrohr mitgebracht hatte oder etwas, das man als solches hätte verwenden können, mußten sich die Männer einen vernünftigen Ersatz ausdenken. Gleich mehrere geniale Ideen wurden erörtert, einschließlich Trevors Anregung, den Ofen in eine der Ecken zu plazieren, das Dach an der Stelle offenzulassen und quer zu beiden angrenzenden Wänden eine Art Mauer zu errichten, damit der Rauch draußen blieb. Dieser Vorschlag wurde von Carpenter mit der Begründung zurückgewiesen, der Kamin müßte dann eine so riesige Öffnung haben, daß gar kein Zug entstehen könnte. »Der Wind würde statt dessen hineinfegen und uns alle im Rauch ersticken.«

Fogarty hatte derweil die Gegend abgesucht und eine Ansammlung scheibenartiger Steinbrocken gefunden, von rauher Oberfläche auf der einen, von glatter auf der anderen Seite, und schlug vor, aus diesen Steinen den ganzen Kamin zu bauen, nach unten hin weit, oben schmal, und als er sie aufeinanderschichtete, erntete er den Beifall Carpenters, der hervorhob: »Das beste an ihm ist, daß die Holzwand durch Steine abgeschirmt wird. Verhindert die Art von tödlichem Feuer, die die Menschen hier oben im Norden im Schlaf überrascht.«
So übernahmen Carpenter und Fogarty während dieser Phase des Baus an ihrem Winterquartier unauffällig das Kommando über die Expedition. Sie entschieden, wie tief die Eckfundamente zu sein hatten, an welcher Stelle der Kamin stehen sollte, wie die Schlafgelegenheiten zu gestalten waren und wie die Zeltkonstruktion am besten in das Ganze einzufügen war, aber auch zwischen ihnen entbrannte unausgesprochen ein Kampf um die Führung, obwohl keiner von beiden seinem Rivalen die Vorrechte streitig machte. Als Harry entschied, die Hütte müßte zur größeren Sicherheit noch mit einem weiteren Trägerpfosten in der Mitte ausgestattet werden, ließ Fogarty keine Bemerkung fallen, doch als sich ersterer anschickte, selbst einen passenden Baum zu suchen und zu fällen, nahm der Ire die beiden Äxte an sich und meinte: »Mr. Harry, es wird Zeit, daß Sie in die Geheimnisse dieser Arbeit eingeweiht werden.« Sie marschierten los, fällten einen Baum, richteten den Pfosten zu, und als die Arbeit getan war, hob Fogarty auch noch das fünfte Fundament aus.
Auf diese Weise akzeptierte und erfüllte jeder der Männer seine ihm zugewiesene besondere Funktion. Lord Luton entschied in Verfahrensfragen, jedenfalls in allen Dingen, die eine gepfefferte Ansprache nötig machten; Harry traf die

strategischen Entscheidungen, von denen das Überleben der Expedition abhing; Fogarty fand Mittel und Wege, sie in die Praxis umzusetzen, ohne dabei viel Worte zu verlieren. Und sogar die beiden jungen Mitglieder des Unternehmens teilten Zuständigkeiten unter sich auf, wobei Philip Muskelkraft und grenzenlose Energie zur Verfügung stellte, wenn Not am Mann war, und Trevor eine einnehmende Bereitwilligkeit, die niedrigsten Arbeiten zu verrichten, das Geschirr zu spülen, Brennholz zu sammeln oder den Abfall auf ihre provisorische Müllkippe zu werfen. Außerdem überraschte er die anderen von Zeit zu Zeit mit Vorschlägen, die sich als äußerst sinnvoll erwiesen, so zum Beispiel, als er drei verschiedene Vorrichtungen konstruierte und anbrachte, an denen man die Laternen aufhängen konnte, je nachdem, wo für eine bestimmte Arbeit gerade das meiste Licht gebraucht wurde.

Als die Blockhütte dicht abgedeckt, die Seitenwände aufgestellt und fest mit den Eckpfeilern vertaut waren, freuten sich die beiden Jüngeren, daß damit die harte Arbeit getan sei, doch Carpenter und Fogarty befreiten sie recht bald von diesem Irrtum, denn als das Dach an seinem Platz war, verkündete Harry: »Jetzt beginnt der langwierige Teil der Arbeit. Jeder durchstreift die Gegend, meilenweit in alle Richtungen, und sucht sie nach Moosen, kleinen Zweigen und Lehm ab, vor allem nach Lehm, um die Löcher zu stopfen, die ihr da oben seht.« Er wies auf das Dach, wo Hunderte schlecht verfugter Verbindungsstellen Schnee und Regen, besonders aber dem Wind eine Gelegenheit boten einzudringen. »Und die Wände müssen auch abgedichtet werden.«

Philip drehte sich zur »Sweet Afton« um und meinte scherzhaft: »Ich verfuge lieber diese Wand hier«, aber er war einer der ersten unten an dem kleinen Wasserlauf und suchte ihn nach Lehm ab, und weit flußaufwärts stieß er tatsächlich auf eine jener zufällig auftretenden Ablagerungen von Erdschichten, die in einer bestimmten Konsistenz auch Ton enthalten. Philip machte sich zum Lastträger der Gruppe: Eimer für Eimer Tonerde und Flußalgen für die anderen vier, die sich abmühten, ihr arktisches Zuhause wasserdicht zu machen.

Als die Männer tatkräftig den Bau ihres Winterrefugiums beendet hatten, standen sie in der Tat vor dem, was Lord Luton noch immer als seinen hermaphroditischen Iglu bezeichnete, eine wetterfeste Hütte, durch die ruhende »Sweet Afton« gegen Winterstürme abgeschirmt, erweitert durch den nicht beheizbaren Raum eines stabilen Zeltes und erwärmt durch das große, von Palisadenpfählen getragene Zimmer, aus dem der Rauch durch Fogartys Kamin entweichen und dank Trevor Blythes »Wanderlampen«, wie er sie selbst nannte, genügend ausgeleuchtet werden konnte.

Die schwere Arbeit getan, vornehmlich ein Ergebnis von Carpenters und Fogartys fester Führung, stand es Lord Luton nicht nur frei, das Kommando wieder zu übernehmen, er wurde sogar leise dazu gedrängt, und mit ganzer Leidenschaft skizzierte er einige vernünftige Regeln für den täglichen Umgang miteinander, im »Königreich verwandter Seelen«, wie er es nannte. »Keiner darf den ganzen Tag im Bett verbringen, es sei denn, er ist krank und gezwungen zu liegen. Jeder muß mindestens einmal täglich Sport treiben. Harry, du markierst draußen ein Oval als Laufstrecke, eine viertel Meile lang. Wir werden sie gleich ausprobieren. Ich schätze, wir befinden uns immer noch weit südlich vom Polarkreis, wir haben also nur schwaches Licht für unsere Runden, aber auch bei solcher Finsternis müssen wir unsere Gesundheit bewahren.«

Carpenter fügte dem noch einige gescheite Ratschläge hinzu: »Mindestens zweimal die Woche muß jeder die Strümpfe wechseln und die gebrauchten mit Seife in heißem Wasser waschen, sonst besteht für uns alle die Gefahr, daß sich Fußpilz entwickelt. Es ist auch nicht gut, in der Kleidung zu schlafen oder gar die Unterwäsche länger als sieben Tage zu tragen. Die Latrine sollte immer ein gutes Stück hinter der Hütte sein, und ich will keinen dabei erwischen, wie er einfach vor die Tür geht, um zu pinkeln.«

Beide jedoch, Luton und Carpenter, widmeten die größte Aufmerksamkeit Strategien zur Vermeidung von Skorbut.

»Ich habe es mit eigenen Augen gesehen«, sagte Harry. »Eine abscheuliche Krankheit. Wird durch falsche Ernährung ausgelöst. Leute wie wir haben meist keine Erfahrung mit Skorbut, daher neigen wir dazu, die Krankheit zu unterschätzen. Hast du es jemals gesehen, Evelyn?«

Luton verneinte, aber hatte genug darüber gehört, um Angst vor der Krankheit zu haben. Und so fuhr Harry fort: »Ich habe sie mal während einer langen Seereise erlebt. Wir hätten es eigentlich besser wissen müssen, aber die Männer wurden einer nach dem anderen krank. Die Zähne fielen aus. Die Beine wurden nekrotisch.«

»Was ist das?« wollte Trevor wissen, und Carpenter erklärte: »Sie sterben ab, bevor der Rest des Körpers stirbt. Man drückt den Finger ins Bein, und wenn man ihn wieder wegnimmt, bleibt der Abdruck.«

»Worauf müssen wir besonders achten?« fragte Philip, und wieder antwortete Carpenter: »Daß ihr Obstkonserven eßt, eingesalzenen Kohl, die sauren Pillen, die wir in Edmonton gekauft haben. Und wir glauben, daß uns Frischfleisch mit dem versorgt, was noch fehlt...«

»Was fehlt denn noch?« fragte Blythe, und Carpenter antwortete: »Darüber gibt es verschiedene Theorien. Eines Tages werden wir es vielleicht wissen. Also, wenn jemand ein Reh

vor die Flinte kriegt, einen Fisch fangen kann oder eine Ente ins Visier nimmt, dann soll er sich keinen Zwang antun. Unser Leben könnte davon abhängen.«
Die fünf Männer, kongenial in ihrem Zusammenwirken, wie man es als Gruppe für so ein Abenteuer nur sein konnte, verbrachten die ersten beiden Wochen ihrer Abgeschiedenheit damit, eine gewisse Routine in ihr Leben zu bringen. Der Boden war noch nicht mit Schnee bedeckt, und da dieser Abschnitt des Mackenzie nur mittelmäßig viel Niederschlag abbekam, würde Schneefall, wenn er denn einsetzte, nicht das Hauptproblem darstellen, wie Carpenter erläuterte: »In arktischen Regionen wie dieser fällt weitaus weniger Schnee als in Montreal oder New York.«
Er legte die Laufstrecke aus, und er und Luton liefen morgens und nachmittags je drei Bahnen. Die beiden jüngeren Männer liefen jeden Nachmittag vier Bahnen. Fogarty, der oft abwesend war und Wild jagte, lief immer dann, wenn er noch keinen ausgedehnten Marsch hinter sich hatte. Und der gesundheitliche Zustand aller verbesserte sich. Man hob die Latrine aus, sammelte das Treibholz vom Ufer ein, verarbeitete es zu Brennholz, fütterte damit den tüchtigen kleinen Ofen, und die Männer sahen dabei zu, wie die Tage kürzer wurden.

Aber erst mit dem Einsetzen der langen Nächte zeigte sich der außergewöhnliche Charakter der Gruppe, denn unter Lutons kluger Führung organisierten sich die Männer zu einer Art Kolleg, in dem jedes Mitglied – mit Ausnahme von Fogarty – für einen bestimmten Abend die Verantwortung übernahm und ein Thema behandelte, über das er etwas wußte, egal, wie obskur oder von scheinbar geringem allgemeinen Interesse es auch sein mochte. An einem dieser

Abende erläuterte Luton zum Beispiel die Verästelungen der Familie Bradcombe und ihre Rolle in der englischen Geschichte. Er erzählte von den ehelichen Verbindungen, von den Skandalen, den Morden, die es auch in seiner Familie gegeben hatte, und von den Diensten, die seine Vorfahren der Krone geleistet hatten. Anschließend verbrachten er und Harry über eine Stunde damit, sich gegenseitig faszinierende Beispiele ins Gedächtnis zurückzurufen, wie das Erstgeburtsrecht in ihren Familien funktionierte, um die Langlebigkeit des betreffenden Zweigs zu sichern. »Ein sinnvolles System«, sagte Evelyn. »Der erstgeborene Sohn erbt alles, Titel, Schlösser, Ländereien, Pachtrecht auf die reichen Lachsflüsse.«

»Sonderbar, aus deinem Mund eine Verteidigung des Systems zu hören«, bemerkte der junge Henslow, »wo du doch der jüngere Bruder von Nigel bist. Und es ist Nigel, der einmal alles erbt.«

»Aber das ist es doch gerade, was ich meine, Philip. Das Gesetz schreibt alles genau vor, Detail für Detail, so kann es zwischen Nigel und mir niemals zum Streit kommen.«

»Und du bist nicht neidisch? Nicht mal ein klein wenig?«

»Ich habe schließlich meinen eigenen Titel, einen Landsitz in Irland, das ist angemessen. Neid? Ich bezweifle, daß ich jemals auch nur einen Funken Neid hatte.«

Er wußte von mehreren höchst interessanten Fällen zu berichten, wie das Prinzip der unveräußerlichen Erblehen funktionierte, um wichtige Besitzungen der Familie Bradcombe zu schützen. »Man muß sich das so vorstellen. Mein Vater darf das Schloß in Wellfleet oder die beiden Häuser in Irland weder verkaufen noch verschenken. Sie müssen bei dem Titel bleiben, dürfen nur als Fideikommiß übertragen werden.«

»Interessante Situation«, sagte Harry. »Evelyns Vater darf

seinen eigenen Rembrandt oder die beiden Jan Steens nicht verkaufen. Sie sind unveräußerlich.« Er lachte. »Habt ihr jemals von dem öffentlichen Skandal gehört, den mein Großvater auslöste, als er versuchte, die Bilder aus unserem Familienbesitz zu verkaufen, die eigentlich zum Erbe gehören? Er brauchte das Geld, um eine englische Schauspielerin zu unterstützen, die er in New York kennengelernt hatte. Brachte sie sogar per Schiff mit nach Hause. Es gab einen fürchterlichen Skandal. An der Schauspielerin störten sich die Frauen in unserer Familie nicht sonderlich, aber als er den Tizian verkaufen wollte, setzten sie Himmel und Hölle in Bewegung. Bemühten am Ende gar das Gesetz, ihn davon abzuhalten.«

Als Carpenter an der Reihe war, seine erste Sitzung zu leiten, überraschte er die Gruppe mit der Ankündigung, er wolle an seinen Abenden Abschnitt für Abschnitt den gesamten Roman »Große Erwartungen« laut vorlesen, von dem einer seiner Tutoren behauptet hatte, es handelte sich dabei um den am besten konstruierten aller englischen Romane, und im Laufe der Zeit freuten sich die anderen schon jedesmal auf seine Vorleseabende, vor allem als die Kälte einsetzte und der Fluß von dem Eis, das er vor sich herschob, regelrecht zu knistern anfing.

Sie ließen sich deswegen so bereitwillig auf die Geschichte ein, weil der Roman eine Komposition von meisterhaft gezeichneten Bildern war: das dramatische Auftreten des Sträflings auf dem Friedhof, Miss Favisham und ihr verschimmelter Hochzeitskuchen, Pips Boxstunden, die wunderbaren Szenen in London. »Wirklich ein verdammt guter Roman«, meinte Harry, »ausgezeichnet geeignet zum Vorlesen in einer Blockhütte am Polarkreis.«

Trevor Blythe hielt insgesamt vier Vorträge, die Aufschluß gaben über die magische poetische Kraft der großen englischen Dichter Shelley, Keats, Byron und Wordsworth. Da sowohl seine Mutter als auch sein Tutor die Poesie liebten, konnte er als Folge ihrer Bemühungen lange Passagen aus den gelungeneren Werken dieser Dichter auswendig, und manchmal saß er da mit geschlossenen Augen, das Licht auf seinem flachsblonden Haar, und rezitierte Gedichte, von denen die anderen nur Teile kannten. Dann hallte im Raum jedesmal die herrliche Musik der romantischen Sprache wider. Einmal, es war ein sehr kalter Abend, der Boden schien unter dem Gewicht des Eises förmlich zu beben, nicht eine Bewegung war zu spüren, kein Lüftchen wehte, kein Atem, kein Windhauch, hielt er ein Buch auf dem Schoß aufgeschlagen und fing an, ohne einen Blick auf die Seiten zu werfen, die Verse von Keats zu rezitieren, die er besonders liebte:

»*Sankt-Agnes-Abend – Ach, bitt're Kälte war's!*
Die Ente selbst, trotz ihres Federkleides fror,
Ein Hase, leise zitternd, durchs starre Gras gestapft,
Und schweigend stand die Herde in wollig-wohl'ger Eintracht«

Die ersten vierzig Zeilen sagte er aus dem Gedächtnis auf, dann, ohne den Rhythmus zu unterbrechen, senkte er den Blick ins Buch, aber immer wenn er zu einem Abschnitt kam, den er auswendig konnte, schloß er die Augen wieder und füllte die Nachtluft mit jenen gigantischen Bildern, die Keats einst zu Papier gebracht hatte.
Als sich Blythe dem Ende näherte, dem wunderschönen Vers über den langen Teppichläufer, der den zugigen Flur deckte, konnten seine Zuhörer mit eigenen Augen sehen, wie die Liebenden entflohen und der betrunkene Pförtner ausgestreckt neben dem Gatter lag. Sie hörten das Knarren der Tür und das Aufstöhnen der Soldaten in ihren Alpträumen. Das

war die wahre Macht der Poesie: Leblose Worte schufen lebendige Erfahrungen, und die kleine Hütte war erfüllt von ihrem Zauber.

An den Abenden, an denen Philip die Verantwortung für die Tutorien hatte, wie Luton diese Sitzungen titulierte, konnte er weder mit der Klugheit noch mit der Erfahrung der ihm an Alter überlegenen konkurrieren, und zunächst widerstrebte es ihm, auch einen Versuch zu unternehmen, bis sein Onkel ihm ins Gewissen redete: »Wenn du einer von uns sein willst, dann mußt du auch mit ganzer Seele dabeisein«, worauf Philip, befürchtend, er würde sich doch nur blamieren, die Kurse wiederholte, die er in Eton besucht hatte. Er war überdurchschnittlich begabt in Geometrie, und so fing er an, den Männern Nachhilfe in diesem exakten und herrlichen Gegenstand zu geben, bis Luton ihn unterbrach: »Faszinierend, ehrlich, und wir könnten von deinem Wissen profitieren, aber mit deinen Diagrammen brauchst du unseren ganzen Papiervorrat auf.«

Philip hatte mittlerweile an Selbstvertrauen gewonnen, und da man ihm sein Lieblingsthema entzogen hatte, ging er zu griechischer Mythologie über und von da zu der Art und Weise, mit der Karl der Große es verstanden hatte, sein Reich zu errichten und es anschließend unter seine Söhne aufzuteilen. Die älteren Männer hörten aufmerksam zu, glücklich, sich erneut mit Themen vertraut zu machen, die sie selbst vor einem guten Jahrzehnt studiert hatten.

Die Tagesstunden, extrem kurz in diesen Breitengraden, verbrachten sie mit Außenaktivitäten – Laufen, Jagen, Holzhacken –, wenn die Temperatur es erlaubte, aber wenn das Thermometer bis zu minus fünfzig Grad rutschte, blieben alle drinnen, rückten noch näher ans Feuer, um mehr von der Wärme abzubekommen. Dann dauerten die Nächte vierundzwanzig Stunden, und die regelmäßigen Gesprächsrun-

den unter dem flackernden Licht wurden zu einer geschätzten Einrichtung. Die Tutorien währten schon über einen Monat, bevor Luton auf die Idee kam, Fogarty als Dozenten mit einzubeziehen. »Fogarty, wenn wir Sie bitten würden, vor unserem Kolleg über ein Thema zu sprechen, auf dem Sie eine Kapazität sind, was wäre das dann für ein Thema?«
Der Ire runzelte die Stirn, biß sich auf die Lippe und schaute fast flehentlich jeden einzelnen Zuhörer seines Publikums an. »Ich könnte über Pferde sprechen, aber Sie sind Gentlemen und wissen das meiste schon, was ich Ihnen erzählen könnte.«
»Überlegen Sie weiter«, bedrängte ihn Carpenter. »Man kann nie genug wissen.«
Die Aufmunterung ignorierend, sagte Fogarty: »Aber ich möchte bezweifeln, daß Sie viel über Wildern wissen.«
»Meinen Sie echtes Wildern?« fragte Philip ungläubig, worauf Fogarty wiederholte: »Ja, echtes Wildern.« Und unverzüglich stürzte er sich in eine detaillierte Beschreibung darüber, wie ein meisterhafter Fisch- und Wilddieb bei seiner Arbeit vor sich ging. »Wohlgemerkt, ich war nicht schlecht darin, ab und zu ein Kaninchen abzuschießen. Nicht gerade einfach, wenn man kein Geräusch machen darf. Aber meine größte Liebe, das ist, sich in einer mondlosen Nacht rauszuschleichen und sich einen erstklassigen Lachs zu fangen.«
»Lachs!« wiederholte Carpenter voller Erstaunen. Seine Vorfahren hatten Wilderer noch erschossen, wenn sie auch nur den Versuch unternahmen, Lachse aus den Flüssen zu fangen, die unter ihren Besitz fielen, und hatten mehr als einen für das Verbrechen zu lebenslangem Exil nach Australien verbannt.
»Ach, der Lachs, der König der Tiere für die Kunst des Wilderns.« Und während er über seine Kenntnis und seine Geduld sprach, fing er an, gerade soviel von den einzelnen

Örtlichkeiten seiner Triumphe zu verraten, daß Lord Luton nicht umhinkonnte, die irischen Flüsse, die Fogarty geplündert hatte, als die in seinen eigenen Besitztümern liegenden zu erkennen, und schließlich dämmerte es ihm, daß dieser hochmütige Ire seit langem Lachs aus just den Bächen stahl, die er zu schützen bestellt war.
Erschüttert über diese unangenehme Entdeckung, fragte Luton an einer Stelle der Erzählung: »Meinen Sie etwa den zweiten Pfuhl unter der Steinbrücke, die General Netford 1803 erbauen ließ?«
»Ja. Genau die Brücke. Es heißt, sie wurde dort zum Nutzen der Armee hingestellt, für den Fall, daß Napoleon nach Irland übergesetzt hätte.«
Hier fiel Carpenter ihm ins Wort: »Das ist der Pfuhl, über den mein Onkel Jack in seinem Buch über die bedeutendsten Binnenflüsse Irlands schreibt. Er hat ihn Spiegelpfuhl genannt, weil sich der Himmel darin perfekt widerspiegelt.«
»Genau den meine ich.« Seit über hundert Jahren verfaßten die Sportfischer Englands Bücher über ihre Lieblingslachsbäche, bis jeder Flußabschnitt der Britischen Inseln, der den geschätzten Fisch beherbergte, beschrieben und bewertet war. Männer wie Harry Carpenter mochten irgendwo in Indien oder am Nil sitzen und konnten ganze Flußabschnitte fehlerfrei dahersagen und stolz berichten, wie ein entfernter Verwandter 1873 dort seinen Preisfang gemacht hatte. Und hier saß Fogarty, rundgesichtig und nicht ahnend, welche Aufregung er verursachte, und gab die Version des kleinen Mannes von derselben Jagd zum besten. »Bei Vollmond habe ich mich nie rausgewagt, drei Tage vorher nicht und drei Tage nachher nicht, und den jungen Burschen habe ich immer geraten...«
»Sie haben anderen das Wildern beigebracht?« unterbrach Trevor, aber Fogarty wiegelte ab: »Nicht, wie man Lesen und

Schreiben in der Schule lehrt, aber wenn ein junger Kerl von zuverlässigem Charakter mit dem Wunsch zu mir kam, ein erstklassiger Wilderer zu werden, dann habe ich ihm die Regeln beigebracht.«

»Wie lauten die Regeln?« fragte Luton mit eisiger Reserviertheit in der Stimme, die seine Abscheu über die Offenbarungen, die er zu hören bekam, verbarg, und Fogarty gab eine so detaillierte Antwort, daß der Abend zu einem der besten in der Seminarreihe wurde, denn interessierte Studenten lauschten einem Experten, der ein erstaunliches Wissen ausbreitete.

»Ich habe immer drei Grundregeln beachtet, in meinem eigenen Verhalten und bei allen, denen ich die Erlaubnis zum Wildern in den Flüssen gab, die meiner Kontrolle unterstanden.«

»Sie haben Fangrechte verkauft?« fragte Luton, worauf Fogarty entgegnete: »Um Himmels willen, nein! Das war die erste Regel. Niemals wildern, wenn man den Fisch nicht braucht und nicht auch essen will. Niemals den Fisch verkaufen und ihn keinem anderen geben als nur der eigenen Familie. Gegen Geld zu wildern wäre ziemlich unehrenhaft, finden Sie nicht?«

Durch solche Fragen und die erhabene Würde, die er in seiner Tätigkeit als Lachsdieb an den Tag zu legen schien, gewann Fogarty allmählich das Vertrauen seiner Zuhörer, und nach kurzer Zeit nahmen alle teil an nächtlichen Streifzügen und Phantasiereisen, die großen fischreichen Flüsse Englands auf und ab. Vor allem Harry Carpenter tat sich in dem Gespräch hervor, denn er hatte in den meisten Flußabschnitten und Pfuhlen, die der Ire erwähnte, selbst geangelt.

»Meinen Sie weiter aufwärts, den Fluß, der bei den Anwohnern Princeps heißt?«

»Ja, genau der. Mit den Weiden am anderen Ufer.«

Erst als Fogarty sie entlang etwa ein Dutzend weiterer Flüsse geführt hatte, fragte Trevor Blythe schüchtern: »Ist Wildern nicht verboten?« Aber Fogarty entgegnete, ohne daß er peinlich berührt zu sein schien: »Ich betrachte es als eine Art umgekehrter Besteuerung.«

»Wie meinen Sie das?« fragte Luton, und Fogarty rechtfertigte sich mit einer selbstbezichtigenden Offenheit, die seinen Arbeitgeber überraschte: »Die Reichen besteuern uns arme Leute für fast alles, was wir tun, und ein guter Wilderer, der sich ab und zu ein Kaninchen oder einen Lachs fängt, besteuert damit die Reichen. Das gleicht die Sache wieder aus, Milord.«

Fogartys verblüffende Enthüllungen lockten sogar Evelyn ins Netz, denn der edle Lord fing an, sich mit ihm über das Wildern zu unterhalten, über Flüsse und die Spannung beim nächtlichen Fischen, als würde er selbst an dem herausfordernden Sport teilnehmen. An einer Stelle der Erzählung fragte er ihn: »Was für eine Fliege würden Sie in aufgewühltem Wasser verwenden?« Und auch Carpenter steuerte sein fachmännisches Wissen bei.

Die beiden jüngeren Teilnehmer des Seminars wollten sich mit Fogartys Antwort auf die Frage der Rechtmäßigkeit seines Tuns jedoch nicht zufriedengeben, und Philip insistierte: »Aber es ist doch verboten, stimmt's?«

»Vieles, was wir tun, ist verboten, oder jedenfalls nicht ausdrücklich erlaubt. War es nicht auch Major Carpenters Großvater verboten, das Bild zu verkaufen, nur weil er einer Schauspielerin einen Gefallen tun wollte?«

»Aber das Gericht hat dem Einhalt geboten.«

»Ja, und die Gerichte gebieten auch Wilderern Einhalt, wenn sie sie zu fassen kriegen.«

»Und was ist Ihre Ansicht dazu?« beharrte Philip, und Fogarty sagte: »Ich finde, es ist ein schönes, elegantes Spiel.

Eine Mutprobe. Eine Herausforderung an das Beste in einem Mann. An seine Bereitschaft, sich für seine Rechte einzusetzen.«

»Rechte?« warf Luton ein, und in der bitteren Kälte wählte Fogarty seine Worte bedächtig: »Ich nehme doch an, die Flüsse sind für alle Menschen erschaffen worden ... um sich an den Fischen zu erfreuen, die Gott in ihnen ausgesetzt hat. Durch Gesetze hat sich das verändert, und vielleicht ist das ja auch nur zum Guten, denn umsichtige Männer, wie Sie und Ihr Vater, Milord, halten die Flüsse sauber und frisch für die, die nach uns kommen. Aber ich glaube, Gott sitzt da oben über uns zu Gericht und schmunzelt, wenn er eines seiner Geschöpfe sich in die Finsternis hinausstehlen sieht, um einen großen Fisch für seine Familie zu fangen, den er selbst auf die Erde geschickt hat – vielleicht gerade aus diesem besonderen Grund.«

»Ist das nicht riskant?« fragte Philip, aber Fogarty zeigte nur auf den viel größeren Fluß, der zugefroren draußen vor ihnen lag: »Ist das für Sie vielleicht kein Risiko, in dieser Jahreszeit den Fluß herauszufordern?«

Mit dem Vorrücken des Winters brachte das Leben in der Hütte unerwartet Probleme. Als das in Edmonton erworbene Spiritusthermometer auf minus dreiundvierzig Grad stand, fanden die beiden Jüngeren keinen Gefallen mehr an der täglichen Laufrunde, Luton und Harry dagegen setzten erst aus, wenn schwerer Schneefall einsetzte, was selten geschah. »Ein Mann muß bei Kräften bleiben«, meinte Luton, und als die Temperatur auf fünfzig Grad minus sank und Carpenter mit einer scheußlichen Erkältung drinnen bleiben mußte, lief Luton vier Runden allein und kam schwitzend zurück: »Ich kann euch sagen, das war erfrischend!«

Durch das Laufen jedoch ergab sich eine Situation, die leicht hätte unangenehm werden können, wenn Luton nicht energisch eingeschritten wäre. Philip Henslow, noch immer ungeheuer stolz auf seine Gummistiefel (trotz Irinas warnender Zweifel an ihrer Nützlichkeit), versuchte, seine täglichen Runden in ihnen zu absolvieren, obwohl ihm klar war, daß sie so gut wie keinen Schutz vor der eisigen Kälte boten. Ja, sie leiteten die Kälte so umgehend und vollständig an den Körper weiter, daß er kaum ein paar Schritte getan hatte, als seine Zehen kälter als seine Nase waren, und das war gefährlich.

Aus Stolz auf seine Wahl, die nun mal auf diese Schuhe gefallen war, und mit all seiner Halsstarrigkeit weigerte er sich zunächst, die zunehmenden Schmerzen wahrzunehmen, doch eines Abends, als sie so heftig waren, daß er zusammenzuckte, als er die Stiefel in der Hütte abstreifte, hörte sein Onkel, wie er die Luft einsog, schaute zu Boden, um nachzusehen, was die Ursache war, und erriet auf der Stelle, daß es sich um Erfrierungserscheinungen handelte. »Laß mal deine Füße sehen«, sagte er ruhig, wobei er sich hinkniete, die eisigen Zehen berührte und das Fehlen jeglicher Blutzirkulation konstatierte. Nachdem er noch einmal genauer nachgeprüft hatte, rief er: »Harry! Sieh dir diese fürchterliche Schweinerei an!« Und als Carpenter sich hinunterbeugte, pfiff er leise durch die Zähne: »Noch eine Woche, und wir hätten den linken Fuß amputieren müssen.«

Die anderen scharten sich um ihn, und es bot sich ihnen ein schauerlicher Anblick: Die Haut war von einem fahlen Weiß, zwischen den Zehen schälte sie sich ab, und am Knöchel ließ sich weder der Pulsschlag noch die geringste Blutzirkulation erahnen. Und trotz der Tatsache, daß die Füße bereits mehrere Minuten der Wärme der Hütte ausgesetzt gewesen waren, waren sie noch immer erschreckend kalt.

Niemanden jedoch ergriff Panik. Carpenter meinte, die Füße noch einmal genau untersuchend: »Sie können gerettet werden. Keine Frage, Philip, sie lassen sich retten. Ich habe selbst gesehen, wie es gemacht wird.«
Lord Luton allerdings sprach ein strenges Verbot aus: »Du wirst deine Stiefel in diesem Winter nicht noch einmal anziehen. Du hast auch ein schweres Paar Schuhe, und dünne Socken für die Füße haben wir auch noch übrig.« Angewidert wendete er sich ab, drehte sich dann aber ruckartig um und sagte: »Harry, Trevor, ihr werdet seine Füße jeden Abend untersuchen, um sicherzugehen, daß sie heilen. Mein Magen reagiert überempfindlich, wenn ich mit ansehen muß, wie ein Bein amputiert wird, besonders wenn es das Bein eines jungen Mannes ist, aber ich werde selbst mit Hand anlegen, wenn es sein muß.«
Indem sie Henslows Füße erst in sehr kaltes, dann in kühles und schließlich in warmes Wasser badeten, wurde eine Heilung erzielt, und alles wäre gut gewesen, wenn Philip nicht einen abschließenden unglücklichen Kommentar zu der ganzen scheußlichen Angelegenheit abgegeben hätte. »Und Irina hat mich noch wegen der Stiefel gewarnt.«
Das war mehr, als Luton ertragen konnte! Er funkelte seinen Neffen böse an und donnerte los: »Sie hat dich gewarnt? Verdammt noch mal, ich war es, der dich gewarnt hat, Harry hat dich gewarnt, und ich habe gehört, wie auch Fogarty dich gewarnt hat: Kaufen Sie sich keine modischen Gummistiefel für die Arktis! Aber du wolltest ja nicht auf uns hören. Da mußte erst sie daherkommen.« Mittlerweile brüllte er regelrecht, aber als er erneut ansetzte: »Wehe dir . . .«, gewann er die Selbstbeherrschung wieder, und tief beschämt über sich, fiel er zurück in seinen üblichen leisen Tonfall: »Nimm ihren Namen nicht noch einmal in den Mund, Philip. Er ist eine Beleidigung für mein Ohr.«

Als Führer der Expedition war Luton der Ansicht, er müsse mit gutem Beispiel vorangehen und sich täglich rasieren, obwohl das erhebliche Anstrengungen, ja sogar Unbequemlichkeiten mit sich brachte. Fogarty, als er sah, wie er sich abmühte, sagte eines Morgens: »Milord, ich könnte Ihre Klinge auch etwas schärfen.« Luton entgegnete: »Sie sind hier nicht als mein Diener.« Doch als er gleichzeitig vor Schmerzen aufheulte, beharrte Fogarty: »Tragen Sie mehr Schaum auf, Milord, und geben Sie mir das Messer.« Während Luton sich einseifte, zog Fogarty die Klinge ab. Von da an widmete er sich an drei Morgen in der Woche der Rasierklinge, was er nicht als Diener, sondern als Freund tat, und er nickte zustimmend, als Luton zu den anderen sagte: »Man kann es schon mal überkriegen in so einer Lage. Aber die richtige Einstellung zu den kleinen Annehmlichkeiten des Lebens ist wesentlich für die Moral.«

Die Männer beachteten weiter die Regel, ihr Wasser nur auf der Latrine abzuschlagen, und am Anfang achteten sie sorgfältig darauf, sich jeden Tag zu rasieren, aber die Langwierigkeit der Prozedur, da die Temperaturen so niedrig und der nötige Platz dafür so beengt war, verleitete erst den einen, dann den anderen dazu, auf die tägliche Rasur zu verzichten, und wenn ein Bart erst einmal richtig angefangen hatte zu sprießen, wurden alle Versuche, ihn abzuschneiden aufgegeben. Im Januar trugen alle außer Luton einen ausgewachsenen Bart, der bei den abendlichen Sitzungen mit Hilfe einer Schere vor einem der Lagerspiegel gestutzt wurde. Es war nichts Ungewöhnliches, einen Mann im Schein der Laterne bei der Bartpflege zu sehen, während Carpenter aus »Große Erwartungen« vorlas, die er auf Bitte seiner Kameraden zum zweitenmal vortrug.

Wenn Lord Luton seine Runden lief oder mit irgendeiner anderen Tätigkeit draußen allein beschäftigt war, wenn er des

Nachts grübelte, nachdem Harry sein Pensum aus dem Roman von Thackeray hinter sich gebracht hatte, immer kam er bei seinen Überlegungen zu einer quälenden Schlußfolgerung: Es war eine Pflichtversäumnis gewesen, die Gruppe nicht den Liard flußaufwärts geführt zu haben, und eines Abends überraschte er die anderen, als er nervös mit den Fingern auf den Tisch klopfte und jammerte: »Verflucht, ich hätte die Schwierigkeit anpacken sollen.«

»Was soll das heißen, Evelyn?« fragte Harry, und Luton erwiderte: »Während wir den Mackenzie hinuntertrieben, ließ ich mich faszinieren von der Umgebung. Meine Pflicht wäre es gewesen, uns einen Weg über die Rockies zum Yukon zu suchen, aber ich habe das verschlafen.«

»Aber Evelyn, du hast doch noch drei oder vier andere Wahlmöglichkeiten. Den Gravel hier und die anderen Flüsse am Anfang des Delta. Du solltest dich alles andere als beschämt fühlen, und uns im Stich gelassen hast du schon gar nicht.«

Luton wollte sich nicht trösten lassen. Er wußte besser als die anderen, daß er pflichtvergessen gehandelt hatte, die Tage einfach vorbeistreichen zu lassen, als die »Sweet Afton« friedlich den großen Strom hinuntertrieb. »Ich fühle mich wie ein griechischer Krieger, der sich am Vorabend der Schlacht in den Traum flüchtet und den Zusammenstoß verträumt ... überkommen vom süßen Schlaf des Vergessens.«

Während dieser Tage der Selbstkasteiung kam ihm merkwürdigerweise nicht einmal in den Sinn, daß er sich durch Zufall genau an der Stelle befand, die am günstigsten gewesen wäre, wenn im Juni das Eis auf den Flüssen schmolz: Von da aus ein Spurt den Gravel aufwärts, bis das Boot die Windungen nicht mehr schaffen würde, Zersägen des stabilen Rumpfes in zwei Hälften, brutale Kraftanstrengung erfordernde, aber nur kurze Portage über einen der besten Pässe der Rockies, Übersetzung von dort zum Stewart und ohne Probleme bis Dawson – und sie wären am Ziel angelangt. Mehrere Male hatte man ihn auf diese Route aufmerksam gemacht, aber die Tatsachen hatten sich einfach nicht in seinem Kopf festgesetzt, denn von irgendwoher hatte er die fixe Idee, er müsse – eine Frage der Ehre für ihn – den Mackenzie bis zur Mündung runtersegeln und sich dann, welche Gefahren auch drohen mochten, seinen Weg weiterbahnen und gleichzeitig doch immer auf kanadischem Boden bewegen. Ironischerweise hätte die Route den Gravel flußaufwärts die meisten dieser Bedingungen großartig erfüllt, doch das hatte Luton nicht erkannt.

Halsstarrig, wie er war, schalt er sich weiter selbst, bis er fast krank vor Selbstvorwürfen war, denn zu versagen wog schwer in den Augen eines Mannes wie Luton. Als er seine Mannschaft einmal in ein wichtiges Cricketspiel gegen Sussex führte – jedenfalls hielt er es für wichtig –, war er gezwungen, eine dieser schnellen Entscheidungen herbeizuführen, wie sie offenbar nur im Cricketspiel vorkommen: Seine Mannschaft hatte einen bequemen Vorsprung, aber um das Spiel als Ganzes zu gewinnen, mußte er Sussex noch vor Ablauf der Zeit matt setzen, also ließ er sie nochmals antreten, das heißt außer der Reihe schlagen – in der Hoffnung, seine Werfer würden die Gegner in Kürze vom Platz räumen. Die Gauner aus Sussex kämpften jedoch wie besessen, übernahmen die Führung und bauten ihren Vorsprung noch gewaltig aus, erklärten das Spiel vorzeitig für beendet, bevor ihre letzten Männer draußen waren, und überließen dann Lutons Team das Feld, um aufzuholen. Etwas Schreckliches geschah: Die Ballmänner aus Sussex entwickelten sich zu den reinsten Granatwerfern, schleuderten tödliche Schüsse auf Lutons Leute ab, so daß am Ende nicht er der Kluge war, der Sussex überlistet hatte, sondern sie ihn reingelegt hatten, was ihn tief schmerzte. Es war eine Katastrophe, an die er sich des Nächtens häufig erinnerte, »die Arroganz der Macht« nannte er es, und die Erinnerung daran tat noch immer weh. Er machte sich dieselben Vorwürfe, die Fahrt über den Makkenzie verpfuscht zu haben, und er weigerte sich, auf Carpenter zu hören, der ihm als sein Freund wahrheitsgemäß sagte: »Evelyn, es läßt sich alles machen. Du wirst sehen, es wird eine großartige Reise, wenn das Tauwetter einsetzt.«

Luton wollte keinen Trost annehmen, und er fühlte sich persönlich verantwortlich für das, was er als eine drohende Katastrophe ansah. Er verfiel auf einen absurden Gedanken: »Gentlemen«, sagte er eines Abends vor dem Gebet, das er regelmäßig sprach, »ich habe einen Plan ausgearbeitet. Es ist wirklich ganz einfach. Bis zum Hudson-Bay-Posten in Fort Norman sind es weniger als fünfzig Meilen ...«

»Und was hat das mit uns zu tun?« fragte Carpenter, und Luton überraschte ihn mit der Antwort: »Sie kennen die Geheimnisse des Flußsystems im Oberlauf. Sie haben Karten dort und dergleichen. Mit ihrer Hilfe kann ich die richtige Entscheidung treffen, was ich tun soll, wenn die Eisschmelze einsetzt.«

»Evelyn«, entgegnete Carpenter mit erprobter Geduld, »begreifst du denn nicht, daß Fort Norman von uns aus gesehen flußabwärts liegt. Wenn die Schmelze kommt, fahren wir ohnehin direkt daran vorbei. Wir können es gar nicht verpassen, selbst wenn wir wollten. Dreißig Minuten an Land, und wir erfahren alles Wissenswerte.«

Luton widersetzte sich standhaft dieser vernünftigen Lösung und fuhr nicht nur fort, seine Vorbereitungen für den fünfzig Meilen weiten Marsch zu dem Außenposten zu treffen, sondern verblüffte seine Mannschaft auch noch mit dem kindischen Beharren darauf, allein zu gehen. Als sie Einwände gegen die Tollkühnheit der Unternehmung erhoben, fiel er ihnen ins Wort und bestimmte mit seiner ruhigen Autorität: »Das ist meine eigene Verantwortung, allein meine, und ich werde alles Nötige herausbekommen.«

Nach einer hitzig geführten Auseinandersetzung, in deren Verlauf er herausplatzte, er werde gleich morgen aufbrechen, beriet sich Carpenter hinter vorgehaltener Hand mit den beiden Jüngeren. »Habt ihr irgendwelche Anzeichen von Labilität an Evelyn beobachten können? Ich meine nicht auf dieser Reise, aber vorher? Zu Hause?«

»Nein, keine«, antwortete Philip mit fester Stimme, und Trevor enthielt sich eines Kommentars, aber als Harry fortfuhr: »Was quält den alten Knaben bloß?«, entgegnete Trevor leise: »Ich glaube, er tadelt sich selbst, weil er auf dem Fluß keine klare Entscheidung getroffen hat, vor allem weil er dazu bereit schien, nachdem er den Atlantik überquert hatte ... und in Edmonton...« Als keiner ein Wort sagte, fügte der junge Dichter hinzu: »Vielleicht hat er das Gefühl, er muß eine Schuld abtragen ... nicht uns gegenüber, aber der Expedition.« Er spürte, er verlor sich auf geheimnisvollen Pfaden, und endete matt: »Solche Selbstvorwürfe können wahrlich erdrückend sein.«

Am folgenden Tag stand Luton in aller Frühe auf, zog seine wärmsten Kleidungsstücke an, nahm ein kräftiges Frühstück zu sich, überprüfte dann sein Gewehr, seinen wertvollen Eiderdaunen-Schlafsack, seinen Vorrat an Patronen und seinen Proviant. Als Harry Anstalten machte, es ihm nachzutun und seine eigenen Vorbereitungen für den unsinnigen Marsch den Mackenzie hinunter zu treffen, unterbrach ihn Evelyn barsch: »Harry, du bleibst hier und wachst über unser Lager. Das ist ein Befehl.« Carpenter machte eine Miene, als hätte er die Worte überhört, doch zur Überraschung aller intervenierte Fogarty: »Er weiß schon, was er tut, Sir.« Und so schlug der edle Lord, gerade erst zweiunddreißig geworden, den Weg zu dem großen Strom ein, begab sich in die Mitte des Flußbetts und machte sich mit Schneeschuhen und Skiern auf den langen Weg nach Fort Norman.

Da er sich in bester körperlicher Verfassung wähnte, rechnete er sich aus, daß er täglich mindestens fünfundzwanzig Meilen zurücklegen könnte und den Vorposten sicher gegen Ende des zweiten Tages erreicht haben würde. Er aß wenig und hielt angespannt Ausschau nach Tieren, nicht um sie zu töten, sondern um festzuhalten, welches Wild sich zu dieser Jahreszeit draußen zeigte, aber abgesehen von ein paar schwarzen lärmenden Raben entdeckte er kaum etwas. In Unkenntnis darüber, wann der Tag in die Nacht überging, legte er nur sporadisch Ruhepausen ein und marschierte am zweiten Tag zwanzig Stunden ununterbrochen hintereinander den Hauptabschnitt des großen Flusses entlang – ohne Zwischenfälle: keine Knochenbrüche, keine Angriffe von Tieren, ein ganz normaler Ausflug über einen zugefrorenen riesigen Strom bei Temperaturen um minus dreißig Grad und mit wenig Proviant. Seiner spartanischen Zähigkeit verdankte er es, daß er gegen Mittag des dritten Tages in Fort Norman eintraf.

Seit vielen Jahren einer der am weitesten nördlich gelegenen Vorposten der Hudson's Bay Company, war Fort Norman traditionell mit drei oder vier Angestellten der Gesellschaft besetzt – Männern, die sowohl Französisch als auch Englisch beherrschten, außerdem zwei oder drei indianische Dialekte – und einem oder zwei halb französischen, halb indianischen Pelzhändlern. Letztere durften auf keinen Fall als Halbbluts oder Mischlinge bezeichnet werden, Namen, die sie als beleidigend empfanden; sie waren Mestizen, und das nördliche

Kanada hätte ohne ihre kenntnisreichen Dienste nicht überleben können. Auf anderen Stützpunkten, je nachdem, um was für eine Art Mensch es sich bei den weißen Vorstehern handelte, wurden die Mestizen entweder wie Forscherkollegen behandelt, die wertvolle und nützliche Talente besaßen, oder wie einfache Bedienstete, die keinerlei Beachtung verdienten. In Fort Norman fiel der einzig anwesende Mestize aus gutem Grund in die erste Kategorie. Er war ein vierzigjähriger Trapper und Pelzhändler, der von den drei verantwortlichen Frankokanadiern fast wie seinesgleichen behandelt wurde.

Er war der erste, der Lord Luton allein mitten auf dem Mackenzie entlangstapfen sah, und sein Ausruf »Ein Mann kommt den Fluß runter!« versetzte die anderen in Schrecken. Als sie herbeiliefen, um nachzusehen, hatten sie erwartet, einen dem Tode nahen Erschöpften zu finden, der die lange Flucht hölzerner Stufen, die von ihrem höhergelegenen Plateau zum Flußrand führte, hinaufwanken und sie um Wasser und Nahrung bitten würde. Um so verblüffter waren sie, als er, ihrer angesichtig, sein Gewehr lebhaft schwenkte und die zahllosen Stufen tatsächlich hinaufrannte und, oben angekommen, vor Freude rief: »Ich kann euch sagen. Ein gutes Gefühl, euch gute Kerle genau an der Stelle anzutreffen, wo ihr laut Karte hingehört.«

Er wankte nicht. Er ging sie nicht um Nahrung an. Er nahm nicht einmal den Schluck Wasser an, den sie ihm reichten. »Ich leite, könnte man sagen, eine kleine Expedition. Wir sind zu fünft. Überwintern am Gravel. Sind alle in bester Kondition.« An dem angebotenen Schiffszwieback knabbernd, aber nicht heißhungrig, beantwortete er ihre Fragen. Ja, er war allein den Fluß hinuntergekommen. Ja, die anderen drei waren auch Engländer. Ja, ich habe gesagt, wir seien zu fünft, der letzte ist ein Ire. Warum er nach Fort Norman gekommen sei? Um sich Rat zu holen, was die praktischste Methode sei, rüber an den Yukon zu gelangen und von dort an die Goldfelder von Dawson, aber natürlich erst, wenn die Schmelze eingesetzt hätte.

Einer der Kanadier sollte später zu Protokoll geben: »Es war, als hätte er mal eben bei seinem Tabakwarenhändler um die Ecke vorbeigeschaut, um sich ein paar kubanische Zigarren zu kaufen und den Dorfklatsch mitzukriegen. Unbekümmert. Gelassen. Verdammt feiner Kerl, und wir waren natürlich verdutzt, als er uns nach eingehender Befragung eröffnete, er sei Lord Luton, zweiter Sohn des Marquis von Deal.«

Es waren bedeutsame sechs Tage, die Luton auf dem Stützpunkt verbrachte. Er befragte die Händler, verglich seine Aufzeichnungen mit denen des Mestizen, schilderte ihm seine Marschroute und legte seinen ausgeklügelten Plan offen, der den dritten Abschnitt der Expedition bestimmen sollte. Die Gespräche mit dem Mestizen erwiesen sich für ihn als die lohnendsten. Der Name des Mannes lautete George Michael, und alle sprachen den Vornamen auf englisch aus, den Nachnamen dagegen, als käme er aus dem Französischen, Michel, wobei die Betonung auf der zweiten Silbe lag. Er erzählte Lord Luton, er stamme aus dem Distrikt Saskatchewan, aber sei vor zwölf Jahren hierher in den Norden gekommen, als eine grausame Schlacht mit den Engländern sein Volk aus seinem Land vertrieben hatte. Eindringlich fragte Luton nach, gegen welche Engländer genau denn Michael gekämpft habe, und war erleichtert, als sich herausstellte, daß mit »Engländern« eigentlich die kanadischen Truppen gemeint waren. Michael sagte, Luton sei der erste Edelmann, den er in seinem Leben zu Gesicht bekäme, und aus Ehrfurcht vor Evelyns Rang nannte er ihn »Duke«. Dann berichtete er stolz von dem edlen Blut in seinen eigenen Adern, dem indianischen Blut, nannte es die zweite Hälfte

seines doppelten Erbes. Als die drei Kanadier den Vorschlag machten, George Michael solle zurück an den Gravel eilen, um den Engländern zu versichern, Lord Luton sei heil angekommen, zeigte er sich hoch erfreut über die Aussicht, einem echten »Duke« einen Dienst zu erweisen, aber war enttäuscht, als Luton mit fester Stimme antwortete: »Nicht nötig. Alles stramme Burschen. Sie werden schon rechtzeitig erfahren, daß ich es geschafft habe. Ich bin sicher, sie hätten es auch nicht anders von mir erwartet.«
Anschließend nahm er dann eine eingehende Befragung seiner Gastgeber vor – über das verzweigte Flußnetz, das er bald in Angriff zu nehmen gedachte –, und er hatte erst kurz zugehört, als er sagte: »Ich glaube, ich bin auf die vier Menschen in Kanada gestoßen, die am besten dafür geeignet sind, mir einen Rat zu geben.«
»Zunächst einmal, Lord Luton ...«
»Bitte, sagen Sie Evelyn zu mir. Wir werden ja doch eine Weile an der Sache zusammenarbeiten.«
»Keine schlechte Ausgangsposition, wo Sie Ihr Lager aufgeschlagen haben, am Zusammenfluß mit dem Gravel. Ich bin sicher, Sie wissen, wenn die Schmelze kommt, können Sie den Gravel aufwärts fahren und das Boot zum Stewart rübertragen. Von dort ist es einfach, eine sanfte Spazierfahrt bis zum Ziel.«
»Ich hatte eigentlich an die Route hinter dem Polarkreis gedacht.«
Die Männer waren nicht ungehalten über die Ablehnung ihres Vorschlags, denn Lutons Wahl führte in ein Territorium, das sie am besten kannten, aber als sie unter sich waren, meinte ein älterer Hase unter den Angestellten der Handelsgesellschaft: »Meint ihr, der hat eine Ahnung, auf was er sich da einläßt?« Und ein anderer sagte: »Das wissen Engländer nie.« Aber ein dritter mahnte zur Vorsicht: »Der ist vielleicht

anders, er ist ein richtiger Lord.« Der zweite hob hervor: »Lords sind die schlimmsten von allen.« Aber als der dritte sie erinnerte: »Der hier ist fast fünfzig Meilen unseren Fluß hinuntermarschiert«, kamen alle drei darin überein, daß er mehr Beachtung verdiente.

Als Vorbereitung für ihre nächste Besprechung mit Luton zeichneten sie mehrere Karten für ihn und markierten mit einer schwarz gezogenen Linie die Route, die zwei von ihnen benutzt hatten, um von Fort Norman über den Kamm der Rockies und von dort runter bis zu der bedeutenden amerikanischen Handelsstation in Fort Yukon zu gelangen, in Wurfweite zu den Goldfeldern. Dann versuchten sie mit vereinten Kräften ihm einzuhämmern, dreimal hintereinander, an welchen Stellen ihm wichtige Entscheidungen bevorstanden.

»Milord. Es gibt Markierungen, die Ihnen dabei behilflich sein werden, den Mackenzie zu verlassen und den richtigen Weg zum Peel River einzuschlagen. Ein kritischer Punkt. Alles hängt davon ab, aus diesem Fluß herauszufinden und die Einfahrt in das kleinere System im Westen nicht zu verpassen.«

Hier fiel ihm ein anderer ins Wort: »Ein kritischer Punkt, ja, aber es ist der nächste Wendepunkt, auf den es ankommt. Viele übersehen ihn, zu ihrem Kummer. Der Rat River liegt zu Ihrer Rechten, kein großer Fluß, aber das Geheimnis zum Erfolg. Denn hier sägen Sie das Boot in zwei Hälften, und das Schieben fängt an. Bis zum Oberlauf des Rat, ein kurzes Tragemanöver über die Scheide, und schon befinden Sie sich am Bell River. Und dann«, die Stimme des Sprechers entspannte sich, »immer geradeaus bis zum Ziel.«

»Bis wohin?« fragte Luton, und der Mann antwortete: »Bis zum Porcupine River, der Sie bis nach Fort Yukon bringt. Seichtes Wasser, die ganze Zeit.«

»O nein«, sagte Luton und wich zurück vor seinen eifrigen Lehrern. »Ich habe wirklich keine Lust, mein Ziel über amerikanisches Territorium zu erreichen.«
Das rief allgemein Bestürzung hervor. Zwei der Männer betrachteten eine solche Selbstbeschränkung als lächerlich, die beiden anderen waren der Ansicht, es sei verständlich, wenn ein patriotisch fühlender Engländer sein Geld und seine Energien lieber innerhalb der Grenzen des Empires ausgab, aber erst George Michael fand den Ausweg aus der Sackgasse: »Duke, der Porcupine, da gibt es keine Probleme. Nach rechts, und Sie sind in Amerika. Nach links, und Sie bleiben in Kanada, die ganze Strecke bis Dawson.«
Jetzt hatten die anderen Feuer gefangen und begrüßten Michaels vernünftig klingenden Vorschlag: »Es kommt noch besser. Auf halbem Weg nach Dawson gibt es eine Art Dorf, zwei, drei Hütten, in die sich die Trapper bei Sturm zurückziehen. Dort findet man immer was zu essen.« Die Männer pflichteten dem bei, und einhellig war der Zuspruch, ihr edler Gast solle diese verworrene, aber einfach zu befahrene kanadische Route zu den Goldfeldern nehmen.
Was für ein Erstaunen auf ihren Gesichtern daher, als Luton ihre handgezeichneten Karten beiseite schob und sich einer großen, von der Regierung herausgegebenen Karte zuwandte. »Ich hatte eigentlich gedacht, wir bleiben auf dem Peel River. Wie Sie erkennen können, bringt uns der Oberlauf sehr dicht an Dawson heran.«
Diese überhebliche Zurückweisung ihrer wohlerwogenen Ratschläge und die Vorstellung einer Route, die dem, was sie für richtig hielten, vollständig widersprach, rief erst einmal Schweigen hervor, aber dann studierte einer der Kanadier die Karte genauer und sagte trocken: »Soweit ich erkennen kann, würden Sie auf einen der höchsten Pässe in den Rokkies zufahren.« Ein anderer, ebenfalls erfahrener Reisender

warnte: »Das wäre reichlich verwegen, Sir.« Sogar George Michael pflichtete dem bei: »Duke, ich bin einmal auf dem Peel gefahren, wobei mir die Strömung noch zu Hilfe kam. Sie ist sehr schnell. Zu beiden Seiten des Flusses sind Berge. Sie stehen dicht am Wasser, sehr dicht. Sich seinen Weg zu bahnen gegen die Strömung – da gibt es enge Stellen, die werden Ihnen große Probleme bereiten.«
Es war augenfällig: Ihre Argumente gegen einen Verbleib auf dem Peel hatten ihn nicht umgestimmt, und es war ebenfalls klar, daß er, Mitglied des Adels und Leiter der Expedition, kein Verlangen spürte, die Diskussion weiter fortzuführen. Die Männer von Fort Norman erkannten, daß er fest entschlossen war, und wußten, daß äußerste Mühsal und vielleicht eine Tragödie die Folge sein würden, aber das sollte sein Problem sein, nicht ihres.
Als Luton jedoch fort war und an seinen Aufzeichnungen arbeitete, fragte einer der drei Frankokanadier: »Was macht Engländer bloß so dickköpfig ... blind gegenüber Tatsachen?« Und der Älteste unter ihnen, der sich in verschiedenen Gegenden Kanadas oft mit Engländern eingelassen hatte, meinte: »Vielleicht macht sie gerade das zu Engländern. Sie sind dazu geboren, die Dinge auf ihre Weise zu tun«, worauf die anderen widerwillig einräumten: »Vielleicht hat er recht. Wir wissen, wir schaffen die Rat-Bell-Route. Aber vielleicht findet er ja einen besseren Weg, wenn er mit dem Peel anfängt.« Der Erfahrene dagegen warnte: »Man soll in einem Spiel nie gegen einen Engländer wetten.« Und der dritte sagte: »Aber das hier ist kein Spiel.« Doch der Älteste entgegnete: »Für sie schon. Warum sollte er sonst wohl im kältesten Winter den Mackenzie heruntermarschieren? Um zu beweisen, daß er dazu in der Lage ist. Er wird auch den Peel aufwärts fahren, nur um zu beweisen, daß wir nicht recht hatten«, worauf alle drei in Gelächter ausbrachen.

Abgesehen von den Meinungsunterschieden, was die Routen anging, brachte der sechstägige Besuch eine von allen geschätzte Abwechslung, und die Kanadier bedauerten es, als Luton ankündigte: »Morgen muß ich wieder zurück und meine Mannschaft auf die Schneeschmelze vorbereiten.«
Sie erkundigten sich, ob er irgendeine Vorstellung davon hatte, was mit einem zugefrorenen Fluß passierte, wenn das Eis aufbrach, und er antwortete: »Ich habe gehört, es könne recht beängstigend zugehen.«
»Schier unglaublich«, bestätigten sie, »und auf diesem Fluß ist es am schlimmsten.« Sie führten ihn auf die vordere Veranda oberhalb der Anhöhe und erklärten ihm eine Besonderheit des Mackenzie. »Er fließt von den Bergen im Süden bis in tiefliegendes Flachland im Norden. Wenn im März die Sonne wieder hervorkommt, schmilzt zuerst das Eis am Oberlauf und bringt das Wasser in Bewegung. Dann schmelzen die Hochplateaus und setzen ganze Seen frei, und mit jedem wärmeren Tag wird mehr und mehr Wasser weiter südlich entbunden, während unser Flußabschnitt hier fest zugefroren bleibt. Und was passiert?« fragten die Männer, zu sehen, ob Luton begriffen hatte.
»Ist doch klar, das Wasser flutet unter die Eisdecke und verdrängt sie.«
»Verdrängen ist nicht das passende Wort. Es bringt das Eis von unten zum Explodieren. Wirbelt es umher wie Blätter in einem Sturm. Brocken, größer, als Sie sich in Ihrer Phantasie ausmalen können, werden heraufgeschleudert, als wiegten sie soviel wie ein Büschel Strohhalme. Glauben Sie mir, Sir, halten Sie sich bloß fern, wenn der Mackenzie seine Fesseln sprengt. Aber gleichzeitig ist es auch ein Anblick, den man nicht versäumen sollte.«
Am nächsten Morgen, als er sich anschickte, den Fünfzig-Meilen-Marsch zurück zum Gravel anzutreten, war er über-

rascht, die Männer der Niederlassung einig in dem Beharren darauf zu finden, daß George Michael ihn begleitete. »Ein Gebot des gesunden Menschenverstandes. Als Kopf der Expedition dürfen Sie keinen Unfall riskieren.«
»Ich habe hierhergefunden. Ich bin sicher, ich kann...« Sie lehnten es ab, ihren Entschluß auch nur zu diskutieren. »Und wie kommt er zurück?« fragte Luton, auf den Mestizen zeigend, aber dieser entgegnete mit einem warmen Lachen: »Kein Problem. Ich werde zu Fuß gehen.« Luton war gerührt. »Um mir die Sache zu erleichtern, geht er fast hundert Meilen zu Fuß«, dachte er bei sich, und widerstrebend gestattete er George Michael, ihn zu begleiten.
Die beiden Männer stiegen die Holzstufen hinab zum Ufer, wo der gefrorene Strom sie erwartete, und die zurückgebliebenen Kanadier verabschiedeten sie mit einem Salut von drei Gewehrsalven. Lord Luton drehte sich noch einmal um und hob die Hand zum Gruß, eine Ehrenbezeigung für sie und ihre Fahne und den heldenhaften Vorposten in einer gefrorenen Wildnis.

Es war Vorhersehung, daß George Michael Lord Luton zurück zum Gravel begleitete, denn kaum waren sie vor der kombinierten Zelthütte angekommen, da rief der Mestize laut aus: »Oh Duke! Sie haben einen schrecklichen Fehler gemacht!« Er lief in dem matten Tageslicht umher, untersuchte einige Schrammen an Felsen und Bäumen und zeigte entsetzt in Richtung Gravel, Mackenzie und dann wieder auf die Hütte.
Die Aufregung zur Kenntnis nehmend, gleichwohl wissend, daß George Michael ein Mensch mit gesundem Menschenverstand war, den er oftmals unter Beweis gestellt hatte, setzte Luton dem Umherrennen ein Ende und fragte: »Was

ist los, Michael?« Und der Mestize antwortete, wobei nackte Angst sein Gesicht trübte: »Sie sind in großer Gefahr, Duke. Wenn die Schmelze kommt, rollt das Eis hier auf dem Gravel und draußen auf dem Mackenzie. Es wird alles zertrümmern, alles wegfegen.« Er trat gegen den umgekippten Rumpf der »Sweet Afton« und deutete wild gestikulierend riesige Eisblöcke an, die den Gravel hinunterpoltern und die »Sweet Afton« und ihre Kabine zu Kleinholz zerschmettern würden. »Dann stehen Sie da. Ohne Boot. Ohne Hütte. Was zum Teufel wollen Sie dann machen?«
Michael wollte nicht einen halben Tag zögern, denn die Sicherheit dieser Expedition, angeführt von einem Mann, den er zu schätzen und respektieren gelernt hatte, war von größter Wichtigkeit für ihn, und aus eigener langjähriger Erfahrung wußte er, daß in diesen Gegenden die Erhaltung des Bootes an allererster Stelle stehen mußte. Er zeigte den Männern, wie man aus angeschwemmten Baumstämmen Gleitrollen baute, ordnete alle Seile, die sich auftreiben ließen, ebnete mit der Schaufel eine Bahn zu einem höhergelegenen Platz, und mit vereinten Kräften schoben und hievten sie die »Sweet Afton« aus ihrer angestammten Position als ein Teil der Hütte und schleppten sie an eine Stelle weitab von der Höhe der Uferböschung, bis zu der die erdrückenden Eismassen reichen würden.
Unermüdlich machte er sich dann an die Verlegung des gesamten Wohnbereichs, sogar der Latrine, an einen höhergelegenen Ort, und als er und Carpenter anfingen, die Betten zu rücken, machte er eine Pause und meinte dramatisch: »Wenn Sie hier unten geblieben wären, hätte Sie eines Nachts im Schlaf das Eis überrascht, und wir hätten Sie nie wiedergesehen.« Zwei Abende später war die Expedition schließlich in einem zwar kaum zumutbaren Ersatz für die ursprüngliche Hütte untergebracht, aber wenigstens lag sie

auf einer sicheren Anhöhe. Nach getaner Arbeit ließ sich Michael auf einen Stein nieder, lehnte sich zurück, damit die schwachen Sonnenstrahlen sein Gesicht erreichten, und sagte: »Ich bin sehr hungrig. Essen wir?«
Es war die erste Verschnaufpause seit Stunden, aber Lord Luton überraschte alle mit dem Vorschlag: »Harry, nimm dir die Schaufel untern Arm, und kratz uns draußen eine Bahn zum Trainieren frei, neben unserer neuen Hütte.« Aber Philip legte Widerspruch ein: »Die alte da reicht doch völlig aus. Kein Problem, für unser Tagespensum runterzulaufen.«
»Ach!« meinte Luton mit einiger Strenge in der Stimme. »Ich finde, es ist ein ziemlich großes Problem. Bei minus vierzig Grad und steifer Brise, wer von uns will da noch seine Runden drehen und dazu den Abhang rauf- und runterlaufen? Du, Philip, wärst der erste, der sich beklagen würde. Ich höre dich schon Streit mit mir anfangen: ›Ach, Onkel Evelyn! Es ist doch bitter kalt draußen!‹ Und gerade das eine Training, das du ausläßt, könnte dein Verderben sein. Harry, markier du die Bahn, gleich neben der Hütte.« Als sie ausgehoben war, nutzte Evelyn sie als erster, und George Michael, der ihm beim Laufen in der extremen Kälte zusah, sagte zu den anderen: »Er muß verrückt sein. Keiner in Fort Norman läuft bei der Kälte ... auch im Sommer nicht«, worauf Harry leise entgegnete: »Das glaube ich gern.«
Der Mestize blieb eine ganze Woche bei den Engländern, half ihnen, den Wiederaufbau ihres Quartiers zu vervollständigen, und ging auf die Jagd mit Fogarty, in dem er einen verwandten Geist erkannte. Sie waren beide hochtalentierte Jäger und erlegten einen großen Elch am anderen Ufer des Mackenzie – »Das war sein Werk, nicht meins«, erklärte Fogarty den anderen –, und am nächsten Morgen, nachdem Luton ihm überschwenglich gedankt und ihm obendrein einen Sovereign überreicht hatte, war er verschwunden, eine

einsame Gestalt, Richtung Norden ausschreitend, das Gewehr auf dem Rücken, mitten auf dem mächtigen Strom.

Das Leben ging wieder seinen gewohnten Gang. Lord Luton gab nur einen unvollständigen Bericht über seinen außergewöhnlichen Besuch in Fort Norman. »Wir haben die Karten studiert, und einige haben sie für uns nachgezeichnet, wir sind also ganz gut ausgerüstet«, woraufhin er die Blätter kurz vor ihnen ausbreitete. Carpenter sah sofort, daß Luton offenbar entschieden hatte, dem Peel River zu folgen bis in eine ziemlich hohe Region, und ruhig frage er: »Wäre es vielleicht angebrachter, sich einen Weg durch die kleineren Zuflüsse und den niedrigeren Paß zu bahnen? In Edmonton hat man mir gesagt...«
»Fremden kann man alles mögliche erzählen«, schnitt Luton ihm barsch das Wort ab und rollte seine Karte wieder zusammen.
Eines Morgens, aus heiterem Himmel, ohne daß vorher darüber gesprochen worden wäre, meinte er zu den Männern: »In Fort Norman fühlte ich mich völlig nackt. Bei diesen Riesen von Kerlen und ihren Bärten so dick wie Büsche. Sie sagten, sie hätten sich seit dem 15. Oktober nicht mehr rasiert, aus Tradition, wie sie versicherten.« Er schaute sich in der Runde um und zeigte auf Trevor Blythe, dessen Bart kurz gehalten und von so ausgebleichter, strohfarbener Tönung war, daß er tatsächlich kümmerlich aussah: »Sag mal, Trevor, willst du dir nicht mein Rasiermesser borgen und dir das alberne Ding abschneiden?« Aber der Jüngere wehrte den Vorschlag mit dem verlegenen Eingeständnis ab: »Ich verabscheue es, mich selbst zu rasieren. Zu Hause lasse ich nur Forbes ran. Ich wünschte, er wäre jetzt hier.«
In gewisser Hinsicht war es Blythe, der sich am besten der

Wintereinsamkeit anzupassen verstand, denn er war eingestimmt auf die Veränderungen der Natur und fand Gefallen an dem, was er erlebte. »Habt ihr jemals himmlischere Pastelltöne gesehen als die da draußen? Ich fürchtete schon, die Nacht würde ewig dauern, aber diese Mittagsstunden sind traumhaft. Gerade genug Licht, um die Welt in Schönheit zu tauchen.«
Er zog die Bewunderung aller auf sich, als ihm etwas Erstaunliches gelang. Die Männer waren überrascht, selbst hier, in den entlegensten und kältesten Regionen der Arktis, Raben vorzufinden, riesige schwarze Geschöpfe, die häßliche Schreie ausstießen. »Wovon ernähren sie sich?« wunderte sich Blythe. »Wo kriegen die in dieser ausgestorbenen Ödnis bloß ihr Fressen her?« Nach einiger Zeit gingen die Raben an die Tischabfälle, die er ihnen hinstellte, und schon bald hüpfte einer der Wagemutigeren vor seine Füße und pickte die Krümel vom Schnee auf. Für die anderen Männer sahen die Raben alle gleich aus, aber Trevor entdeckte auf dem einen ein bestimmtes Erkennungsmal, und immer wenn der Vogel auftauchte, lockte Trevor ihn dichter und dichter zu sich heran. Othello nannte er ihn, und als würde der Rabe seinen Namen tatsächlich verstehen, reagierte er auf den Zuruf.
Eines Morgens, während Trevor draußen Othello fütterte, vernahmen die Männer einen unterdrückten Schrei. »Sieh einer an. Kommt her, aber seid leise.« Als sie langsam die Tür öffneten, sahen sie den Raben auf Trevors linkem Arm thronen und Krümel picken, die ihm der junge Mann mit der rechten Hand hinhielt.
»Erstaunlich!« rief Luton, worauf der Vogel mit einem leichten Schwung seiner schwarzen Flügel davonflog, aber an den folgenden Tagen kehrte er zurück und wurde immer dreister, bis er sich zum Schluß Blythes linke Schulter als einen

sicheren Rastplatz erkor. Als die anderen dieses außergewöhnliche Spektakel betrachteten, ein junger Mann, in arktische Kleidung gehüllt, der flachsblonde Haarschopf dem Wetter ausgesetzt, ein Rabe auf seiner Schulter, das Ganze vor einer Kulisse aus blendendweißem Schnee, versuchten auch sie, den Vogel zu locken, aber Othello, der spürte, daß Blythe derjenige war, dem er vertrauen konnte, blieb bei ihm.
Noch in Edmonton waren die Männer übereingekommen, daß, wenn es unumgänglich werden sollte, den Winter über hoch im Norden zu campieren, sie aufzeichnen wollten, welche Auswirkungen extreme Kälte und lange Nächte auf sie ausüben würden, und zu ihrer Erleichterung stellte sich heraus, daß jeder gesunde Mensch, der, wie Luton insistierte, »gewisse Feinheiten beachtete«, ganz gut überleben konnte. »Es gibt einen Verfall«, räumte Luton in seinen Aufzeichnungen ein. »Wir essen weniger, verbrauchen anscheinend mehr Wasser und müssen uns vor Verstopfung hüten. Außerdem leiden wir unter Augenreizungen, verursacht von dem unablässig brennenden Laternenlicht. Wir können jedoch keinerlei Auswirkungen auf den Geist beobachten, und im Moment, da uns die schlimmsten Wintermonate erst noch ins Haus stehen, haben wir keine Befürchtungen.«
Fogarty erkundete in der Zwischenzeit die Gegend und hielt Ausschau nach Wild. Manchmal sahen die Männer ihn nach Beendigung eines Ausflugs Richtung Osten vom anderen Ufer des fest zu Eis gefrorenen Mackenzie her näher kommen und verfolgten, wie die ferne Gestalt langsam größer wurde. Sie achteten genau darauf, ob er ihnen nicht vielleicht Zeichen machte, herüberzukommen und ihm zu helfen, die Flanke eines Karibus nach Hause zu schleppen, und wenn er tatsächlich im Triumph mit den Armen wedelte, drängten sie nach draußen, überquerten den Fluß und griffen sich ein Ende dessen, was er hinter sich herschleppte, was immer es

auch sein mochte. An solchen Abenden war die Hütte erfüllt mit dem Duft gebratenen Fleisches.

Als der Januar zu Ende ging, warnte Carpenter seine Kameraden: »Der Februar ist der Bewährungsmonat. Kein anderer Monat im Jahr ist kälter als der Februar.« 1898 war er entlang der Mackenzie River besonders bitter, das Thermometer blieb tagelang bei minus vierzig Grad stehen, doch als die Kälte am grausamsten war, meinte Carpenter: »Wenn sie überwunden ist, haben wir Sommer, mitten im Winter!« Und er hatte recht, denn mit den letzten Februartagen verschwand die Kälte auf genauso mysteriöse Weise, wie sie gekommen war, und den Männern war eine so herrliche und willkommene Atempause vergönnt, wie sie sie schon lange nicht mehr erlebt hatten.

Das Thermometer stieg auf minus vier Grad, und da nicht ein Windhauch wehte, wirkte es tatsächlich sommerlich. Harry und Philip entledigten sich sogar ihrer Hemden und absolvierten ihre Bahnen mit nacktem Oberkörper, was ihnen offenbar keinerlei Beschwerden eintrug. Othello lief zwei Runden der schneebedeckten Strecke auf Blythes Schulter mit, und Carpenter begleitete Fogarty auf einer langen Exkursion an das andere Ufer des Mackenzie, wo sie einen Elch erlegten.

Diese erholsame Unterbrechung belebte die Gemüter der Männer, die sich wieder dem Kartenstudium widmeten und Pläne schmiedeten, was zu tun sei, wenn die Frühjahrsschmelze ihnen erlaubte, ihre Reise zu den Goldfeldern fortzusetzen. »Was mir die Bartträger da drüben in Norman geraten haben«, sagte Luton, »ist folgendes: Wenn wir unser Boot in zwei Stücke sägen, dann kann es gut sein, daß wir an eine Stelle geraten, wo es kein Treibholz gibt, um das offene Ende abzustützen. Wir müssen also auf unserer Fahrt flußabwärts, sobald der Fluß eisfrei ist, versteht sich, jedes Stück

Holz auffischen, das so aussieht, als ließe sich daraus eine Planke herstellen.«
»Und wo soll nach deiner Schätzung die Stelle sein, an der wir die ›Sweet Afton‹ in zwei Hälften zerlegen?« erkundigte sich Carpenter, nicht aus bloßer Neugier, sondern um sich im Geist darauf einzustellen, worauf Luton fast mechanisch auf einen Punkt weit flußaufwärts am Peel River zeigte. Carpenter wollte gerade zu einem letzten Protest ansetzen, gegen eine Route, die mit Sicherheit Gefahren in sich barg, aber bevor er seine Vorbehalte vorbringen konnte, kam ihm Lord Luton zuvor, raffte seine Karten zusammen und war verschwunden, noch ehe Harry seine Sache überhaupt zum Thema machen konnte.
Diese grundlegende Entscheidung wurde daher nie einer offenen Diskussion unterworfen. Als Harry heimlich seine eigenen Karten studierte, bestätigten sie nur seine Befürchtungen, welche Gefahren es barg, mit aller Gewalt den Peel River flußaufwärts fahren zu wollen: »Die gesamte Fahrt auf diesem Fluß verläuft gegen die Strömung, die bestimmt sehr stark ist«, dachte er. »Die Stromschnellen sind sicher auch nicht leicht zu überwinden; wenn kein Uferweg da ist, können wir das Boot nicht ziehen. Und dann diese verflucht hohen Berge zum Schluß. Sieht nicht gerade verheißungsvoll aus, ganz und gar nicht.«
Immer wenn er jetzt seine täglichen Runden auf der neuen Bahn drehte, fünfzig Fuß höher gelegen als die alte, rechnete er sich für jedes der Hindernisse ihre Aussichten aus, sie gefahrlos zu überwinden. Am Ende einer solchen imaginären Übersicht zählte er traurig die Punkte zusammen: Hindernisse, die uns den Weg versperren – neunzehn Punkte. Lord Lutons Mannschaft – keinen Punkt. Er sah auch keine Möglichkeit, diese Ungleichheit aus dem Weg zu räumen, es sei denn, Evelyn würde wider Erwarten zur besseren Einsicht

gelangen, und manchmal hatte Harry nur einen Gedanken: »Wenn er partout nicht sehen oder hören will, sind wir alle geliefert.«
Dessen war er sich sicher, und doch mochte er seinem Vetter diese Einsicht nicht aufzwingen. Luton war um sechs Jahre jünger und weniger erfahren in derartigen Unternehmungen als er selbst, der ihm sieben oder acht Forschungsreisen voraus hatte. Er war Harry keineswegs überlegen, weder an Intelligenz noch was seine Leistungen an der Universität betraf. Er war couragiert, daran konnte kein Zweifel bestehen, aber er hatte nie im Feuer des Feindes gestanden wie Harry. Und obgleich er moralische Standfestigkeit besaß, was andere als Charakter bezeichneten, war diese bislang nie gefordert gewesen, sich in einem wirklichen Moment der Krise zu behaupten, so wie Harrys Charakter in Indien oder Afrika auf die Probe gestellt worden war.
Angesichts der Tatsache, daß eine Waage, die solche Tugenden in die Schalen warf, zugunsten von Carpenter ausschlagen würde, warum unterwarf er sich dann seinem Vetter? Weil es in dieser reichen Adelsfamilie Bradcombe seit Urzeiten üblich war, demjenigen bei schwierigen Entscheidungen zu folgen, der das Marquisat innehatte; und so gering die Chance auch war, Harry wußte doch, daß Luton eines Tages durchaus dieser Mann sein konnte. Diese Regel hatte der Familie sehr zum Nutzen gereicht. Auch wenn gelegentlich ein Marquis ein Schwächling gewesen war, die meisten waren es nicht. Und Carpenter wußte, wenn Evelyn noch ein paar Jahre auf dem Buckel hatte, hatte er das Zeug dazu, falls der Titel auf ihn überging, einer der fähigsten in dieser Reihe zu werden. Ihre Expedition zu den kanadischen Goldfeldern konnte zur Bewährung werden, die aus Lord Luton einen ganzen Mann machen würde, im Feuer gestählt, und Harry Carpenter würde ihm bei dieser Bewährungsprobe zur Seite

stehen, denn in dieser Hinsicht repräsentierte er, Harry, alle Bradcombes. Ihr Oberhaupt sah sich einer Prüfung gegenüber, und sie standen wie ein Mann zu ihm.
Mit dem Aufziehen wärmeren Wetters im April rechneten die Männer damit, daß die Eisdecke auf dem Mackenzie jeden Tag anfangen würde zu schmelzen, aber es war Blythe, der Unerfahrenste, der feststellte: »Leute! Es ist immer noch zehn Grad unter dem Nullpunkt!« Und Philip entgegnete: »Aber es fühlt sich an wie Sommer.«
Es war tatsächlich so, und der Gedanke, daß ihre Überwinterung bald ein Ende haben würde, spornte die Männer an, Bilanz zu ziehen über das Abenteuer des arktischen Winters, und einzuschätzen, was es für sie bedeutet hatte. Lord Luton persönlich übernahm die zusammenfassende Eintragung in das offizielle Logbuch der Expedition, und er war dicht an der Wahrheit, als er schrieb:

»Wenn ich Rückschau auf dieses herrliche Abenteuer halte, dann muß ich sagen, wir fünf bildeten eine Mannschaft, die die Natur respektierte und den Wunsch hatte, sich in der ganzen Härte eines arktischen Winters zu bewähren. Harry Carpenter besaß Erfahrung im Meistern brenzliger Situationen in unbewohnten Regionen der unterschiedlichsten Klimazonen. Mein Neffe Philip Henslow war ein eifriger Sportler und ein guter Schütze. Sein Freund Trevor Blythe offenbarte ein unheimliches Talent, wilde Raben zu zähmen, was unseres Wissens noch nie vorher versucht worden ist, und selbst unser getreuer Gillie, Fogarty aus Irland, überraschte uns mit seinem unvergleichlichen Wissen über Lachse und ihre Lebensgewohnheiten. Und was mich betrifft: Ich bin in viele ferne Länder gereist, boxe gerne, spiele Cricket und liebe das Sprichwort des Juvenal: Mens sana in corpore sano.

Zu Beginn unseres langen Winterquartiers legten wir ein paar vernünftige und gesundheitsfördernde Regeln fest, an die sich alle gehalten haben, was zur Folge hatte, daß wir mit keiner ernsthaften Krankheit zu kämpfen hatten oder jemand einen Unfall erlitt. Regelmäßiges tägliches Training scheint ein sicheres Mittel gegen den Müßiggang zu sein, zu dem einem ein Aufenthalt in der Arktis verurteilt, und wir haben die Erfahrung gemacht, daß es selbst bei rauhestem Wetter draußen durchgeführt werden sollte. Ein Vorteil unter vielen: Es verhindert Verstopfung.

Das bemerkenswerteste an unserem Leben hier aber ist, daß alle Mitglieder der Mannschaft ungewöhnlichen und nie versiegenden Mut bewiesen haben. Niemals sank die Stimmung der Gemüter, niemals hielt Kleinlichkeit Einzug in unseren Alltag. Wenn wir Fleisch brauchten, waren die Männer bereit, sehr weit auszuschwärmen, selbst unter den gefährlichsten Bedingungen. Harte Arbeit wurde geradezu freudig begrüßt, und wieder einmal haben wir bewiesen, was rechtschaffene Engländer in einer Notlage auf die Beine stellen können. Sogar Fogarty ließ sich anstecken, seine ausgedehnten Beutezüge auf der Suche nach Nahrung waren geradezu heldenhaft. Harry Carpenter bildete sozusagen die erfahrene, ältere Ausgabe, ohne Vergleich, was derartiges Verhalten angeht, aber auch das unserer beiden jungen Männer war makellos, sehr verheißungsvoll für ihre zukünftige Entwicklung.

In aller Bescheidenheit nehme ich mir die Freiheit heraus zu behaupten, daß wir eine prächtige Truppe waren, und die Arktis war machtlos, uns in unserem Streben zu schlagen.«

Als die anderen diese Zeilen laut vorgelesen vernahmen, legten sie Einspruch ein, weil Lord Luton seine eigene lobenswerte Haltung mit keinem Wort in der Schlußbemerkung erwähnt hatte, und da er sich das Recht zu einer Selbstbeurteilung absprach, nahm sich Harry Carpenter das Logbuch vor und notierte, wobei er die Worte laut formulierte:

»Die übrigen Mitglieder der Gruppe um Lord Luton wünschen, die Tatsache festzuhalten, daß ihr Führer bei allen unvorhersehbaren Ereignissen stets vorbildlich in seinem mutigen Auftreten war, selbst in schwierigsten Situationen. In keiner hat er das mehr bewiesen, denn als er zu Fuß fünfzig Meilen hin und zurück bewältigte, allein, mitten im Winter, als das Thermometer minus vierzig Grad anzeigte und Stürme sich zusammenbrauten, um uns mit Kartenmaterial und geographischen Angaben für unser nächstes Etappenziel zu versorgen. Mit diesem Gewaltakt, vollbracht an Tagen, an denen uns nur zwei Stunden Tageslicht vergönnt war, hat er etwas geschafft, wozu niemand von uns in der Lage gewesen wäre.«

Zustimmendes Gemurmel war zu vernehmen, als Carpenter seinen Stift niederlegte, aber die letzten Worte seiner Lobrede noch einmal überlesend, wurde ihm bewußt, daß er den springenden Punkt ausgelassen hatte: »Und er kehrte von seiner Abenteuerreise zurück, ohne auch nur ein Wort des Ratschlags, den man ihm dort gegeben hat, anzunehmen.«

Im Mai gab es erste unverkennbare Zeichen der nahenden Eisschmelze, aber es war schon Juni, als Fogarty sich zum letztenmal auf die Jagd begab, am gegenüberliegenden Ufer des Mackenzie; er kehrte auf der Stelle den Gravel flußaufwärts zurück: »Gentlemen! Schauen Sie sich den Fluß an!«

Als sie angelaufen kamen, wurden sie Zeugen eines der gewaltigsten Schauspiele ungezähmter Natur. Die zahlreichen Nebenflüsse weiter unten im Süden waren bereits seit einiger Zeit aufgetaut und schickten jetzt Schmelzwasser und Treibeis donnernd gen Norden. Da, wo die eisige Flut auf noch gefrorene Regionen traf, fing der ganze Fluß an zu erzittern, anzuschwellen, zu bersten. Mit einem unglaublichen Knall, wie von einer ganzen Batterie von Kanonen, die auf einmal abgefeuert werden, brachen dicke Eisstücke an der Mündung des Gravel, die dort seit Oktober fest eingeschlossen waren, in wilder Aufruhr auseinander.

»Großer Gott!« rief Luton. »Seht euch das an. Der da ist so groß wie ein Haus.« Und als die Männer auf die Mitte des Mackenzie starrten, sahen sie, daß er noch untertrieben hatte. Er war größer als drei Häuser zusammengenommen, ein riesiger Eisbrocken, und während er sich an der Mündung des Gravel vorbeiwälzte und die kleineren Schollen, die der Zufluß angeschwemmt hatte, zu Eisstaub zermalmte, gewannen sie einen Eindruck davon, wozu ein arktischer Strom in der Lage war, wenn er von den Sturzseen des Frühlings erfaßt wurde.

Seite an Seite verfolgten Blythe und Henslow ehrfürchtig, wie ein gigantischer Eisberg den Fluß hinuntergedonnert kam, in seinen Eiswänden eingefroren eine ganze Anzahl ineinander verschlungener immergrüner Bäume, die er einem Berghang, achthundert Meilen entfernt, entrissen hatte. Er rückte näher und näher, »ein gefrorener Wald«, wie Trevor befand, als er versuchte, sich vorzustellen, welche Reise die Bäume hinter sich hatten. »In dem Eisberg stecken bestimmt tausend Vogelnester, und wenn die Vögel zurückkommen und ihr Gelege suchen, muß der Vermieter ihnen leider mitteilen: Wir sind mit ihnen an die Küste des Polarmeers umgezogen. Fliegt weiter Richtung Norden.«

Über eine Stunde schauten die beiden zu, wie ganze Wälder an ihnen vorbeirauschten, dann wurden sie von Carpenter abgelenkt, der rief: »Seht mal, wer da kommt, uns zu begrüßen!« Und alle drehten sich um und sahen, was der vergleichsweise harmlose Gravel zustande bringen konnte: ein riesiger Eisblock, der mit gefährlicher Geschwindigkeit den Fluß hinuntergerollt kam. Er brauste an ihnen vorbei, fegte mit furchtbarer Gewalt über die Stelle hinweg, wo ihr Winterquartier ursprünglich gestanden hatte, und offenbarte eine derart zermalmende Kraft, daß Schiff und Hütte gnadenlos zerdrückt worden wären.

Keiner, der die völlige Auslöschung ihres ersten Areals und ihrer ersten Fluchtburg vor diesem Wintergefängnis erlebte, konnte sich des Gedankens erwehren: »Mein Gott! Wenn wir an der Stelle geblieben wären!« Und alle erinnerten sich an George Michaels berechtigte Frage: »Was würden Sie tun, wenn Sie Ihr Schiff verlieren würden?« Es war Carpenter, der ihre Reaktion in Worte faßte: »Wir können Gott danken, daß Evelyn nach Fort Norman gegangen ist und diesen Mestizen mitgebracht hat. Wir sind einer furchtbaren Falle entkommen.«

Plötzlich brüllte Philip: »Seht euch den an!« Und den Gravel hinunter, dieses schmale Flüßchen, kam ein neuer Eisblock, gewaltig wie die auf dem Mackenzie, bahnte sich auf so seltsame Weise seinen Weg, daß er in das rechte Ufer einbrach, der Stelle gegenüber, wo die Zuschauer standen, sich tief in die Böschung bohrte und ein stattliches Stück herausstach, vier Bäume zurücklassend, deren Wurzeln nun freilagen, so daß Stämme und Astwerk, parallel zum Boden, weit über die Wasserfläche rausragten.

Carpenter, der dieses Phänomen bereits in Afrika beobachtet hatte, warnte seine Kameraden: »Außerordentlich gefährlich, so was. Werden auch Sweeper genannt.«

»Wieso?« wollte Philip wissen, und Harry erklärte: »Wenn man diesen Fluß abwärts fährt, im offenen Boot – was sollte man auf so einem Wasserlauf auch sonst benutzen –, besteht schnell die Gefahr, daß man leichtsinnig wird, und wenn diese Äste aus dem Wasser ragen, fegen sie dich glatt von Bord. Die Strömung ist so stark, daß man sofort abgetrieben wird und nicht mehr ins Boot zurückklettern kann. Bei Sweepers heißt es aufpassen.«

An einem Abend dieser Wartezeit war wieder einmal Trevor Blythe an der Reihe, das Seminar zu leiten, und da die Beendigung ihrer Gefangenschaft kurz bevorstand, erteilte er ihnen eine ebenso überraschende wie lehrreiche Lektion. »Unter meiner Ägide, fürchte ich, haben wir viel über Poesie gesprochen, und wir haben oft auf die originellen Zeilen hingewiesen, mit denen Gedichte anfangen. Zum Beispiel ›Mein Liebster hat mein Herz, und ich hab' seines‹ oder ›Wüßt' ich, Neigung, wes du seist‹. Solche Zeilen sind Schlüssel, die freundliche Erinnerungen freisetzen, und sie müssen nicht einmal besonders schön als Gedichtzeilen sein. Sie sind dazu da, den Leser an etwas zu erinnern.
Während wir uns den Fluß hinabtreiben ließen, hat mich immer dieses wohlgeformte Zeilenpaar verfolgt: ›Ihr Seefahrer Englands, Hüter unserer Meere! ...‹
Seitdem wir Athabaska Landing verlassen haben, fühle ich mich als einer dieser Seefahrer.« Er lachte kurz auf, es war ein Lachen über sich selbst, und zitierte noch ein paar mehr solcher wirkungsvollen Anfangszeilen: »›Es ist ein sanfter Abend, frei und schön‹ – oder diese hier: ›Wie oft in stiller Nacht‹.«
Auf einmal änderte sich sein Tonfall: »Ich bin zu der Überzeugung gelangt, daß die letzten Zeilen eines kunstvollen

Gedichts genauso wichtig sind wie die ersten. Ein gelungener Einstieg reizt uns, aber erst ein starker Schluß rundet das Erlebnis ab.« Jetzt mußte er doch den Palgrave wieder zur Hand nehmen, denn selbst ihm waren die guten Schlüsse nicht so geläufig wie die poetischen Anfänge berühmter Verse. Eine Zeile des blinden Milton erachtete er für tadellos: »Die dienen auch, die nichts als stehn und harren.« Als junger Verliebter, ein Zustand, den er bislang niemandem offenbart hatte, schätzte er auch diese Zeile: »Nie liebt' ich dich so heiß, mein Lieb, liebt' ich nicht Ehre mehr!«

Er erstaunte seine Zuhörer, als er den abrupten, schroffen Schluß von einem von Shakespeares wunderschönsten Gedichten pries. »Es hat natürlich schon einen perfekten Anfang – ›Wenn Eis in Zapfen hängt am Dach‹ – und fährt dann mit herrlichen Zeilen fort, die ein Gefühl von Winter hervorrufen, zum Beispiel: ›Die Milch gefriert im Eimer hart.‹ Und nachdem die Annehmlichkeiten des Bankettsaals alle aufgezählt sind, schließt er mit dieser bemerkenswerten Zeile, wie nur er sie verfaßt haben kann: ›Derweil die Hanna Würzbier braut‹, um uns daran zu erinnern, daß da noch jemand in der Küche ist, der sich für uns abrackert.«

Damit kam Trevor zum Schluß seines Vortrags. »Was ich eigentlich sagen wollte: Ein wirklicher Dichter hat die letzte Zeile immer schon im Hinterkopf, wenn er die erste notiert, und es gibt kein besseres Beispiel hierfür als die Schlußzeile jenes besonderen Gedichts von Waller, von dessen erster Strophe ich euch schon vor Monaten vorgeschwärmt habe, das Gedicht, das mit den Worten beginnt: ›Geh, Rose! Leis.‹ Weiß noch jemand, wie es endete? Ich weiß es auch nicht mehr, und meinem Gedächtnis will ich lieber nicht trauen. Im Palgrave ist es die Nummer neunundachtzig, glaube ich.«

In den Seiten blätternd, sagte er: »Denkt daran, was die

ersten drei Strophen erzählen. In der ersten wird der Rose befohlen, seine Liebste aufzusuchen. In der zweiten soll sie ihr mitteilen, daß junge Mädchen wie Rosen seien, auf der Welt, um angebetet zu werden. In der dritten soll die Rose ihr befehlen, aus sich herauszutreten, um bewundert zu werden. Und jetzt der wundervolle letzte Vers:

> ›*Dann stirb! Dein Tod*
> *Soll zeigen ihr, was jeder Rarität*
> *Auf Erden droht:*
> *Wie kurz die Spanne ist, in der besteht*
> *Das Wunderschöne, das so bald vergeht.*‹«

Eine Weile verharrten die Männer schweigend und hielten sich das Elend des Todes vor Augen, schließlich sagte Lord Luton: »Ein vornehmes Ende für einen so großen Winter.« Er schaute die beiden Jüngeren unter ihnen an und sagte mit lauter Stimme: »Seid ihr euch darüber im klaren, wie kostbar uns dieser Winter erscheinen wird, wenn wir einst auf ihn zurückblicken werden? Philip, Trevor! Ihr werdet Menschen hierüber berichten, die sonst nie im Leben erfahren hätten, daß es einen so majestätischen Fluß wie diesen Gravel überhaupt gibt.« Er lächelte Harry zu und fügte an: »Wir alle werden davon berichten.«

Harry aber erwiderte das Lächeln nicht. Während die anderen freudig Vorbereitungen trafen, sich für ihre triumphale Flußfahrt bis zur Peel-Mündung in den angeschwollenen Mackenzie zu stürzen, konnte er einen bestimmten Abschnitt der Landkarte, an den er sich gut erinnerte, nicht einfach aus dem Gedächtnis streichen. Dieser Abschnitt zeigte, daß, wenn man den Gravel bis zu seinem Oberlauf flußaufwärts fuhr und das Boot über eine vergleichsweise kurze Portage direkt an der Landesgrenze trug, man sich im

Oberlauf eines beachtlichen Stroms wiederfand, dem Stewart, der ein wenig mäanderte, aber den Reisenden direkt bis zum Yukon brachte und an einer Stelle absetzte, die weniger als fünfzig Meilen von Dawson City und den Goldfeldern entfernt lag. »Und alles flußabwärts, die ganze Fahrt, sobald man den Stewart erreicht hat«, sagte er sich und war so überzeugt, daß Evelyn genau das Verkehrte tat, wenn sie nun dem Gravel den Rücken kehrten, daß er noch am Morgen ihres Aufbruchs, als das Lager schon abgebrochen war, einen allerletzten Appell an ihn richtete: »Evelyn, du hast die Karten studiert, mehr als irgendeiner von uns. Sicher kannst du dir vorstellen, was für eine vernünftige Sache es wäre, die Verbindung zwischen Gravel und Stewart zu nutzen?«
Luton weigerte sich zuzuhören: »Ich habe tatsächlich die Karten genauestens studiert ... kann sie aus dem Kopf aufzeichnen ... aber ich habe mir nun mal den Peel River ausgesucht, der uns direkt bis zum Ziel bringt.« Und so machten sich die fünf Männer auf den Weg.

3. Kapitel

Verzweiflung

Am 10. Juni 1898, zehn Monate nachdem sie von Edmonton aufgebrochen waren, war die Gruppe um Lord Luton bereit, ihre Reise zum Nördlichen Eismeer fortzusetzen. Die Trennung von der Hütte, die ihnen für so lange Zeit Unterkunft geboten hatte, verlief nicht ohne einen Anflug von Traurigkeit. Luton sprach die offiziellen Abschiedsworte: »Ich möchte bezweifeln, daß jemals wieder fünf Menschen für so lange Zeit auf so engem Raum zusammenleben werden, ohne auch nur eine Spur von Spannung. Gentlemen, ich stehe für immer in eurer Schuld.« Anschließend sagte jeder der fünf Männer noch einmal persönlich Lebewohl, verabschiedete sich von einem bestimmten Aspekt seiner winterlichen Gefangenschaft. Harry Carpenter lief eine letzte Runde auf der Bahn, deren Boden jetzt zwar matschig geworden war, deren Nutzung aber trotz allem zu der Gesundheit, der sich die Männer erfreuten, beigetragen hatte. Philip, wieder mit seinen geliebten Stiefeln an den Füßen, jetzt, wo das Frostwetter vorbei war, setzte sich neben den erloschenen Kamin und las ein paar letzte Seiten aus »Große Erwartungen«; manch Nützliches hatte er an diesem Kamin erfahren. Luton grüßte die Hütte, und Fogarty ließ seinen Blick über die umgebenden Hügel schweifen, die ihm zu Freunden geworden waren. Trevor Blythe hatte von allen den schmerzlichsten Abschied, denn obwohl sich sein Rabe sträubte, auch nur in die Nähe des Bootes zu kommen, war er nicht gewillt, von seinem Herrn zu weichen. Auf der Schulter des Dichters hockend, begleitete er ihn bis hinunter ans Wasser, doch als Trevor an Bord gehen wollte, flog Othello davon. Verwirrt kreiste er ein paarmal in der Luft, stieß ein heiseres Krächzen aus, als wollte er seinem geliebten Freund damit Lebewohl sagen, und flog landeinwärts, wo seine Gefährten ihn erwarteten.

Als die geschickt ausbalanciert beladene »Sweet Afton« in die schnell fließenden Wasser des Gravel manövrierte, schien sie ungeduldig ihre Fahrt beenden zu wollen und schoß geradezu bereitwillig vorwärts, um wieder in den Mackenzie einzutreten. Carpenter war dazu auserkoren, das Schiff auf richtigen Kurs zu bringen. Er saß an der Pinne, als die Richtung der rasenden Fluten des Gravel unerwartet nach Steuerbord umschlug und das kleine Gefährt mitten dorthin warf, wo nur wenige Tage zuvor der gewaltige Eisberg ein Stück der Uferböschung zerstört und die gefährlichen Sweeper zurückgelassen hatte. Zu spät erkannte Harry, daß es nicht mehr in seiner Macht stand zu verhindern, daß die »Afton« in die Zweige des umgestürzten Baums getrieben wurde, aber es blieb ihm gerade noch Zeit, ein Kommando zu brüllen: »Hinlegen! Alle Mann hinlegen!«

Die Männer, sich an Harrys Warnung erinnernd, befolgten seinen Rat, mit Ausnahme von Philip Henslow, der sich mühte, ein Seil zu retten, das sonst verloren gewesen wäre, und achtern aufrecht stehen blieb, um danach auszuholen. Bevor Blythe ihn nochmals warnen konnte, erwischte das Astwerk Philip im Rücken und stieß ihn in das eisige Wasser.

»Mann über Bord!« schrie Blythe und sprang ans andere Ende des Bootes, aber schon hatte die mächtige Strömung den Gestürzten erfaßt, und als die anderen in der Lage waren, zu Hilfe zu eilen, war Philip bereits weit in den großen Fluß hinaus abgetrieben. Trotz alledem, die Behendigkeit, mit der Carpenter die »Sweet Afton« herumriß und in die Hauptströmung steuerte, dazu die irrsinnige Kraft, mit der die anderen paddelten und ruderten, hätten es ihnen ermöglicht, Philip zu retten, wenn nicht dessen verhängnisvolle Stiefel gewesen wären, aus Gummi, schwer und bis weit über die Knie reichend; sie füllten sich umgehend mit Wasser und machten dem Ertrinkenden jedes Schwimmen unmöglich.

Hätte er kurze, leicht zu öffnende Fußbekleidung getragen, was die Erfahreneren taten, hätte er sie von sich stoßen können, doch derart behindert war es ihm nicht möglich, mit dem Fuß einen Stoß zu vollführen, und er war nicht imstande, sich über Wasser zu halten, bis das Boot ihn eingeholt hatte. Vom ersten Augenblick, als er in die Fluten tauchte und spürte, wie seine Stiefel ein tödliches Gewicht annahmen, mühte er sich mit übermenschlicher Kraft, sich über Wasser zu halten. Seine Lungen nahmen mehr Sauerstoff auf. Sein Herz schlug schneller. Seine Arme entwickelten eine ungeheure Zugkraft, und er schlug sich tapfer, den Kopf über die wirbelnden Wasser des Mackenzie zu halten.

Unerbittlich jedoch zogen ihn die Stiefel, schwerer als Blei, nach unten, und im vergeblichen Kampf gegen den sicheren Tod stieß er einen wilden, gellenden Schrei aus: »Helft mir!« Jeder auf dem Boot hörte ihn, und jeder sollte ihn noch in vielen schlaflosen Nächten hören, monatelang, aber sie waren machtlos. Trevor Blythe setzte zu einem Sprung ins Wasser an, wurde aber von Harry Carpenter, der nicht noch einen zweiten aus seiner Mannschaft verlieren wollte, davon abgehalten. Allerdings konnte er nicht verhindern, daß sich Lord Luton in voller Montur in das eisige Wasser warf. Eine vergebliche Geste. Luton kam nicht einmal in die Nähe seines ertrinkenden Neffen, als der Junge mit einem letzten furchtbaren Schrei für immer untertauchte.

Nachdem die drei Männer auf dem Boot Luton wieder an Bord gezogen hatten, warfen sie ihm eine Decke um und setzten sich neben ihn, während die »Sweet Afton« weiter zügig auf dem Wellenkamm des Flusses dahineilte. »Du hast dein Bestes getan«, sagte Carpenter, und Fogarty fügte hinzu: »Keine Macht der Welt hätte ihn retten können, Milord. Sie haben es versucht.« Blythe dagegen, im Heck des Bootes, blieb nichts, als mit brennenden Augen auf die finsteren Fluten hinter sich zu blicken, die ihm seinen Freund fortgerissen hatten. Trevor verharrte dort, bis sich die Abenddämmerung des Frühlingstages, die ewig zu währen schien, über ihn senkte.

Während die »Sweet Afton« ihre Fahrt den Mackenzie hinunter fortsetzte, wurde den vier Überlebenden schmerzlich bewußt, daß das Boot sie mit jeder Meile, die sie auf ihm zurücklegten, weiter vom Klondike wegführte. Es war zum Verrücktwerden, doch es war nicht zu vermeiden, den großen Fluß hinunterzutreiben und ihm zuzubilligen, daß er sie von ihrem Ziel entfernte, denn das war die Eigenart des Mackenzie: Der Flußfahrer war gezwungen, bis zum bitteren Ende auszuhalten.
Harry erwischte Trevor, der still vor sich hin schrieb, wie er es in den Wintermonaten am Ufer des Gravel so oft getan hatte. Mit einem freundlich dahingeworfenen »Wollen wir doch mal sehen« nahm er das Notizbuch auf, und was er zu lesen bekam, gefiel ihm so sehr, daß er mit Lob nicht sparte. »Sieh einer an. Trevor, ich glaube, jetzt hast du es raus.« Er trommelte die Mannschaft zusammen und las etwa ein Dutzend Zeilen laut vor, die mit der zynischen Bemerkung endeten: »Wir fahrende Ritter, wider Willen, den Goldenen Gral zu suchen – und fliehen doch vor ihm.«

Als er die Aufzeichnungen dem Autor zurückgab, meinte er: »Siehst du jetzt ein, daß es viel besser ist, seine Worte zu verdichten und Bilder einzubauen, für die wir empfänglich sind?« Doch Trevor verfiel in Schweigen, denn er hatte nur den Wunsch, sein Freund Philip wäre noch am Leben und könnte dieses ermutigende Urteil seines ersten reifen Gedichts mit ihm teilen.

Kurz nach der Dämmerung des darauffolgenden Tages erblickte Lord Luton von seinem Posten im Bug aus Fort Norman, und ohne die anderen zu alarmieren, feuerte er zwei Schuß in die frische Morgenluft. Der Widerhall ließ die Kanadier vor die Tür ihrer Hütte treten, wo sie gespannt warteten, aber der Mestize, George Michael, erkannte das Boot und seine Insassen wieder, sprang die Treppe hinunter und rief: »Duke! Duke! Werfen Sie ein Tau rüber.« Die »Sweet Afton« fest im Griff, zog er sie näher zu sich heran, während die Kanadier jetzt ebenfalls die Treppe heruntereilten, um die Engländer zu begrüßen und ihre Bekanntschaft mit Luton zu erneuern, an den sie sich mit Respekt erinnerten.

Als alle im Eßzimmer der Handelsniederlassung Platz genommen hatten, eröffnete Lord Luton die kleine Versammlung mit dem Bekenntnis: »Liebe Freunde, ich möchte, daß Sie eins wissen: Wenn Ihr Gefährte, George Michael, mich das letztemal nicht bis zu unserem Lager begleitet hätte, wären wir sicher alle umgekommen.« Die Kanadier sahen ihn fragend an, und er erklärte weiter: »Er hat uns geraten, unsere Hütte und das Boot an eine höhergelegene Stelle zu verlegen ... damit sie an dem Tag, wenn die Eisschollen den Fluß hinunterdonnern und sich an Land aufeinandertürmen, nicht erdrückt würden. Er hat uns nicht nur gewarnt, er hat uns auch bei dem Umzug geholfen und uns so das Leben gerettet.«

Als die Engländer ihrem Retter zunickten, musterte er jeden

genau und fragte dann: »Der eine junge Mann mit den blonden Haaren? Haben Sie ihn zurückgelassen?«
Langsam und mit sichtlichem Kummer erzählte Luton den Angestellten der Hudson's Bay Company eine Geschichte, die ihnen seit Jahren vertraut war: »Im Mackenzie ertrunken. Eine Astgabel hat ihn mitten im Rücken erwischt.« Stille trat ein – unterbrochen von Carpenter, der hinzufügte: »Lord Luton ist in das eisige Wasser getaucht, um ihn zu retten. Hoffnungslos. Ein schrecklicher Verlust.«
Die Kanadier baten Luton, die Weiterreise doch um zwei oder drei Tage zu verschieben, aber sie zeigten auch Verständnis, als er erklärte: »Unsere Sache ist es, über die Berge zu kommen, dann an den Yukon.«
»Das hatten wir das letztemal vergessen«, sagte einer der Männer, der ein paar Karten von dem Deltagebiet für ihn gezeichnet hatte. »Wir hoffen bloß, daß Sie Ihre Meinung geändert haben, was Ihre Fahrt auf dem Peel angeht.«
Mit einem strengen Gesichtsausdruck das heikle Thema abwehrend, gab Luton zu verstehen, daß er keine weitere Diskussion über die Route wünschte, aber er hörte interessiert zu, als der Leiter der Niederlassung sagte: »Wir haben zu dieser Jahreszeit nur wenig Waren zum Verkauf anzubieten. Unsere großen Versorgungsschiffe erreichen uns erst im Juli, aber wir überlassen Ihnen gern ein paar Sachen, die Ihnen vielleicht nützlich sein können.« Während Luton sich mit ihm aufmachte nachzusehen, was noch erhältlich war, nahmen die übrigen Kanadier Carpenter beiseite und rieten ihm eindringlich, Lord Luton zur Vernunft zu bringen und ihm begreiflich zu machen, was für ein Wahnsinn es sei, den Peel River zu befahren. »Sie werden es nicht schaffen, durch die Stromschnellen zu kommen, bevor der Frost einsetzt. So einfach ist das.« Carpenter brachte sie jedoch zum Schweigen: »Es ist seine Expedition, und er hat schon schwierigere

Gelände in aller Welt gemeistert.« Einer der Männer entgegnete mit unverhohlener Verachtung: »Nicht bei unseren Graden. In Fahrenheit: minus fünfundvierzig. In Breitengraden: sechsundsechzig Nord.«

Die Bewohner des Vorpostens konnten Luton mit sechs Fleischkonserven aushelfen, sonst nichts, und als die Engländer zur »Afton« hinunterstiegen, versicherten sie den Kanadiern, sie hätten ausreichend Vorräte, um bis nach Dawson zu gelangen. Der Abschied war herzlich, wobei Lord Luton im letzten Moment George Michael noch einen Zehndollarschein in die Hand drückte: »Dafür, daß du uns mit deiner Hilfe gerettet hast.« Und erst eine ganze Zeit nachdem sie von Land abgestoßen hatten, gab Trevor Blythe, ein Lächeln auf seinem Gesicht, sein Geheimnis preis. »Seht mal, was George an Bord geschmuggelt hat, als die Kanadier mal nicht hinsahen.« Er warf eine geteerte Segeltuchdecke zurück, und der Blick fiel auf acht Kisten Gewehrmunition.

Ein paar Tage darauf, sie befanden sich nördlich vom Polarkreis, verlor Lord Luton zum erstenmal die Fassung. »Verdammt noch mal! Ich wünschte, wir könnten einfach über die Berge springen und landeten in Dawson.« Doch so einfach sollte es ihnen nicht gemacht werden. Jetzt, gegen Ende ihrer einzigartigen Flußfahrt, näherte sich die Mannschaft dem weitläufig verzweigten Delta, wo sich der Mackenzie in eine Unzahl kleinerer Flüsse aufteilte, die sich alle in endlosen Windungen ins Meer ergossen. Es war ein Dschungel aus Sumpfgebieten und schlammigen Wasserläufen, die nicht einmal die dort ansässigen Indianer auseinanderhalten konnten, und Harry, der das Steuer hielt, rief: »Alle mal herhören! Helft mir dabei, den Peel River zu finden, sonst treiben wir noch ins Polarmeer ab.«

Alle Augenpaare suchten das linke Ufer ab, aber niemand konnte ein Anzeichen erkennen, das darauf hindeutete, wo sich der Peel River in den Mackenzie ergoß; allerdings war es ihnen möglich, wenn auch langsam, weiterzufahren und gleichzeitig Ausschau zu halten, denn zu dieser Jahreszeit gab es hier oben keine Nächte. Während ihr Boot dahinkroch, rief Trevor Blythe, plötzlich überwältigt von dem Gedanken, den majestätischen Mackenzie verlassen zu müssen: »Ich kann den armen Philip nicht auf dem Grund dieses eisigen Flusses liegen lassen ohne ein christliches Wort des Abschieds.« Jeder hatte nur für sich im stillen um Philip getrauert, während der einsamen Nachtwachen und beim Aufgehen der Sonne eines jeden neuen Tages. Jetzt pflichteten sie Trevor bei und kamen zu ihm ins Heck der »Afton«, wo sich der junge Dichter Carpenters Gebetsbuch auslieh. Er suchte die Seiten mit der Liturgie der Totenmesse. Als er sie gefunden hatte, übergab er das Buch Lord Luton, der die erhabenen Worte in würdevollem Tonfall vortrug. Ein junger Mensch, den sie geliebt hatten, war von ihnen gegangen, und sie wünschten seiner Seele ewige Ruhe. Die Gebete gesprochen, holte Trevor den Palgrave hervor, schlug die Gedichtsammlung an einer markierten Stelle auf und sagte mit weicher Stimme: »Ich würde meinem treuen Gefährten gern einen Abschiedsgruß vortragen.« Dann fuhr er klar und deutlich fort: »John Milton verlor einst einen jungen Freund. Er ertrank in der Irischen See. Der Dichter schrieb daraufhin ›Lycidas‹, um seinem Kummer Ausdruck zu verleihen:

> ›Noch einmal denn, ihr Lorbeeren, und noch einmal,
> Ihr braunen Myrten, Teppich immergrün,
> Nach eurer Früchte harter bittrer Beere
> Gezwungener Hand ich greife . . .‹«

Er las sich durch die ehrfurchterweckenden Zeilen, bis es so schien, als würde eine himmlische Orgel dem toten jungen

Mann eine letzte Ehre erweisen. Wenig wahrscheinlich, daß Blythe in diesem Augenblick bewußt war, wie passend die Schlußzeilen der Elegie sein würden, als Lord Lutons heimgesuchte Mannschaft sie vernahm:

> *»Nun ziehn sich Schatten das Gebirg' empor,*
> *Nun senkt die Sonne westwärts ihre Reise;*
> *Da stand und griff er rasch des Mantels Blau*
> *Gewandt zu frischer Wälder, neuer Weiden Schau.«*

»So lautet unser Gebot«, sagte Luton, »noch aus dem Grab gesprochen. Morgen brechen wir zum Endziel unserer Reise auf.« Trevor, als er diese markigen Worte hörte, dachte nur: »Wie gefühllos.« Doch empfand er gleich Reue: »Ich war es, der das Gedicht ausgesucht hat. Ich war es, der das Ende nicht vorhergesehen hat.«

Durch die silberhelle Nacht trieb die »Sweet Afton« dahin, vorbei an einem Seitenarm des Mackenzie nach dem anderen, alle verwerfend, da sie in östliche Richtung verliefen. »Wir müssen einen Fluß finden, der von Westen her einmündet«, betonte Carpenter wiederholt, wobei die Schärfe in seiner Stimme seine Besorgnis verriet, und als die Stunden von elf Uhr abends bis drei in der Frühe ohne ein Anzeichen des Peel River vorbeistrichen, fing auch er an, sein Selbstvertrauen zu verlieren. »Sollten wir die Einfahrt vielleicht doch verpaßt haben?« Hektisch zogen die anderen ihre ungenauen Karten zu Rate, während er schon Vorbereitungen traf, kehrtzumachen und noch einmal das Westufer abzusuchen.

Das Auftauchen einer Gruppe kleinwüchsiger, dunkelhäutiger Männer, offenbar Indianer, am nahen Ufer hielt ihn von diesem Fehler ab. Sie sprangen in die Luft und veranstalteten ein wildes Geschrei, aus dem sich die ersehnten Worte »Peel! Peel!« herauskristallisierten, als Harry die »Sweet Afton« auf das Ufer zusteuerte. Mit einem erleichterten Seufzer, der die Spannung offenbarte, unter der ihr Steuermann gestanden hatte, hielt Carpenter auf die Rufer zu, und als die mitternächtliche Dämmerung zu vollem arktischen Tageslicht aufhellte, verließ Lord Lutons Mannschaft den weiten, vielmündigen Mackenzie, um in seinen Nebenfluß einzufahren, den schmalen, unbekannten Peel River.

Sie befanden sich erst wenige Minuten auf der neuen Wasserstraße, als sie die heruntergekommene Siedlung passierten, aus der ihre Lotsen stammten; es war kein richtiges Indianerdorf, bloß eine Ansammlung von Zelten und provisorischen Unterkünften, bewohnt von etwa drei Dutzend Han-Indianern aus dem Distrikt Yukon, die hierhergekommen waren, um ihre Felle im Tauschhandel den Angestellten der Hudson's Bay Company anzubieten, die mit ihren Frachtschiffen schon sehr bald hierherkommen würden. Aus der Erregtheit der Indianer schlossen Luton und Carpenter, daß dies möglicherweise eines ihrer ersten Zusammentreffen mit Weißen war.
»Sie sprechen kein Französisch«, meinte Luton. »Haben wahrscheinlich noch nie mit den Leuten von der Hudson's Bay Company Handel getrieben.«
Als er vortrat, brach erneut wildes Gekreische unter den Han-Indianern aus; sie liefen fort, sammelten ihre Frauen ein und traten die Flucht an. Bestürzt darüber, daß er sie verschreckt hatte, streckte Luton beide Hände aus, die Innenflächen leer und nach oben gekehrt, und bewegte sich bedächtigen Schrittes auf sie zu, sprach beruhigende Worte auf französisch, in der Hoffnung, wenigstens einer von ihnen würde sie verstehen. Er erreichte nichts damit, denn die Indianer setzten ihren Rückzug fort, doch schloß er aus der

Richtung, in die sie ihre ängstlichen Blicke lenkten, daß er selbst nicht der Anlaß ihrer Furcht war. Er schaute über die Schulter nach hinten und sah sofort den Grund ihrer Angst. Trevor Blythe, gierig nach einem letzten Blick auf den Mackenzie, hatte das lange schwarze Teleskop der Expedition ausgepackt, und nachdem er die verzweigte Mündung des Flusses erkundet hatte, zielte er damit auf die dunklen Ufer des Peel River. Die Indianer hielten das Teleskop für das Feuerrohr des weißen Mannes, dessen todbringende Kraft sie kannten, und sie fürchteten, er würde jeden Augenblick auf sie schießen. Sie wären weiter vor ihm zurückgewichen, wenn nicht Luton zurückgeeilt wäre, das Teleskop an sich genommen und es seitwärts, auf die nach oben gerichteten Handflächen gelegt, über seinen Kopf gehalten hätte.

Als er sich jetzt den verängstigten Indianern näherte, fing er an zu lachen, nicht laut, nicht spöttisch, eher um seinen Willen zum friedlichen Kontakt zu betonen, und als sich der erste behutsam heranwagte – alle gekleidet in schlichte Gewänder aus Leder –, zeigte er erst diesem einen, dann einem zweiten, wie das Teleskop funktionierte, und schnell hatte er sie beruhigt und aufrichtig freundlich gestimmt.

Jeder wollte einmal das ferne Ufer sehen, die weißen Vögel in den sumpfigen Niederungen, und bevor man die »Afton« weiter in den Peel vordringen lassen wollte, mußte ein Fest gegeben werden, mit Tanz und Gesang, der ihnen Glück bringen sollte für die Weiterfahrt. Es war ein so freundlicher Empfang, so anders als die Nüchternheit der Zeremonie der Schwarzfußindianer in Edmonton, daß Luton seinem Freund Carpenter sogar zurief: »Harry, haben wir nicht irgendwas, was wir diesen guten Menschen als Geschenk überlassen können?«, worauf ein paar Sachen aus dem Proviant an sie verteilt wurden. Fogarty, mit seiner Bauernschläue, einfache Probleme auf praktische Art und Weise zu lösen, unterhielt

sich bald darauf in Zeichensprache mit den Han-Indianern und erfuhr, daß sie tatsächlich über den Yukon oder einen anderen im Westen gelegenen Fluß gekommen waren, der mindestens so mächtig war wie der Mackenzie.
»Ist er weit entfernt?« wollte Luton wissen, und die kleinwüchsigen Menschen deuteten an, sie hätten ihn in der Zeitspanne eines Halbmondes zurückgelegt, was Harry zu der Vermutung verleitete: »Sie müssen den Porcupine meinen.« Die Aussprache des Namens versetzte die Indianer in Aufregung, und mit einem Wirrwarr von Zeichen erklärten sie Fogarty, ja, es sei der Porcupine, aber dahinter sei noch ein riesiger Strom. Alle Teilnehmer der Expedition waren froh und erleichtert zu erfahren, daß sie dem Yukon so nahe waren. Überstürzt bereiteten sie ihre Abfahrt vor, doch als sie den Peel flußaufwärts stakten – ein müheloses Sich-flußabwärts-treiben-Lassen würde es jetzt nicht mehr geben –, fragte Luton seine Mannschaft: »Wie ist das möglich, daß es in einem modernen Land wie Kanada oder den Vereinigten Staaten immer noch unwissende Wilde geben kann? Kaum besser als Tiere?« Doch Harry entgegnete trocken: »Sie wußten, wo sie waren. Wir nicht.«
Zwei Tage darauf, als sie sich den träge fließenden, unerfreulichen Peel hinaufquälten, sahen sie sich einem jener Augenblicke gegenüber, die menschliche Schicksale bestimmen können, doch kündigte er sich nicht mit schallenden Trompeten oder mit einem in allen Farben schillernden Sonnenuntergang am Ende eines Tages an. Auf der Steuerbordseite der »Afton«, dem linken Ufer des Peel River, erblickten sie zwei Männer mit ungepflegten Bärten und nacktem Oberkörper, damit beschäftigt, ihr kleines Boot in zwei Hälften zu sägen.
»Was soll das werden?« rief Carpenter ihnen zu, als sein eigenes Schiff Kurs auf das Ufer nahm.

»Abspecken, damit wir es über den Paß da drüben tragen können.«
»Welche Route nehmen Sie?«
»Rat, Bell, Porcupine. Schnellste Verbindung nach Dawson.«
Lord Luton hörte die Unterhaltung mit an, und da er keine Fortsetzung des Gesprächs wünschte, unterbrach er rechthaberisch: »Da liegen Sie falsch. Über den Peel ist es viel kürzer.«
»Mag sein. Aber nicht schneller«, sagte der Mann. »Im Gegenteil. Schließen Sie sich uns an. Mehr Hände, weniger Arbeit.«
Luton starrte sie angewidert an, versetzte Carpenter einen Stoß in die Rippen und sagte: »Los, Harry, schieben wir sie den Peel hoch«, doch Carpenter meinte, schon um dem gesunden Menschenverstand Genüge zu tun, noch einmal eine Lanze für die sicherere Route brechen zu müssen.
Um einen gelassenen Tonfall bemüht und die offizielle Anrede benutzend, um die Ernsthaftigkeit seiner Aussage zu unterstreichen, meinte er: »Milord, wir werden keine bessere Stelle finden, um in die Rockies vorzustoßen, als den Paß am Oberlauf dieses kleinen Flüßchens.«
»Harry!« fuhr Luton ihn gereizt an. »Die Sache ist ein für allemal entschieden. Der Paß am Oberlauf des Peel River führt uns viel näher an Dawson heran.« Womit er recht hatte, er war tatsächlich näher, aber nur über eine Route zu erreichen, die wesentlich höher lag und weitaus schwieriger zu meistern war.
Er riß die Ruderpinne an sich und lenkte die »Afton« nach Süden, den Peel aufwärts. Eine halbe Stunde lang steuerte er das robuste kleine Gefährt in diese Richtung, die Zähne grimmig zusammengepreßt, dann übergab er Carpenter die Pinne und sagte nur: »Wir hatten einen guten Start, Harry. Halt sie auf Kurs.«

Den Rat River hinter sich lassend, schloß Carpenter die Augen und hielt für einen Moment den Atem an; er wußte, eine Entscheidung von entsetzlicher Tragweite sowohl für ihn selbst als auch für die anderen war soeben gefällt worden. Er öffnete die Augen wieder, tat einen tiefen Seufzer und sah vor sich den wenig einladenden Peel River, einen Fluß ohne Anmut oder Charakter, dessen ehemals schwerfällige Strömung jetzt reißend dahinströmte – was auf noch zu erwartende Strudel hindeutete. Die Segel zusammengerollt und gut verstaut, denn sie wurden jetzt nicht mehr gebraucht, griff er nach einem der langen Staken und fing an, das Boot flußaufwärts zu drücken.

Im Juli 1898, zwölf Monate nachdem sie von London aufgebrochen war, war Lord Lutons Mannschaft weit in den Oberlauf des Peel River vorgedrungen; alle an Bord stakten vierzehn bis sechzehn Stunden täglich und schafften so viele Meilen, daß selbst Carpenter anfing zu glauben, eine Überquerung entlang dieser Route würde sich doch noch als möglich erweisen, doch dieser Traum war kurzlebig. Eines frühen Morgens, Trevor Blythe war an Land abgesetzt worden, um ein Stück vorzulaufen und zu erkunden, was auf die »Sweet Afton« zukommen würde, kehrte er aschfahl zurück und rief ihnen vom Ufer aus zu: »Lord Luton! Schlechte Nachrichten!« Und als die drei an Bord gespannt zuhörten, überbrachte er ihnen die schlimme Meldung, die die übrige Fahrt den Peel aufwärts kennzeichnen sollte. »Starke Stromschnellen und Canyons. Kein Uferweg, von dem aus man das Boot ziehen könnte.« Als die Bedeutung dieser schrecklichen Worte begriffen war, fragten sie sich, was sie jetzt noch tun sollten.

Zunächst einmal nahmen sie Blythe wieder an Bord, dann

stakten sie weiter bis zu der Stelle, an der die rasende Fahrt der Stromschnellen in steilen Kaskaden endete. Harry schlug sich nach vorne durch und rief den Kameraden hinter ihm die beruhigende Nachricht zu: »Genügend Tiefgang hinter den Stromschnellen, um über Wasser zu bleiben.« Doch Trevor sah seine frühere Feststellung bestätigt: »Kein ausgetretener Trampelpfad am Ufer, von wo aus wir das Boot ziehen könnten.« Mit Schaudern erinnerte sich Luton an die Warnung der Gebrüder Schnabel: »Wenn es keinen Weg gibt, halten Sie die Luft an, steigen ins kalte Gebirgswasser und stapfen zu Fuß mitten durch den Rat River ...« Das Auftauchen dieses schicksalträchtigen Namens verschlug ihm tatsächlich den Atem, und er dachte: »Mein Gott! Hätten wir doch besser das kleine Boot nehmen sollen?« Er verbannte solche Selbstvorwürfe aus seinen Gedanken und sagte mit gespielter Zuversicht zu seinen Männern: »Da hilft nichts. Wir müssen durchs Wasser waten. Zwei nehmen die ›Afton‹ vorne ins Schlepptau, und die anderen beiden schieben gleichzeitig von hinten. Aber das geht nicht mit so einem großen Boot. Zieht sie an Land, holt die Säge raus, und los geht's.«
Es gab natürlich eine Alternative, eine vernünftige sogar: das Boot nicht in zwei Hälften auseinandersägen, sondern umkehren, sich von der Strömung zurücktreiben lassen, den Rat River flußaufwärts fahren und erst dort das Boot zersägen, wie ihnen von allen Seiten geraten war. Da jeder wußte, daß Luton davon nichts mehr hören wollte, wurde diese Möglichkeit gar nicht erst diskutiert. Statt dessen wurde ihr zuverlässiger kleiner Kahn, der ihnen bisher so ausgezeichnete Dienste geleistet hatte, an Land gehievt, entladen und in zwei Hälften geteilt, wobei man genau der roten Markierungslinie folgte, die einer der Gebrüder Schnabel in Athabaska Landing aufgemalt hatte. Als sich zeigte, wie winzig die

Hälfte sein würde, mit der sie von jetzt ab zu fahren gedachten, meinte Carpenter: »Ordentlich segeln kann man damit wohl nicht. Jetzt heißt es schleppen und schieben.«
Guten Mutes, jetzt, da nichts mehr schlimmer kommen konnte, legten die vier Männer das Treibholz bereit, das sie unterwegs aufgesammelt hatten, schnitten sich daraus Bretter zurecht, verschalten und dichteten das durch die Sägerei entstandene klaffende Loch und packten sorgfältig den verminderten Stauraum, wobei sie kein einziges Gepäckstück zurückließen. Als letzte Abschiedsgeste an die nicht benutzte Hälfte des Bootes salutierte Lord Luton vor ihr und wandte sich dann entschlossen dem sie erwartenden Canyon und Dawson City zu, das hundertneunzig Meilen weiter westlich lag.
Schnell ergab sich ein neuer Alltagsrhythmus. Es wurden zwei Mannschaften gebildet: Luton und Fogarty zogen vorne die Schlepptaue, Harry und Trevor schoben hinten. Wie zu erwarten, stieg Luton als erster ins Wasser, und obwohl er innerlich über die plötzliche Kälte, etwas über dem Gefrierpunkt, zusammengezuckt sein mußte, verriet seine Miene nichts dergleichen. »Werft euch ins Zeug, Männer! Mit gutem Willen schaffen wir es.«
Jener erste Tag im Wasser war grauenvoll, denn das steinige Flußbett erlaubte kein gleichmäßiges Vorankommen, und an manchen Stellen war der Fluß so tief, daß die Männer bis zum Hals im Eiswasser untertauchten. Die Hälfte ihrer Kraft ging bei dem Bemühen drauf, aufrecht zu gehen, das Weiterkommen war daher minimal, und alle hofften auf ein unerwartetes Ende des Canyon und daß sie am Ufer bald festen Untergrund vorfinden würden, um so endlich eine Möglichkeit zu haben, ein richtiges Schlepptau anzusetzen. Der Tag ging vorbei, ohne daß sicheres Ufergelände aufgetaucht wäre, und Carpenter dachte bei sich: »Das wird die reinste

Hölle, wenn die Nacht anbricht und wir festsitzen.« Doch die gefürchtete Notlage wurde vermieden, denn der Canyon hatte schließlich doch ein Ende, und am linken Ufer gab es festen Boden zum Schleppen. Mittlerweile waren die Männer so erschöpft, daß sie davon keinen Gebrauch mehr machen konnten, und als die Nacht heranrückte, hievten sie ihre Bootshälfte an Land und schlugen ein Lager auf.

Bevor sie sich schlafen legten, führten sie noch eine sonderbare Unterhaltung, aber diese Dinge interessierten sie nun einmal. »Sag mal, Carpenter, was meinst du?« fragte Luton. »Wer hatte die schwerere Aufgabe draußen im Wasser? Wir vorne am Schlepptau oder ihr Schieber hinten?« Ohne einen Augenblick nachzudenken, meinte Harry: »Ihr vorne.« Und als Luton wissen wollte, wieso, erhielt er die zutreffende Antwort: »Weil wir uns da hinten gegen die Bootswand lehnen können, um festen Halt zwischen den Steinen zu kriegen.« Und Luton sagte: »Habe ich mir gedacht. Von jetzt an werden wir uns in Abständen abwechseln.«

Wenn kein Canyon die Uferlinie ausgelöscht hatte, schafften die vier natürlich einen beachtlichen Tagesschnitt; sie stellten sich einen kurzen, wenn auch anstrengenden Transport des Bootes über irgendeinen Bergpaß und einen schnellen Abstieg nach Dawson vor, und schon erhielten ihre Hoffnungen neuen Auftrieb. Mit erschreckend zunehmender Häufigkeit wurden sie jedoch von Stromschnellen, gewaltiger als jener ersten, aufgehalten; dann hieß es für die Männer, die Zähne zusammenzubeißen, in das frostige Wasser zu springen, die Steinbrocken aus dem Weg zu räumen und ihr Boot in alter Manier westwärts zu schleppen und zu schieben, aber die schlimmste Strafe kam erst, wenn sie wieder aus dem Wasser stiegen, triefend vor Nässe, und sie in der zunehmenden Kälte zittern mußten, bis sie unbeholfen die Kleidung abgelegt hatten und in trockene geschlüpft waren.

Eines Tages Mitte August, sie hatten noch hundertsechzig Meilen auf dem Fluß vor sich, Trevor Blythe war gerade in der hinteren Position, am Schieben, kam ihm urplötzlich die furchtbare Tatsache zu Bewußtsein, daß sie es nie im Leben schaffen würden, die Rockies zu überqueren, noch bevor der nächste Winter den Peel River zugefroren und sich Schneeverwehungen an allen Pässen aufgetürmt hatten. »Gott im Himmel«, flüsterte er vor sich hin, während er sich zwischen den Steinen vorankämpfte. »Noch ein Winter eingesperrt. Und das bei dem wenigen Proviant, um uns durchzubringen.«
An diesem Tag sagte er noch kein Wort, aber er fing an, in den Gesichtern seiner Kameraden zu lesen, versuchte zu ermitteln, ob sie überhaupt eine Ahnung von der ausweglosen Situation hatten, in die sie buchstäblich hineingestolpert waren und in die sie sich von Tag zu Tag tiefer hineinmanövrierten. Schlüsse auf ihre innersten Gedanken und Befürchtungen konnte er nicht ziehen, aber es fiel ihm auf, daß sie weniger sprachen und an den Abenden zu erschöpft waren, um noch irgend etwas anderes tun zu können, als sich auf ihre enge Schlafstatt fallen zu lassen. Seminare wurden nicht mehr abgehalten. Jetzt ging es nur noch ums nackte Überleben.
Im Laufe der letzten Augustwoche brach Lord Luton das Schweigen. Eines Tages, beim Abendessen – es gab Bohnen ohne Fleisch –, sagte er abrupt: »Ich hoffe, es ist euch klar, daß wir bald unser Dauerlager aufschlagen müssen.«
»Kommen wir wohl nicht drum herum«, meinte Carpenter. Fogarty schwieg sich aus, und auch Trevor sagte keinen Ton, erleichtert, daß ihre mißliche Lage ausgesprochen war.
Mitte September, als es mit dem Staken und Schleppen den Fluß aufwärts am schlimmsten war, unternahmen die Männer ein paar letzte große Kraftanstrengungen, um diesen

barbarischsten Abschnitt des Peel vor dem ersten Schneefall, solange noch Zeit war, eine angenehme Stelle zum Überwintern auszusuchen, hinter sich zu bringen. Diesmal war ihnen Erfolg beschert, sie brachen zu einem einladenden Plateau vor, am Fuße der Rockies. Im Laufe der zweiten Oktoberwoche, als die Temperatur nahe Null war, zogen sie ihr Gefährt an Land, räumten die bescheidene Menge an Ausrüstung, die ihnen noch verblieben war, aus, lehnten die Bootshälfte gegen Felsstein, als Schutz gegen die Nordwestwinde, und fingen an, nach Ästen und Bruchstücken von angeschwemmten Holzbrettern Ausschau zu halten, die man für den Bau einer Hütte verwenden konnte, wobei sie sich bewußt waren, daß sie an ihr bequemes erstes Quartier, dessen sie sich im Winter davor erfreut hatten, nicht heranreichen würde.
Während der Arbeit beschäftigte jeden von ihnen der Gedanke: »Großer Gott! Diesmal noch näher am Polarkreis!« Und jeder schwor sich, daß er Kräfte sparen werde, die bescheidenen Rationen essen werde, ohne sich zu beklagen, und alles unternehmen werde, um gesund zu bleiben. Und alle baten ihren Herrgott um innere Stärke.

Als der Winter einsetzte, sechzehn Monate waren seit ihrem Aufbruch von Edmonton vergangen, befanden sich die Männer bei guter körperlicher Verfassung, wie man sie den Umständen entsprechend erwarten konnte. Carpenter und Blythe hatten sich beim Schleppen ein paar Schrammen am Schienbein geholt, und alle hatten deutlich an Gewicht verloren, nicht aus Mangel an Nahrung, sondern von den Stunden schier endloser Strapazen. Keiner hatte irgendwie erkennbare Krankheit, keiner hatte schlechte Zähne oder litt an Unterernährung, aber alle standen vor einem der härtesten Winter, mit Temperaturen, die niedriger als die ihnen bekannten entlang des Mackenzie waren, und das alles mit erschreckend unzureichendem Proviant.

Dieses Jahr sollte es neue Regeln geben, wie Lord Luton erklärte: »Was die Latrine betrifft, bleibt es beim alten. Tägliches Lauftraining wie gehabt, und daß sich keiner davor drückt. Keiner, und damit ist es mir ernst, wirklich keiner darf irgend etwas außerhalb der gemeinsamen Mahlzeiten verzehren, wenn alle anwesend sind. Gebt mir euer Wort darauf.« Die Männer schworen, alle Nahrung gerecht aufzuteilen und nur in Gegenwart der anderen zu essen. »Beten wir, daß unser vortrefflicher Wilderer Fogarty seine Fähigkeiten für einen guten Zweck nutzt.« Jagdpatronen besaß die Gruppe ausreichend dank des Geschenks von George Michael. Fogarty versprach, sein Bestes zu versuchen, er hoffe nur, Major Carpenter möge ihm dabei behilflich sein, da er ein geübter Schütze sei.

Merkwürdigerweise war es Fogarty, der ein Gespür für die lauernden Gefahren in den Männern wachrief, die sie bislang erfolgreich verdrängt hatten. Die Latrine war an der gleichen Stelle wie vorher ausgehoben worden, aber Fogarty fiel auf, daß die anderen drei versäumten, sie auch so häufig zu benutzen, wie nötig gewesen wäre. Eines Abends warnte er sie vor möglicher Verstopfung: »In Edmonton hat man mir erzählt, Verstopfung sei der Fluch kalter Klimaregionen. Gentlemen, überhören Sie nicht die kleinen Signale aus Ihrem Unterleib.«

Er selbst war bereit, so lange wie nötig auf der Latrine zu hocken. »Sein Hintern muß mit Bärenfell ausgelegt sein«, bemerkte Harry, aber Fogarty ließ sich von seinen Latrinensitzungen nicht abbringen. Es war vielmehr seine Äußerung bei der Rückkehr, die Unmut hervorrief, denn jedesmal wenn er die warme Stube betrat, tat er einen Seufzer tiefer Befriedigung, wobei er immer dieselben vier Worte von sich

gab: »Besser raus als rein.« Er hatte recht, und da es außerdem einen Tadel an die anderen enthielt, die mit weniger abgehärteten Hinterteilen gesegnet waren, löste es allgemein Verstimmung aus. Keiner unternahm irgend etwas dagegen, bis eines Abends, als die Routine lustvoll wiederholt wurde, Lord Luton nach seinem Revolver langte und brüllte, ja, er schrie Fogarty an: »Noch einmal, und ich puste dir das Gehirn aus dem Schädel!«
Verstörtes Schweigen war die Folge. Jeder spürte, wie verzweifelt ihre Lage war. Keiner hielt es für notwendig, sich für Lutons Verhalten zu entschuldigen, und er selbst sagte keinen Ton. Am Ende war es Fogarty, der begriff, wie anstößig er gewirkt haben mußte. »Tut mir leid, Milord«, entschuldigte er sich und fügte dann hinzu, so als sei nichts vorgefallen: »Ich glaube, ich habe die Stelle gefunden, wo die Karibus vorbeiziehen.« Luton legte seinen Revolver wieder ab und entgegnete ruhig: »Das will ich hoffen. Wir werden uns auf Sie verlassen müssen, Fogarty.«
Wochenlang blieben Fogartys Bemühungen, frisches Fleisch zu besorgen erfolglos, selbst wenn Carpenter ihn als zweiter Schütze begleitete, kehrten sie mit leeren Händen zurück. Nahrung wurde jetzt das Problem, das alle anderen unbedeutend erscheinen ließ, und als der in Edmonton gekaufte Proviant rapide zur Neige ging, mußte sich jeder mit noch geringeren Rationen zufriedengeben. Mit tiefer Besorgnis sahen sie mit an, wie eine Konservendose nach der anderen vorsichtig geöffnet, bis auf den letzten Bissen geleert und anschließend ausgekratzt wurde. Aus irgendeinem seltsamen Grund, den niemand hätte erklären können, wurden die sechs in Edmonton eher zufällig erworbenen Fleischkonserven für sakrosankt erklärt. Sie durften erst im alleräußersten Notfall angerührt werden. Ordentlich übereinander gelagert in der Ecke, standen sie für eine letzte Überlebenschance.

Der Stapel wurde so etwas wie eine religiöse Ikone, die ihre Hoffnung aufrechthielt.

Der schlimme Mangel zeigte schließlich sichtbare Folgen: Die Männer wurden dünner, ihre Gesichtsfarbe fahler, da alles Blut aus ihm wich, und sie fingen an, mit ihren Bewegungen zu haushalten. Auch ihre Stimmung wurde gereizter, aber dessen waren sie sich bewußt, und so pflegten sie einen höflicheren Umgangston miteinander, so als wären sie Angehörige eines ehrwürdigen Gerichts, in dem auf solche Formalitäten Wert gelegt wurde. Eines Morgens dann erschütterte Trevor Blythe dieses Schauspiel mit einem echten Schrei der Bestürzung: »Jesus, Maria! Seht euch das an!« In der hohlen Hand liegend, zeigte er ihnen einen seiner Backenzähne, makellos und stabil wie eine Walnuß – aber doch abgestoßen vom oberen Gaumen.

»Skorbut«, stellte Luton nüchtern fest, ohne seine Angst zu zeigen. »Wir müssen sorgfältiger auf unsere Nahrung achten.« Aber wie das bewerkstelligt werden sollte, sagte er nicht.

An einem sehr kalten Nachmittag, als Carpenter und Fogarty losgezogen waren, ein verirrtes Karibu aufzutun oder die Höhle eines überwinternden Bären, lahmte Harry plötzlich, und als Fogarty das linke Bein genauer untersuchte, sah er, daß die offene Wunde, die die Steine im Peel River aufgerissen hatten, nicht verheilt war. Das war schlimm genug, aber als er einen Finger auf die Haut um die Wunde herum drückte, um festzustellen, ob bereits Verwesung eingesetzt hatte, sah er zu Harrys und zu seinem eigenen Entsetzen, daß der Abdruck eine Vertiefung in dem graufarbenen Fleisch hinterließ. Harry, der noch nie die Augen vor der Wirklichkeit verschlossen hatte, drückte selbst einen Finger dagegen, mit demselben Ergebnis.

»Wundbrand«, diagnostizierte er.

»Das, wovor Sie die beiden jungen Männer gewarnt haben?« fragte Fogarty, und Harry antwortete: »Ja. Skorbut.«
»Was können wir dagegen machen?« fragte Fogarty, und es wurde ihm mitgeteilt: »Schießen Sie uns was. Wir haben gehört, frisches Fleisch könnte es heilen.«
Selbstverständlich war sowohl Luton als auch Carpenter als erfahrenen Forschern und Kennern britischer Seegeschichte bekannt, daß das nicht ganz zutraf; frisches Fleisch half bei Skorbut, weil es eine allgemeine Kräftigung des Körpers herbeiführte und dieser dadurch widerstandsfähiger gegen einen Befall war, aber beiden war klar, daß das den Ausbruch der Krankheit nur hinauszögerte, sie aber nicht heilte. Beiden war auch der bemerkenswerte Beitrag bekannt, den Kapitän James Cook im Jahrhundert zuvor geleistet hatte, der Skorbut als den Fluch aller seefahrenden Menschen fast im Alleingang ausgerottet hatte. Indem er sie förmlich zwang, ein nach ihrer Beschreibung »Übelkeit erregendes gepanschtes Gesöff« zu trinken, das Zutaten wie Gemüse, Seegras, Wurzeln und den Dicksaft aus fermentiertem Sauerkraut enthielt, hatte er der Diät seiner Mannschaft unbewußt auch den spezifischen Nährstoff beigemischt, der Skorbut ausmerzte. Die Forscher, die dann später Experimente durchführten, meinten allerdings: »Cook mischte seine Medizin aus acht verschiedenen Flüssigkeiten, von denen sieben absolut wirkungslos waren, aber mit irgendeiner von ihnen war er zufällig auf etwas gestoßen, das Ascorbinsäure, also Vitamin C, enthielt, und das hat ihn gerettet.«
Luton und Carpenter war bekannt, daß man Ascorbinsäure in kleinsten, aber lebensrettenden Mengen erhielt, wenn man Wurzelwerk ausgrub, es kochte und dann die Flüssigkeit trank. Aber welche Wurzeln waren geeignet? Forschungsreisende wußten in der Regel nie, welche spezifische Pflanze das wertvolle Heilmittel enthielt, eine bunte Mischung je-

doch schien aus irgendeinem seltsamen Grund immer das Richtige zu liefern. Lutons Mannschaft aber war es gar nicht möglich, nach Wurzeln und Kräutern zu graben, denn der arktische Boden, auf dem sie ihr Lager aufgeschlagen hatten, war so fest und über einen so langen Zeitraum im Jahr gefroren, daß normale Pflanzen dort gar nicht gedeihen konnten. Solche, die sich möglicherweise als wirksame Heilpflanzen erwiesen hätten, waren im Erdreich eingeschlossen, das wiederum bis in tiefe Schichten hinein zu Eis erstarrt war, so daß man nicht an sie herankam. Wahrscheinlich schlummerte ihr Retter irgendwo unter ihren eigenen Füßen, aber bis zu ihm vorzudringen war unmöglich.
Der Zustand von Harry Carpenters Bein war bedenklich, aber nicht verhängnisvoll; ein kräftiger Mensch wie er, mit seiner ungeheuren Seelenstärke, mit seiner Entschlossenheit, hatte gute Chancen zu überleben. Bei ihrer Rückkehr ins Lager unterließen es Fogarty und er daher, Lord Lutons ohnehin nicht geringe Sorgen um die Mitteilung zu vergrößern, noch ein zweites Mitglied seiner Expedition habe Skorbut; allerdings mahnten sie, es sei unbedingt notwendig, an Fleisch zu kommen. Luton, Carpenter und Fogarty zogen los, die Gegend zu durchstreifen – Blythe war zu schwach auf den Beinen, um sich ihnen anzuschließen –, und obgleich sie an diesem Tag und auch am darauffolgenden nichts vor die Flinte bekamen, ließen sie sich trotz ihrer Entkräftung nicht davon abhalten weiterzusuchen, und am dritten Tag schließlich erlegten sie ein kleines Karibu, das sie mit Freude an Ort und Stelle schlachteten und die Fleischbrocken dann nach Hause schleppten.
Es wirkte Wunder. Harry meinte gar: »Als das gebratene Fleisch meinen Magen füllte, spürte ich, wie die heilenden Säfte in die verkümmerten Venen strömten.« Und Blythe behauptete dasselbe. Sie unterlagen einer Selbsttäuschung,

denn nicht einmal frisches Fleisch konnte den Vormarsch dieser abscheulichen Krankheit aufhalten – das ließ sich nur durch Auffüllung des verbrauchten Säurehaushalts erreichen –, aber die Heilwirkung des Fleisches auf ihren Organismus rief einen so starken Eindruck eines wiedererlangten Wohlbefindens hervor, daß Trevor glaubte, er käme wieder zu Kräften, und Harry der festen Meinung war, sein faulendes Bein sei auf dem Wege der Genesung.

Es sollte für Wochen das letztemal sein, daß sie frisches Fleisch genießen konnten. Eines Abends, als die Männer fast umkamen vor Hunger, verkündete Lord Luton als Hüter der sechs Fleischkonserven in geradezu heiterer Stimmung: »Gentlemen, heute feiern wir ein Fest!« Mit übertriebenem Zeremoniell stellte er eine der kostbaren Konservendosen auf den klobigen Tisch und verfolgte mit zustimmendem Blick, wie Fogarty sie mit einer Axt öffnete, den Inhalt in einen Kochtopf stülpte und alles hineinwarf, was er sonst noch auftreiben konnte. Während sie darauf warteten, daß das Festmahl gar wurde, hörten sie draußen den arktischen Wind um ihre Hütte heulen, und – aus welchem Grund auch immer, niemand hätte eine Erklärung dafür gehabt – sie fingen an, die Weihnachtslieder aus ihrer Kindheit erst zu summen, dann aus voller Kehle zu singen. Als man zu dem großartigen alten englischen »The Holly and the Ivy« kam, ein Lied, das in anderen Ländern des Empire nicht gern gehört wurde, tönte Trevor Blythes strahlender Tenor so lieblich durch den Raum, daß man meinen konnte, in der frostigen Luft draußen halle der Klang von Schlittenschellen wider. Sie erzählten von zu Hause, von ihren Familien und von der Pracht der Weihnachtsabende, die sie in England oder Irland begangen hatten. Dann verfiel einer nach dem anderen wieder in sein eigenes trauriges Schweigen, und nur das Brausen des Windes war zu vernehmen.

Zwei Tage nach dem gemeinsamen Singen hörten die anderen plötzlich einen Schreckensruf von Trevor, und als sie in seine Richtung blickten, sahen sie, wie er zwei weitere seiner großen Backenzähne in der Hand hielt, makellos weiß und im Licht der Lampe wie feindselige Geisteraugen schimmernd. Bevor irgend jemand Mitleid mit ihm haben konnte, sagte er mit leiser Stimme, aus der tiefste Resignation sprach: »Ich bezweifle, daß ich den Frühling erlebe.«
»Nun hör aber mal auf, Trevor!« polterte Luton drauflos, doch der junge Mann antwortete mit der Freundlichkeit, die ihn immer ausgezeichnet hatte: »Evelyn, reichst du mir bitte meinen Palgrave rüber?« Und als das so geschätzte kleine Buch gefunden war, bat Trevor: »Kannst du ein paar von den kürzeren Gedichten vorlesen?«
Mit seinem sonoren Bariton las Lord Luton jene wundervollen, schlichten Zeilen vor, jene Gedanken, die wohl das Beste verkörperten, das England je in die Welt eingebracht hat: »Mein Herz tut weh, und dumpfe Starrheit preßt den Sinn...«, »Sie wohnte, wo der Quell ertönt...« und »Wüßt' ich, Neigung, wer du seist?«

Als diese absoluten Worte über Liebe und Schönheit und die Sehnsucht der Jugend die Hütte füllten, seufzte Blythe. Kurz darauf ging sein Atem unregelmäßig und mühsam, und er flüsterte: »Evelyn, bitte, lies das von Herrick vor.« Luton konnte das gesuchte Gedicht nicht gleich finden, und so blätterte Trevor mit zitternder Hand in den Seiten, suchte nach der Nummer 93 und fand schließlich die magischen sechs Zeilen:

> *Wenn meine Julia geht einher seidengehüllt,*
> *Ja, dann dünkt mich, wie süß der Fluß,*
> *Der an ihr rinnt, von Kopf bis Fuß.*

Oh, wie dieses Glitzern mich erfüllt,
Wenn drauf mein Blick fällt und ich seh',
Ihr stattlich' Beben, Schopf bis Zeh.

Als Luton seinen Vortrag beendet hatte, ergriff Trevor Carpenters Hand und flüsterte mit so schwacher Stimme, daß er kaum zu verstehen war: »Wenn wir wieder daheim gewesen wären, hatte ich die Absicht, mit deiner Kusine zu sprechen, Lady Julia. Bitte richte ihr das aus. Und mein ›Schatzkästlein‹ ... ich will, daß sie es bekommt.« Darauf drehte er seinen geschundenen Körper Luton zu: »O Evelyn, es tut mir so leid.«
»Was tut dir leid?«
»Daß ich dich im Stich lasse.« Seine Stimme war bereits farblos und dem Tod nah.
»Denk nicht mehr daran!« entgegnete Luton bewegt und versuchte seine Gefühle zu verbergen. »Schlaf jetzt, und kurier dich aus.«
Doch Trevor war nicht mehr zu retten. Der unbarmherzige Schlächter, Skorbut, hatte ihn bereits derart geschwächt, ihn aller Kraftreserven beraubt und das Vermögen zur Selbstheilung des Körpers so sehr zerstört, daß er zu nichts anderem mehr fähig war, als seine drei Gefährten verzweifelt anzuschauen und nach Luft zu ringen, obwohl er wußte, daß die kühle, klare Luft ihm kaum noch guttun konnte.
Tapfer gegen den Verlust des Bewußtseins ankämpfend, reckte er sich, um Evelyns Hand zu ergreifen, was ihm nicht gelang, und mit Bestürzung mußte er sehen, wie seine eigene Hand matt auf die Decke zurückfiel. Im Wissen, daß er dem Tod nahe war, bemühte er sich mit kehligen Lauten, die keine geordneten Silben mehr bildeten, seinen Kameraden Lebewohl zu sagen, fiel zurück und drehte sein Gesicht mit einem allerletzten Kraftaufwand zur Wand, um ihnen den Anblick

seiner Schmerzen zu ersparen. So ganz allein für sich schloß dieser einfühlsame junge Mann, dessen Leben so verheißungsvoll begonnen hatte, der seine Liebe nicht erklärt und seine Gedichte nicht geschrieben hatte, für immer die Augen.

Wie im Vorjahr waren die letzten Februartage die reinste Hölle aus Eis, nur daß es diesmal zwischendurch keine frühlingshafte Unterbrechung gab. Ein Großteil des Elends rührte von der Tatsache, daß die Tage merklich länger wurden, doch das vollzog sich nur sehr langsam, und die anhaltende Kälte war so lähmend, daß es kaum zu ertragen war. Der Frühling war angekündigt, aber er kam nicht.
Das Lagerleben ging seinen gewohnten Gang. Lord Luton rasierte sich täglich, besserte seine Kleidung aus, behütete die fünf Fleischkonserven und ging aufrechten Schrittes und nicht leicht vornübergebeugt wie die anderen. Er lief drei Runden jeden Morgen auf der winterlichen Bahn und hielt die anderen an, das gleiche zu tun. Er aß spärlich, sah es lieber, wenn sich seine Begleiter größere Portionen auftaten, und er unternahm alles Erdenkliche, die Stimmung seiner beiden ihm noch verbliebenen Partner zu heben. Er war ein untadeliger Expeditionsleiter, und den einen gräßlichen Abend ausgenommen, als er Fogarty gedroht hatte, ihn zu erschießen, verlor er nie die Fassung. Seine Gruppe sah sich einer bitteren Zeit gegenüber, und er hatte alle Absicht, die Überlebenden sicher nach Hause zu führen. Nie, nicht einmal in seinen geheimsten, unausgesprochenen Gedanken, erkannte er irgendeine persönliche Schuld an der heraufbeschworenen Katastrophe. Er betrachtete sie als einen launischen Akt Gottes oder als eine Manifestation der menschenverachtenden Kräfte der Natur.

Harry Carpenter spielte den starken Mann. Sein buschiger Schnäuzer hatte sich zu einem ausgewachsenen Vollbart entwickelt, den er regelmäßig stutzte, und wenn er so in der Hütte saß, die schwere Kleidung, die er draußen zu tragen pflegte, abgelegt, dann konnte er als gutaussehender Mann gelten, nicht mehr so rauh wie vorher durch sein von Skorbutleiden schmerzverzerrtes Gesicht, sondern als Mensch, dessen aufrechte Haltung entspannt und keineswegs steif wirkte. Wenn er in Indien geblieben wäre, hätten seine Männer von ihm als »unserem guten alten Harry« gesprochen, und hier oben, in der Einöde Nordkanadas, war er derselbe. Er absolvierte nicht jeden Tag seine Runden auf der Bahn, dazu war er nicht in der Lage, aber als er spürte, wie Luton ihn ohne Worte deswegen tadelte, versuchte er es doch, kehrte jedoch nach einer Runde völlig erschöpft zurück.

Er las »Große Erwartungen« zum drittenmal, dieses Mal allerdings nicht laut, denn Luton und Fogarty machten geltend, sie hätten es schon beim erstenmal nicht sonderlich gemocht und beim zweitenmal nur noch die Zeitvergeudung bedauert. Es tat ihm leid, Fogarty seine Sorgen über den beginnenden Skorbut anvertraut zu haben, doch jetzt wünschte er, sich wirklich mit jemandem über diese Angelegenheit austauschen zu können. Mit Luton oder gar Fogarty zu reden schien unmöglich, ja geradezu ungehörig. Er erduldete seine kräftezehrende Krankheit schweigend in der Annahme, Fogarty habe Luton längst in Kenntnis gesetzt. In der Hütte herrschte tagein, tagaus eine Art verabredetes Stillschweigen, was sein Leiden betraf, und er selbst duldete eine Fortsetzung dieses Schweigens.

Fogarty glich in dem sturen Hinnehmen der Lebensbedingungen ganz seinem Herrn. An den Tagen, die er nicht mit der meist vergeblichen Suche nach Fleisch verbrachte, das ihr Überleben sichern sollte, lief er mit Luton ein paar Run-

den und hielt die hartnäckige Munterkeit bei, die jeden guten irischen Knecht zu einem Vorbild seines Berufsstandes machte. Obgleich nicht ausdrücklich von ihm verlangt wurde, seine Gefährten zu bedienen, bereitete es ihm noch immer Freude, morgens das Wasser zum Rasieren für Lord Luton aufzusetzen und das Messer am Streichriemen abzuziehen. Er kam Carpenter auf vielfältige Art und Weise zu Hilfe und war bemüht, sich seine gute Laune in ihrem beengten Quartier nicht verderben zu lassen. Er fand es schrecklich, daß sie einen zweiten Winter in dieser Umgebung verbringen mußten, und hielt mit geradezu atemloser Spannung nach jedem noch so kleinen Anzeichen von Frühling Ausschau. »Bald sind wir über die Berge, da bin ich sicher, und auf der anderen Seite gibt's Gold für alle!« Er war der einzige, der von Gold sprach, die anderen beiden waren nie sonderlich versessen darauf gewesen und jetzt nur noch mit der Kunst zu überleben beschäftigt.
Der Winter ging endlich wirklich seinem Ende zu, und mit ihm schwanden auch Carpenters Kraftreserven. Mit jedem Tag wurde er schwächer, bis er gegen Ende des Monats eines Morgens nicht mehr aus dem Bett kam, obgleich sich der Tag mittlerweile deutlich von der Nacht unterschied. Als Luton ihn fragte: »Kommst du mit raus, ein bißchen trainieren?«, meinte er feixend: »Ich schaue lieber vom Teezelt aus zu«, als machten sie sich für ein Cricketspiel bereit.
Am Tag darauf, als er von der Latrine zurückkehrte, bot sich Fogarty ein klägliches Bild: Harry Carpenter auf seinen geschwächten Händen und Knien, wie er sich mit einer Schaufel, deren langen Stiel er kaum halten konnte, abplagte, den gefrorenen Boden aufzukratzen, auf der Suche, wie der Ire gleich erkannte, nach Wurzeln, die eine Ausbreitung seiner Krankheit möglicherweise verhindern halfen. Offenbar war ihm kein Erfolg beschieden, aber mit der ruhigen Entschlos-

senheit, die ihn schon immer auszeichnete, setzte er sein vergebliches Schaben fort, bis er hinsackte, ermattet, die schwere Schaufel unnütz neben ihm.

Einen Augenblick überlegte Fogarty, ob er Carpenter zu Hilfe eilen sollte oder nicht, aber eine innere Stimme sagte ihm, ein solcher Mensch ziehe es vor, seine Probleme selbst zu lösen, und würde sich jede Einmischung von außen verbitten, also zog er sich zurück, außer Sichtweite, aber auf einen Posten, von dem aus er den Gestürzten im Auge behalten konnte. Nach einer Weile erhob sich Harry, benötigte ein paar Minuten, um wieder auf die Beine zu kommen, ging dann langsam zurück zur Hütte, die Schaufel hinter sich herziehend. Als er Fogarty erblickte, riß er sie mit einer scharfen Bewegung an die Brust, als handelte es sich um ein Gewehr.

»Hab' unsere Bahn mal ausgebessert«, sagte er im Vorbeigehen, doch als Fogarty sein aschfahles Gesicht sah, tat er einen tonlosen Schrei: Jesus im Himmel! Er wird sterben.

So tapfer und entschlossen Carpenter auch sein mochte, er kam doch unweigerlich ins Grübeln, über die Erbärmlichkeit des Todes in einer solch rauhen Umgebung, wo es an jeglichem mangelte, was sein Leiden besiegt hätte: Medikamente, richtige Ernährung, fähige Ärzte, Krankenpflege.

Die quälenden Überlegungen drehten sich jedoch nicht nur um seine eigene Person. Oft dachte er an seine Kusine Julia, neunzehn Jahre alt, als er sie das letztemal gesehen hatte. Sie war eine junge Frau, die nie schön sein würde, im üblichen Sinne des Wortes; sie hatte ja nicht einmal das, was immer als der »makellose englische Teint« bezeichnet wurde. Dafür war ihr das zu eigen, was Trevor Blythe erkannt hatte, ein wahrhaft glühendes inneres Feuer, so daß sich alles, was sie sagte, vernünftig anhörte und alles, was sie tat, irgendwie menschlich schien. »Die Beste aus dem Stall«, sagte Harry

leise zu sich selbst und rief sich ein Bild in Erinnerung, sah sie quer über den Rasen auf ihn zulaufen, übersprudelnd vor den unendlichen Möglichkeiten, die ihr das Leben bot, um ihn zu begrüßen, der von einer Safari in Kenia heimgekehrt war.
Darauf folgte ein Stimmungstief, denn er war im Laufe seines bewegten Lebens, vor allem bei im Ausland lebenden englischen Familien, einer Menge junger Frauen wie Julia begegnet, voller Ausstrahlung und ungeheurer Energie, aber nicht sonderlich gefragt auf den Heiratsmärkten, und wenn sie es in den Jahren zwischen ihrem zwanzigsten und dreißigsten Geburtstag nicht geschafft hatten, den einen Mann zu finden, der ihre innere Schönheit zu schätzen wußte, dann konnte es gut sein, daß sie nie einen fanden und sich im Alter von vierzig mit Cellospielen, Lesen und Handarbeit zufriedengeben mußten.
Wenn solche Gedanken ihn bedrängten, rief er sich Trevors letzten Wunsch ins Gedächtnis. »Wenn wir wieder daheim gewesen wären, hatte ich die Absicht, mit deiner Kusine, Lady Julia, zu reden. Bitte richte ihr das aus.« Jetzt war er gewiß, daß sie ihr Zuhause nie wiedersehen würden. Julia würde niemals erfahren, daß ein junger Dichter von bemerkenswertem Talent sie geliebt hatte, auch würde sie niemals das Geschenk in Empfang nehmen können, das diese Liebe zum Ausdruck brachte. Der Gedanke, daß er diese Mission nicht würde erfüllen können, verfolgte ihn so sehr, daß er sich zwei Tage lang schwere Selbstvorwürfe machte. Schließlich bat er um einen der letzten Bögen Papier, auf dem er versuchte, Julia von Trevor Blythes Tod und dem letzten Wunsch des jungen Mannes zu berichten: damit sie erfahre, er wäre heimgekommen, um sie zu seiner Frau zu machen. Er verfügte weder über die Kraft noch die Konzentration, den Brief zu beenden, und als ihm der Bleistift aus der fast

leblosen Hand glitt, erkannte er die wahre Bedeutung des Todes und murmelte, zu leise, als daß seine Gefährten es hätten hören können: »Es bedeutet, daß diese Liebesbotschaft nicht überbracht werden wird.«

Am Abend, angesichts der verzweifelten Stimmung, die seinen Freund befallen hatte, verkündete Lord Luton aufmunternd: »Was meint ihr, Männer? Es ist mal wieder soweit, über eine von den Konserven aus unserem Fort-Norman-Vorrat herzufallen.« Wie schon einmal öffnete Fogarty die Dose mit der Axt und holte die Pfanne hervor. Dieses Mal gelang es ihm, ein paar Wurzeln beizutun, die er aus dem aufweichenden Erdreich gerupft hatte, und als das Eintopfgericht ausgeteilt wurde, schmeckte es noch einmal so gut. Die drei lehnten sich zurück, fuhren sich mit der Zunge über die Lippen und bemerkten, was für eine wohltuende Wirkung eine gehaltvolle warme Mahlzeit auf einen vom Hunger geplagten Magen doch haben konnte.

Carpenter war allerdings bereits zu sehr von der Krankheit gezeichnet, als daß der neuerliche Lebensmut die Nacht über angehalten hätte, und am nächsten Morgen hatte er keine Kraft und keine Initiative, sein Bett zu verlassen. Luton, todunglücklich über den angegriffenen Zustand seines Freundes, setzte sich neben ihn und packte ihn an den Schultern: »Sieh doch ein, Harry, das bringt dich auch nicht wieder auf die Beine. Im Gegenteil.« Harry, im Glauben, es sei ein Vorwurf, er würde vorsätzlich simulieren, und aufgrund seiner Krankheit nicht mehr in der Lage herauszuhören, daß Luton bloß den forschen Offizierston imitierte, nahm seinem Freund den Vorwurf übel.

Seinen Kummer verbergend, erhob er sich, stellte sich auf die jämmerlich dürren Beine, deren Entzündungen nie geheilt, sondern eher noch schlimmer geworden waren, und meinte vergnügt: »Du hast recht, Evelyn. Ich könnte einen kleinen

Lauf vertragen.« Unsicheren Schrittes ging er auf die Tür zu und trat in die eisige Kälte hinaus, wobei er einen kurzen Moment stehenblieb, um Fogarty etwas zuzuflüstern. Die Worte konnte Lord Luton jedoch nicht hören.

Die beiden Zurückgebliebenen bestätigten sich gegenseitig, daß es seiner Gesundheit nur zuträglich sein konnte, ihn aus dem Bett gescheucht zu haben, aber da sie ihn nicht weiter im Auge behielten, sahen sie nicht, wie er an der Bahn vorbeilief, sie sahen nicht, wie sich aufgrund eines stechenden Schmerzes in der Herzgegend sein Tempo verlangsamte, und auch nicht, wie er anfing, sich die Kleidungsstücke vom Leib zu reißen, eins nach dem anderen. Zuerst der schwere Parka, runter damit! Die Wolljacke mit Doppelfüllung, weg damit! Unterjacke, ebenfalls aus Wolle, in den Schnee. Jetzt folgte sein gutes Leinenhemd und anschließend das Unterhemd aus Seide, bis er mit nacktem Oberkörper weiter in die Kälte hineintaumelte, die wieder auf mehrere Grade unter Null gesunken war.

Es wehte kein Wind, und so konnte er sich für einige Minuten vorwärts bewegen, doch dann versagten ihm die von Skorbut befallenen Beine den Dienst, und seine Lungenflügel fingen an, sich zu unterkühlen. Nach den Ästen eines verkümmerten Baumes greifend, hielt er sich aufrecht, und in dieser Haltung erfror er.

Als Harry noch immer nicht zurückkam, sagte Lord Luton zu Fogarty: »Sehr gut. Harry bringt sich wieder auf Zack.« Doch als seine Abwesenheit länger und länger dauerte, meinte er, offenbar Schlimmes befürchtend: »Fogarty, ich glaube, wir sollten uns Harrys Training einmal ansehen.« Von der Tür der Hütte aus starrten sie auf die Bahn, konnten aber nichts erkennen.

»Was kann bloß passiert sein?« fragte Luton, aber Fogarty hatte keine vernünftige Erklärung. Zögernd schritten sie auf das Oval zu, und Fogarty sah den rot-grauen Parka auf der Erde liegen und lief vor, ihn aufzuheben. Er bückte sich gerade, als Luton, hinter ihm herkommend, die Wolljacke sah, dann die Unterjacke und nicht weit davon entfernt den aufrecht stehenden Körper von Harry Carpenter, bereits festgefroren.

Zurück in ihrer Unterkunft, mochte Evelyn, verwirrt, wie er war, den Tod seines Freundes nicht einfach als einen bloßen Unglücksfall hinnehmen, womit bei langwierigen Abenteuern immer zu rechnen war. Mit vor Angst und Selbstzweifeln zitternder Stimme fragte er: »Was hat er Ihnen zugeflüstert, Fogarty?« Und der Ire antwortete: »Er hat sich anerkennend über Sie geäußert, Sir.«

»Was er gesagt hat, will ich wissen!« brüllte Luton hoch erregt, und Fogarty flüsterte: »Er meinte, halten Sie Evelyn bei Kräften, damit er den Aufstieg über die Berge schafft.«

»Welchen Grund hatte er dazu, so etwas zu sagen?«

»Er wußte, daß wir in der Falle sitzen ... wegen der Berge, über die Mr. Trevor geschrieben hat.«

Harrys mannhafter Selbstmord allein war nicht der einzige Schrecken, den Luton und Fogarty erleiden mußten. Im Moment des Schmerzes unfähig, ein Grab zu schaufeln, und nicht bereit, die Leiche in die Hütte zu bringen, sammelten sie seine verstreut herumliegenden Kleidungsstücke ein und drapierten sie wie Gewänder über den gefrorenen Körper, den sie im Schnee aufbahrten. Als sie am nächsten Tag wiederkamen, entdeckten sie, wovon sich die Raben in der Arktis ernährten.

Der Monat März erwies sich als besonders schwierig, denn mit dem Herannahen des Äquinoktialpunktes, wenn Tag und Nacht an allen Orten der Erde zwölf Stunden lang sind, hatten die beiden Überlebenden allen Grund zu der Annahme, der Frühling sei ausgebrochen. Sie wünschten nichts sehnlicher, als daß Schnee und Eis schmolzen, damit sie sich endlich auf den Weg machen konnten. Nichts dergleichen geschah jedoch. Die Tage wurden zwar merklich wärmer, und die Nächte, in denen die Kälte auf minus sechzig Grad absank, waren vorbei, aber die Temperatur blieb dennoch unter dem Gefrierpunkt.

Es war eine Zeit, die an den Nerven zerrte, und eines Tages, als Luton schon anfing zu befürchten, er selbst sei jetzt auch von Skorbut befallen, fuhr er Fogarty an: »Sie haben letztes Jahr damit geprahlt, Sie seien ein geschickter Wilderer. Um Gottes willen, dann machen Sie, daß Sie was fangen«, worauf Fogarty bloß entgegnete: »Ja, Milord«, aber trotzdem nichts vor die Flinte bekam.

Selbst in der Enge der Hütte behielt Lord Luton seinen Kastengeist, die Trennung in Gesellschaftsklassen, aufrecht. Fogarty war ein Diener, ein ungebildeter Mensch, der nur deswegen mitgeschleppt worden war, damit er den im Rang Höherstehenden half, und das vergaßen beide Seiten niemals. In den zwei Wintern, jeder über sieben Monate lang, hatte Luton seinen Diener niemals berührt, auch wenn dieser gelegentlich in Ausübung seiner Pflicht seinen Herrn anfassen mußte, und es wäre undenkbar für Luton gewesen, ihn mit seinem Vornamen anzureden. Wenn andererseits Fogarty Seine Lordschaft mit Evelyn tituliert hätte, es wäre einem Erdbeben gleichgekommen. Von diesen strikten Regeln, die sich über Jahrhunderte in den Köpfen der Menschen festgesetzt hatten, gab es kein Abweichen. Hatte Fogarty seinem Herrn etwas mitzuteilen, hieß es »Milord«, und nur »Milord«, selbst die Anrede »Sir« hätte in Lutons Ohren zu familiär geklungen.

Und doch gab es so etwas wie gegenseitigen Respekt zwischen den beiden. Lutons Expedition war mit fünf Mann ausgerückt, jetzt waren nur noch zwei übrig, und von Zeit zu Zeit hatte Luton der Gedanke amüsiert, wenn auch nie ausgesprochen, falls am Ende nur einer Dawson erreichen sollte, dann wahrscheinlich dieser zufriedene mondgesichtige Ire.

»Verflucht«, meinte Luton eines Tages zu sich selbst, als er Fogarty dabei zuschaute, wie er seine Runden auf dem Oval drehte, wo sich schon Matsch zu bilden anfing, »Bauern haben einfach einen stärkeren Überlebenswillen. Vermutlich gibt es deswegen so viele von ihnen.«

Gerechterweise muß man sagen, daß Luton nie Unterwürfigkeit von wirklich erniedrigender Art von seinem Diener verlangte. Die ursprüngliche Regel hatte noch immer Geltung: »Fogarty ist der Diener der Expedition, nicht irgendeines einzelnen Teilnehmers.« Und auf vielerlei Weise ließ er den Iren stillschweigend spüren, daß seine Dienste von Bedeutung waren und Hochachtung genossen. Es war ein Arrangement, das nur zwei wohlmeinende und durch und durch disziplinierte Menschen unter solch schwierigen Bedingungen aufrechterhalten konnten, und beide wußten, wenn sie sich getreu an die Verabredung hielten, hatten sie gute Aussichten, in dieser seltsamen Kombination sicher bis nach Dawson und zu den Goldfeldern zu gelangen.

Trotz ihrer Absicht, jeglicher Meinungsverschiedenheit, die ihre ohnehin gereizte Stimmung noch weiter angeheizt hätte, aus dem Wege zu gehen, hatte doch jeder eine unerschütterliche persönliche Haltung zu der Frage, was mit den vier übrigen Fleischkonserven geschehen sollte. Lord Luton als Nachkomme einer Familie von Ehrenmännern seit fünfzehn Generationen und Adligen seit neun Generationen bestand darauf, nach dem Verhaltenskodex der in Bedrängnis geratenen Aristokratie zu handeln: »Der Anstand gebietet es uns, die Konserven bis zum letzten aufzubewahren. Das

versteht sich von selbst, Fogarty, es wäre unmäßig, sich jetzt über sie herzumachen, wenn sie in einer noch verzweifelteren Situation dringender gebraucht würden.«
Fogarty auf der anderen Seite stammte aus einer der gewieftesten, widerstandsfähigsten Bauernfamilien, die Irland jemals hervorgebracht hatte, und wie jeder vernunftorientierte Pragmatiker betrachtete er die kostbaren Fleischkonserven nur als ein Mittel zum guten Zweck, und warum sollten sie sie dann nicht jetzt gleich öffnen, wenn sie am bittersten gebraucht wurden: »Bei aller Hochachtung, Milord, ich würde sagen, wir sollten auf der Stelle eine Dose öffnen und uns den Magen vollschlagen.«
»Ich will nichts davon hören, Fogarty. Die Dosen sind allein für den Notfall.«
Durch den Druck der äußeren Bedingungen und die Notwendigkeit von Entscheidungen schienen sich die beiden Männer allmählich auf einer gleichberechtigten Ebene zu bewegen, sich gegenseitig ergänzend, jeder notwendig für das Funktionieren ihrer Partnerschaft. Diese zeigte sich nirgends deutlicher als in der Zeit nach der Tagundnachtgleiche, als sie darüber zu befinden hatten, was in den erträglicheren Wochen, die ihnen die Rückkehr des Sommers mit Sicherheit bescheren würde, geschehen solle. Alles hing von einer entscheidenden Frage ab: »Die Canyons haben wir hinter uns. Sollen wir den restlichen Rumpf des Bootes wieder zu Wasser lassen, bis zum Oberlauf staken und dann über die Berge steigen, oder sollen wir unser Gefährt liegenlassen und uns gleich von hier aus in Marsch setzen?« Sie wägten das Für und Wider ab, wobei Luton diesmal Fogarty um seine Meinung bat, weil er schließlich doch noch zu der Einsicht gekommen war, seine früheren eigensinnigen Entscheidungen könnten in hohem Maße für den Tod von Blythe und Carpenter verantwortlich gewesen sein.

Erfreut, daß Luton endlich seinen Rat suchte, schlug Fogarty vor: »Behalten wir das Boot, Milord, denn damit können wir mehr Sachen transportieren«, worauf Luton entgegnete: »Aber wenn wir nur mit leichten Rucksäcken bepackt zügig marschieren, können wir es mit Sicherheit schaffen, bevor der nächste Winter einsetzt.«
Bei der nächsten Debatte verteidigte Fogarty die Rucksäcke, und Luton wollte an dem Boot festhalten, und auf diese Weise kam jede denkbare Gefahr, jeder mögliche Notfall zur Sprache und konnte eingeschätzt werden. Es war Luton, der den Mut aufbrachte, eine der schlimmsten möglichen Varianten näher zu untersuchen: »Fogarty, wir haben Menschen sterben sehen ... an Umständen, die unvorhersehbar waren. Wenn nur einer von uns überleben sollte, welcher Weg wäre dann der bessere?« Fogarty entgegnete, ohne zu zögern: »Wenn er am Leben und allein wäre, müßte er das Boot zurücklassen, denn sonst...« Und damit war die Sache erledigt: »Da wir beide am Leben bleiben werden, behalten wir das Boot so lange, bis es wirklich nicht mehr geht.«
Einmal die Wahl getroffen, verbrachten die beiden Männer einen großen Teil des Monats April damit, bis ins letzte Detail zu überlegen, was mit dem Boot bis zum Oberlauf und welche Ausrüstungsgegenstände von dort in den beiden Rucksäcken transportiert werden sollten. Das Zelt selbstverständlich, die für das Überleben in der Arktis wichtigen Werkzeuge und allen Proviant, insgesamt nicht viel. Er warf einen Blick auf die getrockneten Bohnen und die übrigen Nahrungsmittel; sie erhielten den Körper zwar am Leben, aber verhinderten nicht das langsame Sterben, wenn der Körper erst einmal von Skorbut befallen war. Und spürte er nicht erneut Anzeichen von Skorbut? Ein lockerer Zahn, ein Gefühl der Taubheit in den Zehen. Als Fogarty einmal nicht da war, sah er mit Schrecken, daß eine Vertiefung zurück-

blieb, wenn er den Zeigefinger in den rechten Oberschenkel drückte.

In diesem Augenblick verlor er zum erstenmal während der nun schon über zwanzig Monate währenden Expedition den Mut, aber als er Fogartys Schritte näher kommen hörte, nahm er Haltung an und präsentierte sich seinem Diener in der gewohnten Pose eines Gentleman, der sich noch immer zusammenzureißen verstand. »Fogarty, wir müssen uns wirklich endlich Fleisch besorgen.« Das war alles, was er sagte, aber der Ire sah auf den ersten Blick, daß Lord Luton die Überquerung der Berge nicht schaffen würde, wenn er, Fogarty, nicht bald ein Stück Wild heimbrachte.

Er machte sich daraufhin auf den wohl wichtigsten Jagdausflug seines Lebens, zog jeden Tag den zugefrorenen Peel River rauf und runter und hielt nach allem Ausschau, was sich bewegte, und jeden Abend, wenn er mit leeren Händen heimkehrte, zur maßlosen Enttäuschung seines ungeduldig wartenden Gefährten, konnte er sehen, wie Lord Luton die Schultern, nein, nicht hängenließ, sondern sie mit Entschlossenheit spannte. »Nicht aufgeben, Fogarty. Ich bin sicher, Sie werden uns schon noch was bringen.«

Von nun an vermißte man in Lutons Tagebuch den angenehmen Sprachfluß und die breit angelegten philosophischen Betrachtungen, die das Charakteristische der Eintragungen im letzten Winter ausgemacht hatten, als sich fünf tapfere Männer daranmachten, das gemeinschaftliche Leben in einer engen Hütte mitten in der Arktis zu erforschen. Eines Abends, Fogarty war wieder einmal mit leeren Händen heimgekehrt, schrieb Luton mit zittriger Schrift die unzusammenhängenden Satzfetzen:

»Wieder kein Fleisch. Rechten Zeigefinger ins Bein gedrückt, Fleck blieb stundenlang. Meine Kräfte lassen nach.

Wenn ich sterben sollte, furchtbare Einsamkeit, bitte Gott, dann mit dem Anstand von Trevor Blythe, dem Mut von Harry Carpenter. Für den Augenblick nur den einen Wunsch, daß Fogarty Karibu auftreibt.«

Nach diesem Eingeständnis der Verzweiflung verließ Luton die Hütte und wollte seine übliche Runde laufen, aber als er das Oval betrat, das Harry Carpenter in den Schnee getrampelt hatte, flimmerten plötzlich Bilder vor seinen Augen von ebendiesem seinem guten Freund, den er in den Tod getrieben hatte, von Philip, den der Mackenzie ihnen genommen hatte, und von dem Dichter Trevor Blythe, vielleicht der schmerzlichste Verlust von allen. Er fing an zu taumeln und sich mit eingebildeten Figuren zu schlagen. Fogarty, der von der Hütte aus jeden Schritt verfolgte, erkannte sofort, daß sein Herr in Schwierigkeiten war.
Ihm zu Hilfe eilend, hörte er, wie Luton den Wahngebilden zurief: »Ich sitze in der Schlinge! Der Kummer plagt mich! O mein Gott, wie konnte ich diesen Männern so etwas antun. Ich bin unfähig. Meine Unfähigkeit ist an allem schuld!«
Der Ire, der diese Beichte eigentlich nicht hören sollte, lief wie getrieben hinter Lord Luton her, holte ihn in einer Kurve ein und sagte im nüchternsten Tonfall, den er anschlagen konnte: »Milord, wir kommen in arge Bedrängnis, wenn wir nicht mehr Brennholz hacken.« Luton, den Kopf rüttelnd, um die grausamen Bilder davonzujagen, sagte: »Holen Sie die Äxte her.« Und während sie die bösen Geister durch schweißtreibende Arbeit zu vertreiben versuchten, bekam Luton wieder einen klaren Kopf. »Fogarty«, sagte er, »wenn Sie uns nicht bald was schießen ...« Und Fogarty wußte sofort, was er zu tun hatte: Sie waren dem Verhungern nahe, und das zuzulassen, obwohl noch die vier Fleischkonserven vorrätig waren, war töricht.

Seine Befehle ignorierend und sich die Axt unter den Arm klemmend, bevor Luton ihn zurückhalten konnte, marschierte er zurück zur Hütte, schnappte sich eine der geheiligten Dosen, hieb den Deckel runter, kippte das Fleisch in eine Pfanne und gab eine der letzten Zwiebeln sowie eine Handvoll Wurzeln hinzu. Als der Eintopf kochte, schöpfte er einen Napf voll und stellte ihn vor Luton hin, der nach unten schaute, auf das Essen, den verführerischen Duft einsog und mit der Gabel einen Fleischbrocken nach dem anderen herauspickte, sie aber nicht mit einemmal hinunterschlang und auch Fogarty nicht ausschimpfte dafür, daß er seinen Befehl mißachtet hatte.
Durch die unerwartete Nahrung wieder zu Kräften gekommen, schlief er fest, stand früh auf und rasierte sich wie jeden Morgen. Er verweigerte, sogar sich selbst, das Eingeständnis, wie nahe er noch gestern abend davor gewesen war aufzugeben; statt dessen kleidete er sich auf das sorgfältigste, nahm sein Gewehr von der Wand, stopfte sich die Tasche voll mit George Michaels Patronen und meinte: »Es kommt die Zeit, Fogarty, da muß ein Mann sich selbst sein Karibu schießen.« Damit stapfte er los und dachte bei sich: »Vielleicht der letzte Versuch. Meine Beine. Meine verfluchten Beine.«
Fogarty ging ihm selbstverständlich nach, und immer wenn er im Laufe des langen kalten Tages der nicht enden wollenden Kletterei über die schneebedeckten Eishügel überdrüssig war, machte er sich klar, daß es für Luton ums Ganze ging, und er hatte nicht das Herz, ihn zurückzuhalten. Es war gut, daß er ihn nicht zurückhielt, denn gegen Abend, als er Luton einholte, stießen die beiden auf eine Spur, die sie vor Erregung zittern ließ. Eine Herde großer Hirsche, genannt Wapiti, auf ihrer Wanderung Richtung Norden, wo sie im Sommer über lebten, war erst kürzlich hier entlanggezogen und hatte frische Spuren hinterlassen.

Die Tiere konnten nicht allzuweit entfernt sein, in dem Punkt waren sie sich einig, und so eröffneten sie die Jagd. Die Männer folgten den Spuren mit verzweifelter Kraft, aber als die silberhelle Nacht einsetzte, hatten sie die Wapiti noch immer nicht eingeholt. Es war eine große Versuchung, zum sicheren Lager zurückzukehren, doch Luton wies auf die Stelle, an der sie sich gerade befanden, als Zeichen, daß er hier seinen Hirsch erlegen wollte, und koste es ihm das Leben. Fogarty, der eine starke Zuneigung zu dem nüchternen Menschen verspürte, nickte nur mit dem Kopf. Die frühen Abendstunden über blieben sie auf ihrem Posten, die Nacht war nur kurz, jeder versuchte, ein bißchen Schlaf für die Anstrengungen des kommenden Tages zu bekommen. Um Mitternacht, der abnehmende Mond hatte seinen Höchststand erreicht, glaubte Luton, gehört zu haben, wie sich etwas bewegt hatte, im Osten. »Ich werde mal zu dem Hügel da drüben pirschen. Passen Sie gut auf, falls ich etwas Wild aufscheuche und es hier entlangkommt.«

Leise den Kamm des Berges erkletternd, auf dem kaum noch Schnee lag, brach ihm der Schweiß aus, denn direkt unter ihm, in einer offenen Lichtung, grasten fünf Wapiti, herrlich anzusehen, sehr groß, die gewaltigen Geweihe im Mondlicht schimmernd. »Sollte ich lieber Fogarty zu Hilfe rufen?« fragte er sich. Dann verwarf er den Gedanken wieder, es hätte nur die Tiere verscheucht. Er mühte sich, sein zitterndes Handgelenk unter Kontrolle zu bringen, und murmelte: »Ich werde selbst schießen oder hier an diesem elenden Fluß verrecken.«

Wie ein Waldgeist schleichend, pirschte er sich an die nichtsahnenden Tiere heran, sah noch einmal, was für herrliche Geschöpfe es waren, verneigte sich kurz zu einem Gebet, legte bedächtig das Gewehr an und drückte den Hahn ab. Fogarty, der den Schuß auf der anderen Seite des Berges gehört hatte, rief: »Großer Gott! Er ist alleine losgezogen, weil er sich erschießen wollte!« Er kletterte den Berg hoch, entdeckte vier oder fünf Hirsche über die freie Tundra jagen, und eine fürchterliche Panik ergriff ihn. Im selben Augenblick sah er auch schon Lord Luton, auf sein Gewehr gestützt, über ein erlegtes Tier gebeugt, dessen Geweih im Mondlicht schimmerte.

Als Fogarty auf den leblosen Körper zugestürzt kam, nickte er Luton ehrerbietig zu, der zurücknickte. Beide Männer machten sich daran, Holz zu sammeln, und als Fogarty ein beachtliches Feuer in Gang gesetzt hatte, fing er an, das große Tier auszunehmen. Eine wortlose Übereinkunft ließ ihn zunächst die Leber herausreißen, das erste Stück Fleisch, das sie an Stöcken aufgespießt über den Flammen hielten. Sich die Mäuler mit dem noch halbrohen Fetzen stopfend, rann ihnen das Blut am Kinn herab, und sie spürten förmlich, wie die lebenspendenden Säfte in die eigene Leber strömten, die Venen hinunter, in die Beine, die noch wenige Minuten vorher dem Schicksal preisgegeben schienen.

Fogarty, der bei den Gesprächen über Skorbut immer aufmerksam zugehört hatte, ließ sich jedoch nicht zu dem Glauben verleiten, Luton sei davon nun geheilt; er war nur für begrenzte Zeit zu Kräften gekommen, und in dem Bemühen, aus dieser vorübergehenden Besserung Nutzen zu ziehen, machte sich der Ire Harry Carpenters letzten Auftrag zu seinem Credo: »Sorg dafür, daß Evelyn bei Kräften bleibt, damit er den Aufstieg schafft.« Und von nun an setzte er alles daran, dieses scheinbar unmögliche Ziel zu erreichen.

Er eignete sich eine Gewohnheit an, die er während der übrigen Zeit dieser ungeheuerlichen Reise hartnäckig beibehielt: Drei- bis viermal am Tag ging er, mit einem Spaten und einem aus dem Hirschgeweih gedrechselten Erdbohrer bewaffnet, nach draußen und begann, an den aufgeweichten

Stellen zu graben, in der losen obersten Schicht Erde und Kies des Hochlandterrains, die sich schon einmal als Nährboden für Wurzeln erwiesen hatte. Er grub jedesmal etwa eine halbe Stunde lang, drang durch dünnes Eis bis in steinigen Boden vor, in dem sich ganze Netze von Wurzeladern fanden, von denen manche kleine Bäume hervorzubringen vermochten, andere mit Büschen verbunden waren und wieder andere nur die Fortsetzung von Gräsern bildeten. Wie andere auch, die auf diese Weise ihr Leben gerettet hatten, nahm er dankend an, was immer der Boden hergab, schüttelte den Dreck von den Wurzeln ab und trug sie zurück in die Hütte, wo er in der Glut des Herdfeuers immer einen Topf am Sieden hielt.

Aus diesen nahrhaften Wurzeln, mit viel Aufwand, Liebe und Leidenschaft gesammelt, bereitete er ein Hexengebräu, das auf unerklärliche Weise auch die gewünschten wertvollen Substanzen enthielt. Er und Luton zelebrierten das Trinken dieser scharfen Brühe wie einen heiligen Akt, fest daran glaubend, es würde Evelyn heilen und Fogarty davor bewahren, angesteckt zu werden – und das Wunder wirkte. Nach dem Fleischverzehr, um die Muskeln zu stärken, und der Brühe, die den Blutkreislauf und das Schutzsystem des Körpers neu belebte, kam der Tag, an dem Luton seinem Diener das Bein hinstrecken konnte, damit der Ire seinen Finger ins nackte Fleisch bohrte. Zur Freude beider Männer erwies sich das Fleisch als fest und elastisch; es blieb nicht länger ein Abdruck als rauhes Zeichen des Todes, es spannte sich erneut und nahm die frische rote Farbe der Gesundheit an.

Trotzdem blieb Fogarty dabei, weiter im Boden nach Wurzeln herumzusuchen, bis zu dem Frühlingstag, an dem Luton sagte: »Fogarty, ich glaube, es ist soweit. Wir sind jetzt beide kräftig genug, die Berge in Angriff zu nehmen.« Das Boot wurde beladen, das Schreckenslager abgebrochen, an den beiden rauhen Gräbern von Harry und Trevor ein letzter Gruß gesprochen, dann setzten die beiden Männer, ihre Beinmuskeln gestärkt, die Reise den Peel River hinauf wieder fort – wie zuvor ein Abwechseln von Staken und Schieben.

Hier gab es keine Stromschnellen, die es im eisigen Wasser zu durchwaten galt, und nach einer Zeit kamen sie an eine Stelle, an der sich der Peel teilte, ein Nebenfluß nach Westen abging, der andere nach Süden. Im Lager, das sie für die Nacht aufschlugen, überlegten sie, welchem Kurs zu folgen war. Noch einmal wurden die Karten hervorgeholt, als könnten sie nicht jedes Detail längst auswendig aus dem Kopf aufzeichnen. Schließlich richtete sich Luton auf, nahm die Karten, breitete sie auf dem Boden aus, legte als Gewicht einen schweren Stein darauf, stellte fest: »Sie haben uns gute Dienste geleistet, aber jetzt sind wir schlauer« und ließ sie unbeachtet liegen. Dann fügte er hinzu: »Ich fürchte, wir nehmen Kurs auf Amerika, wenn wir uns Richtung Westen halten. Wir steuern nach Süden.« Ihr Kompaß zeigte beständig Südsüdwest, bis sie ein in westlicher Richtung fließendes Gewässer schnitten.
Luton und Fogarty kämpften sich mit ihrem Halbboot die restlichen Meilen den Peel aufwärts und kamen schließlich in das Hochland, wo der letzte Nebenfluß nur noch so wenig Wasser heranführte, daß sich kein Gefährt mehr auf ihm halten konnte. Sie mußten sich von der »Sweet Afton« trennen; als ganzes Boot hatte es ihnen auf dem Mackenzie brav gedient, und wenn sie das halbe Boot durch die besseren kanadischen Flüsse und diese in der richtigen Reihenfolge gesteuert hätten, hätte es sie längst auf den Goldfeldern abgesetzt. Sie waren ein wenig traurig, daß sie es auf den

Strand gesetzt, am Fuß der Berge, die es jetzt zu überwinden galt, aufgeben mußten, und Lord Luton meinte anerkennend: »Gutes Boot, gut gebaut. Dein Fehler war es nicht.« Nach einem Salut machten er und Fogarty sich auf, die Rockies zu erklimmen.

Zwei Tage lang versuchten sie angestrengt, eine angenehme Methode auszuklügeln, mit der sich ihre gesamte Habe auf dem Rücken tragen ließ, wobei durch Packen und Umpacken der Ausrüstung viele erfindungsreiche Strategien erprobt wurden. Nachdem sich zahlreiche, zunächst vielversprechende Lösungen als untauglich erwiesen hatten, fand jeder für sich die Anordnung, die für ihn am besten war. Als Fogarty seine Last hochwuchtete und den Druck auf den Schultern zu spüren bekam, sagte er zu Luton: »Jedes Packpferd, das ich in meinem Leben für seine Faulheit schlecht behandelt habe, rächt sich nun und lacht sich tot über mich.« Sie teilten ihre Sachen in vier ordentlich verschnürte Bündel ein: zwei über vierzig Pfund schwere Rucksäcke, für jeden einen, und zwei bedeutend kleinere Tornister, die sie in die Hand nahmen oder unter den Arm klemmten. Bei der Zuteilung der Rucksäcke achtete Lord Luton peinlich darauf, daß ihm der schwerere der beiden aufgebürdet wurde, und es war immer er, der am zügigsten ausschritt, wenn sie morgens losmarschierten. Doch Fogarty, der hinterdreinzottelte, hielt ein wachsames Auge auf ihn; irgendwann im Laufe des Tages legte er dann eine Pause ein, in der er heimlich die Rucksäcke vertauschte und sich die schwerere Last auflud, und so näherten sie sich dem Höhenzug. Luton hatte natürlich schnell begriffen, was sein Wildhüter da tat, und als Gentleman und Leiter der Expedition, sosehr sich die Anzahl der Teilnehmer auch verringert hatte, hätte er sich unter normalen Umständen dagegen verwahrt, aber obgleich er sich von dem Skorbutbefall erholt hatte, war seine Körperkonstitution doch so angegriffen, daß er auf die Hilfe Fogartys angewiesen war und sie dankbar annahm. Jeden Morgen jedoch, wenn sie sich erholt auf den Weg machten, nahm er seine eigenen Packstücke auf, sagte sein aufmunterndes »Auf, auf, Fogarty, los geht's« und drängte kraftvoll vorwärts.

Die Landschaft, die sie durchzogen, stieg zu einer Kette niedriger, vollendet geformter Berge an, von denen irgendwann in grauer Vorzeit lose Gesteinsbrocken und Geröll in gigantischen Lawinen hinabgestürzt waren. Während sie hinaufkletterten, wobei sie nicht selten eine minutenlange Rutschpartie in Kauf nehmen mußten und zehnmal so lange brauchten, um wieder aufzuholen, sagte Luton: »Wissen Sie, Fogarty, diese Berge sind sehr alt.« Und als dieser schnaufte: »Woran kann man das erkennen?«, erläuterte Luton: »Erosion, im Winter der Schnee, im Sommer der Wind haben die zerklüfteten Spitzen zermürbt«, worauf der Ire entgegnete: »Also sind es eigentlich Hügel und keine Berge.« Luton klärte ihn weiter auf und sagte: »Wenn wir zur nächsten Kette überqueren, dann können Sie richtige Berge sehen. Junge Berge, alle schroff und mit spitzen Gipfeln. Dann wird unsere Kletterei auf die Probe gestellt.«

Während des Abstiegs auf den sanfteren Hängen im Westen warfen sie einen ersten Blick auf die drohend schroffen Berge, hinter denen Dawson lag. Zwischen ihnen und dem finsteren Labyrinth hoch aufragender Gipfel und zerklüfteter Abgründe erstreckte sich jedoch ein weites Tal von solcher Ödnis, daß beiden Männern der Gedanke, erst noch diese unbarmherzige arktische Tundra durchqueren zu müssen, ein Schaudern einflößte. Es war die reine Verzweiflung, eine so fremdartige Landschaft, wie sie Lord Luton auf seinen vielen Reisen noch nie gesehen hatte, ein Land ohne das geringste Anzeichen einer Hoffnung.

In diesen ersten Augenblicken, als sie die ganze Ausdehnung

der zwischen den Höhenzügen eingebetteten Wildnis erfaßten, beschäftigten Lord Luton Gedanken, die ihm Angst und Schrecken einjagten: Es gab keinen ausgewiesenen Weg durch die Ödlandfläche, nicht einmal eine Fortsetzung des in Abschnitten unvollständigen Trampelpfades, der sie vom Peel River bis zu den Bergen gebracht hatte; die kahle Gegend war fleckenartig übersät von unzähligen kleinen Seen, was darauf hindeutete, daß sie wahrscheinlich durch morastiges Schwemmland miteinander verbunden waren. Die Aussichten schienen so bedrohlich, daß er anhielt und abwog, wie ihre Chancen standen, überhaupt bis zu den gegenüberliegenden Bergen zu gelangen. Als er jetzt das Terrain überblickte, das er und Fogarty zu durchqueren hatte, winkte Luton den Diener an seine Seite und sagte: »Damit haben wir nicht gerechnet. Mr. Harry, der die Karten so sorgfältig studiert hat, hat das nicht...«

Seine Stimme verriet die Furcht, die er empfand, am Rande dieses vergessenen Landstrichs, doch dann sog er kurz die Luft durch die Nase, gab ein Räuspern von sich, als wolle er damit einen neuen Tag begrüßen, und meinte: »Eins ist doch wohl klar. Wenn wir bis hierher einem Fußweg gefolgt sind, und das haben wir zweifellos... Sie haben es selbst gesehen... Nun, dann muß der Weg ja von irgendwoher kommen. Er muß von Dawson City herkommen, das gleich hinter den Bergen am anderen Ende liegt. Es bleibt uns nichts anderes übrig, als dieses elende Tal zu durchqueren und die Berge zu erklimmen.« Aber Fogarty warnte: »Milord, die Berge sind zu steil. Wir können sie nicht einfach so überqueren, es sei denn, wir stoßen zufällig auf einen Paß, der uns hindurchbringt, aber ich kann keinen erkennen. Wir müssen dem Tal folgen, Richtung Westen, bis wir irgendwo am Hang einen Durchbruch finden.« Der Ire hatte es im Gefühl, daß Lutons Kräfte eine Besteigung derartiger Steilwände nicht

mehr standhalten würden, und fürchtete, daß auch zuviel seiner eigenen ihm noch verbliebenen Energie dabei draufgehen würde. Luton schwieg einen Moment, dann sagte er: »Nein! Es muß eine gefahrlose Route geben, und die gilt es zu finden. Halten Sie die Augen auf, Fogarty!« Sie ließen die relative Geborgenheit der Berge hinter sich und stürzten sich in die feindlich gesinnte Ödnis.
Als der Abend kam, mußten beide Männer eingestehen, daß sie auf dieser weglosen Ebene verloren waren. Nebel verhüllte die Höhen auf der anderen Seite, so daß kein Orientierungspunkt herausragte, nach dem sie sich hätten richten können, und die nicht enden wollenden Seen, eigentlich nicht mehr als eine Unzahl kleiner Sümpfe mit morastigen Rändern, verwischten jeden Weg, den es möglicherweise zwischen den beiden Bergketten gab, bis zur Unkenntlichkeit. Sie schliefen nur unregelmäßig in der ersten Nacht, versicherten sich gegenseitig: »Morgen werden wir den Weg schon finden«, doch glauben tat keiner von beiden daran.
Der nächste Tag, ihr erster in der kahlen Tundra, war ein Alptraum aus falschen Entscheidungen und blindem Herumirren im Dunkeln, während sich der leichte Nebel der letzten Nacht in schwere Wolken und prasselnden Regen verwandelte. Manchmal hatten sie den Eindruck, als liefen sie im Kreis, oder versanken in Sümpfen, die noch tiefer waren und sich noch hartnäckiger an ihre Körper klebten als die vorigen, so daß die Hoffnung auf eine geordnete Durchquerung des Tals dahinschwand. Bei Einbruch der Dämmerung, als der Regen nachließ und sich die Bewölkung im Osten auflockerte, sagte Fogarty, wie immer der Realist von beiden: »Milord, wir sind wieder an den Bergen angelangt, von wo wir gestern aufgebrochen sind. Ich seh' die Stelle, an der wir rausgekommen sind. Ich weiß auch, wo der Weg verläuft, und wenn wir jetzt gleich losmarschieren, können wir

ihn zurückverfolgen, den Peel abwärts und, noch bevor der Winter einsetzt, wieder in Fort Norman sein.«

Luton, im Morast herumstochernd, einen Platz zum Schlafen suchend, unterbrach sein Tun, kehrte sich zu Fogarty um, starrte ihn an und sagte ganz ruhig: »Ich habe nicht gehört, was Sie da soeben gesagt haben. Morgen, bei Tageslicht, werde ich ein Stück in der Richtung auskundschaften. Sie machen dasselbe in der entgegengesetzten Richtung. Jeder versucht, den anderen immer im Blickfeld zu behalten. Wollen wir doch mal sehen, ob wir den gesuchten Weg nicht schneiden. Er muß hier irgendwo sein. Es geht nicht anders.«

So zog am nächsten Tag, als sich die Wolkendecke erneut schloß und die Ausweichroute zurück zum Peel River nicht mehr sichtbar war, der kleine Spähtrupp los, wie Luton vorgeschlagen hatte, er selbst übernahm die Nordflanke, Fogarty wandte sich Richtung Süden, bis beide sich fast aus den Augen verloren. Wenn sie nichts gefunden hatten, riefen sie jeweils den Namen des anderen, winkten mit den Armen und trafen wieder in der sumpfigen Mitte zusammen, marschierten ein Stück vorwärts, um dann einen erneuten Versuch seitwärts zu starten. Es war ihnen kein Erfolg beschert, und als der Abend kam, mußten sie sich eingestehen, daß sie sich verirrt hatten.

Die Hoffnung hatten sie jedoch nicht verloren, denn als sie ihre mageren Rationen aßen, meinte Luton verbissen: »Es muß einen Pfad durch diesen Morast geben. Morgen finden wir ihn, und dann geht es auf dem schnellsten Weg nach Dawson City.«

Am dritten Tag mit Nebel und Regen waren sie nur noch tiefer in das höllische Tal aus Seen und Eishügeln und knöcheltiefen Sümpfen eingedrungen. Am Abend gab sich auch Luton keiner Täuschung mehr hin: »Fogarty, zum erstenmal fürchte ich, daß wir glatt versagt haben ...«

»Milord, den Weg zurück zu den Hügeln, wo wir zuerst waren, finde ich bestimmt noch wieder.«

»Es waren Berge«, entgegnete Luton geziert, »und die werden wir auf keinen Fall noch einmal zu Gesicht bekommen.«

»Sie wollen also unbedingt weiter vorrücken?«

»Jawohl.« Es kam so unverfälscht und mit einer solchen Endgültigkeit, daß jeder Gentleman auf der Stelle begriffen hätte, eine gegenteilige Meinung war nicht zugelassen, doch Fogarty blieb unbeirrt: »Sie meinen also...«

Ehe Fogarty seine Frage formulieren konnte, sagte Luton: »Fogarty, wenn ein Mann sich auf eine Reise begibt, dann beendet er sie auch.«

»Und wenn er sie nicht beenden kann? Wenn es keinen Weg auf Gottes weiter Welt gibt, keine Chance, die Reise zu beenden?«

Luton ging nicht darauf ein, und in dieser Nacht schlug er sein Lager nicht neben dem des Iren auf. Bei Morgendämmerung erhoben sie sich mit neuer Hoffnung: Der dichte Nebel hatte sich aufgelöst. Doch noch bevor sie aufbrechen konnten, einigte sie ein gemeinsamer Kampf, aus purer Selbstverteidigung, denn der überfallartige Angriff einer der grausamsten arktischen Feinde sollte ihnen bevorstehen. Es fing mit einem leisen Summen an, das Luton zunächst nicht ohne weiteres einordnen konnte. Die gegnerische Vorhut signalisierte nach einem ersten Erkundungsflug an die wartende Armee das Zeichen zum Angriff, und innerhalb weniger Augenblicke machte sich eine verheerende Horde schwirrender Ungeheuer über die Männer her, attackierte sie dermaßen, daß sie in Angst und Panik versetzt wurden.

»Fogarty!« brüllte Luton gänzlich unherrschaftlich los. »Moskitos!« Und ehe sich der Ire in Schutz zu bringen vermochte, war er von Tausenden dieser Schreckensbiester der Arktis umringt.

Die ersten Minuten der Attacke waren entsetzlich. Niemand, der nicht mit den Ödlandflächen der Arktis vertraut ist, kann sich vorstellen, was ein Überfall dieser Art bedeutet. Viele Länder sind berüchtigt wegen ihrer Moskitos, aber die Spezies dort sind ausgesprochen zahm im Vergleich zu denen in der Arktis, und Lord Luton hatte sich und seinen Partner auch noch mitten in ein Brutgebiet geführt: ein Sumpfland kleinerer Seen, das den geflügelten Peinigern konstant feuchten Boden lieferte.

Bevor die beiden Männer Gelegenheit fanden, ihrem Gepäck das Moskitonetz zu entreißen – den Mackenzie ohne ein solches Netz entlangzufahren wäre glatter Selbstmord gewesen –, waren sie schwarz von Insekten. Die Stiche waren so unaufhörlich und schmerzhaft, daß die beiden, wenn sie nicht schnell Schutz unter dem Netz gefunden hätten, bei Anbruch des Abends sicher zu Tode gebissen worden wären, so hartnäckig hielten sich die Angreifer. Als sie sich endlich unter dem grünen Geflecht eingerichtet hatten, war ihnen ein Überleben sicher, obwohl die Insekten sie zu Tausenden umschwärmten und darum kämpften, nur eine einzige Öffnung in dem Kokon zu erobern, durch die sie Zugang zur Beute drinnen gehabt hätten.

Sekunden nach dem Eröffnungsangriff waren die Knöchel der beiden Männer übersät mit brennenden Stichen, und erst als Luton seinem Diener zeigte, daß man die Hosenbeine mit einem Stück Seil festbinden mußte, ließen die Tiere ab. Es wurde ein langer, schrecklicher Tag, und die Männer hatten alle Hände voll damit zu tun, sich vor neuerlichen Angriffen zu schützen, so daß jeder Gedanke weiterzuziehen, nach Westen, auf die Bergkette zu, wo immer sie auch genau liegen mochte, absurd erschien. Als die Nacht endlich anbrach und mit viel Geduld ein Feuer aus feuchten Ästen in Gang gebracht worden war, die Insekten in Schach zu halten,

mußten Luton und Fogarty notgedrungen wieder Seite an Seite schlafen, um gemeinsam etwas von der aufkommenden Wärme zu haben und sich um das Feuer zu kümmern. Bevor sie sich gute Nacht wünschten, sagte Luton: »Das war kein guter Tag, Fogarty. Noch ein paar mehr solcher Tage, und...«
»Ich finde bestimmt noch zum Peel zurück...«
Bei Erwähnung dieses ihm widerwärtigen Flußnamens schüttelte sich Luton und sagte: »Wir sind einer Herausforderung verpflichtet, und je furchtbarer sie wird...«
Der Ire machte sich seinen eigenen Reim auf das Ende des Satzes: »Er hat die Absicht weiterzumarschieren, bis wir untergehen.« Er schlug ein Kreuz auf seiner Brust und tat den Schwur: »Und ich werde so lange bei ihm bleiben, bis es soweit ist.« Doch dann fügte er noch hinzu: »In dem Augenblick, in dem sich seine Augen zum letztenmal schließen – ab zurück zum Peel und nach Fort Norman.«
Der nächste Tag war der schlimmste, den die beiden erleben sollten, denn mit Heraufziehen der Dämmerung und dem Erlöschen des qualmenden Feuers schlugen die Schwärme mit wiedererlangter Kraft zu, stürzten sich gierig auf jeden Quadratzentimeter nackter Haut. Sie senkten ihre Rüssel tief in die Haut, wobei ihre Stiche ein starkes Reizmittel freisetzten, so daß Luton und Fogarty das ungehemmte Verlangen verspürten, sich zu kratzen, aber gaben sie dem nach, gaben sie auch mehr Haut preis, die umgehend schwarz von neuen Schwärmen war. »Meine Güte, das ist ja entsetzlich!« rief Luton, das Netz zurechtrückend, um die kleinen Geschöpfe von Gesicht und Augen fernzuhalten, nur Fogarty verlor seinen Galgenhumor nicht, als er bei einem neuerlichen Angriff an zahlreichen Stellen seines Körpers gleichzeitig murmelte: »Halten Sie sich fest, Milord, sonst fliegen die noch mit Ihnen weg.«

Allmählich fanden die beiden Männer ein makabres Vergnügen daran, sich gegenseitig auf das geschickte Vorgehen ihrer Widersacher aufmerksam zu machen. »Sehen Sie sich bloß diese Naht an meinem Handschuh an«, bemerkte Luton. »Man sollte meinen, nicht mal ein Windhauch würde sich dadurch zwängen können, aber sie schaffen es.« Zu spät stellte Fogarty fest, daß die Insekten auch über sein Gesicht hergefallen waren, indem sie durch einen winzigen Schlitz in seinem Netz drängten; sie hatten es bereits beim ersten Anlauf erspäht. Keine Öffnung, kein Loch in der Kleidung war zu unerheblich, als daß diese mörderischen Kreaturen es nicht genutzt hätten. Wie mörderisch sie waren, darüber wußte die Tradition der Arktis zu erzählen, die überreich war an Geschichten von ungeschützten Männern, die im Sommer festgehalten und von Millionen von Moskitos, die ihnen ohne Unterlaß zusetzten, in den Tod getrieben worden waren. Auch gab es viele Fälle, in denen Karibus oder sogar Pferde durch überwältigende und unbarmherzige Attacken getötet worden waren.

In der gesamten Natur gab es kein vergleichbares Tier zum arktischen Moskito; glücklicherweise tauchte es nur wenige Wochen zum Ende des Frühjahrs und im Sommer auf, aber wenn seine Zeit angebrochen war, fürchteten sich die Menschen, und die Tiere suchten höhere Lagen auf, wo Winde die Plage fernhielten.

An diesem gräßlichen Tag sollten die beiden Männer keine höhergelegene Zuflucht finden; es fand sich keine, meilenweit nur das unbarmherzige Tundrasumpfland, von Myriaden von Moskitos bevölkert, die ihre Überfälle in ungebrochenen Phalanxen aufrechterhielten. Am frühen Morgen wurde Lord Luton von einem solchen Schwarm heimgesucht – eine halbe Million vielleicht, die in Wellen auf ihn losging und den Himmel verfinsterte –, daß er vor Verzweiflung die Hände vors Gesicht warf, als die mörderischen Horden durch einen Riß im Netz eindrangen. In diesem Moment spürte er, hielt der Sturm den ganzen Tag über mit dieser Gewalt an, dann würde er tatsächlich rasend werden, wie man es von Karibus hörte, wenn sie unablässig von Moskitos angegriffen wurden.

Zum Glück entdeckte Fogarty das Loch in Lutons Insektenschutz sehr schnell und flickte es mit ein paar Halmen, die er in die angrenzenden Maschen verwob. So wurde sein Herr gerettet, aber keiner von beiden hatte mehr Hoffnung, sie würden überleben, wenn diese höllischen Qualen noch Tage anhalten sollten, vor allem deswegen nicht, weil ihre Vorräte begrenzt waren und sie keine genaue Vorstellung davon hatten, wo die Berge im Westen genau lagen.

Über Trinkwasser verfügten sie noch, und Fogarty machte den Vorschlag: »Milord, das war ein schlimmer Überfall, den Sie da über sich ergehen lassen mußten. Füllen Sie Ihren Magen mit klarem Wasser auf. Es gibt einem Menschen Mut, wenn er da unten etwas spürt ... egal, was.« Doch als der Ire Luton zu einem der Tümpel führte und sie sich gemeinsam hinknieten, um zu trinken, fanden sie die Wasseroberfläche übersät mit Abermillionen schwarzer, sich windender Larven, aus denen, noch während sie zusahen, fertige Moskitos schlüpften. In Schwärmen erhoben sich die Insekten von dem See, um sich ihres kurzen Lebens zu erfreuen, zwei, drei Wochen kreuz und quer über die Tundra zu jagen, ständig auf der Suche nach lebenden Wesen, in deren Körpern Blut strömte. Luton und Fogarty, als willkommene Köder ihnen in die Wiege gelegt, fielen sie so gnadenlos an, daß an Trinken nicht mehr zu denken war. In dieser verzweifelten Situation verlor Luton beinahe die Beherrschung: Er bebte, wehrte sich wie ein zur Niederlage verurteilter Boxer mit unwirklichen Bewegungen seiner Hände und blickte Fogarty hilflos an.

Bevor er einen Ton herausbringen konnte und damit seine Selbstaufgabe offenbart hätte, sah er, wie sich hinter dem Iren etwas bewegte. War's ein Tier, oder gar zwei? In der Erwartung, auch noch aus dieser Richtung angegriffen zu werden, rannte er zurück, um sein Gewehr zu holen, und hätte auf die vermeintlichen Tiere gezielt, wenn nicht Fogarty sein unsinniges Vorhaben im voraus geahnt und die Waffe im letzten Moment zur Seite gestoßen hätte, so daß die Kugel bloß durch die Moskitoschwärme schoß, die sich von der Wasseroberfläche erhoben.
»Milord, es sind Indianer!« Als Luton das Gewehr senkte, erblickte er zwei Indianer vom Stamm der Han, von denen er zwei Vertretern schon mal an der Peelmündung begegnet war. Ein stämmiger, dunkelgesichtiger Mann mit schwarzem, knapp über den Augen in gerader Linie geschorenem Haar schritt auf sie zu, neben ihm eine lebhafte kleine Frau, um den Hals ein Kettenschmuck aus Seemuscheln und an den Füßen mit seltenen Perlenmustern verzierte Schuhe. Ein paar Schritte vor den beiden Männern blieben sie stehen und fielen auf die Knie. Aus der Art, wie sie alles gründlich in Augenschein nahmen, selbst die Rucksäcke untersuchten, schloß Fogarty, daß sie in freundschaftlicher Absicht gekommen waren und die Tundra durchquert hatten, um zu sehen, ob sich die Weißen nicht verirrt hatten und Hilfe brauchten. Mit grenzenloser Freude, die sein gemartertes Hirn reinigte, eilte Luton auf die überraschten Indianer zu und rief, sich an Fogarty wendend: »Sehen Sie! Es gibt doch einen Weg durch diese Wildnis! Sie sind gekommen, um ihn uns zu zeigen!« Einen Schritt vor den Indianern blieb er plötzlich wie angewurzelt stehen, als hätte ihm jemand eine Faust ins Gesicht gestoßen, denn die Indianer waren gehüllt in eine Wolke aus fauligem Gestank. Als Fogarty näher kam, brach er jedoch in Lachen aus und zeigte auf das Gesicht des Mannes: »Eine Art

Tierfett, wahrscheinlich ranzig. Hält Moskitos ab, aber stinkt erbärmlich.«

Luton hatte recht mit seiner Vermutung, daß die Indianer gekommen waren, um ihnen beizustehen; sie hatten die Wanderer aus der Ferne beobachtet und den Schluß gezogen, daß sie sich verlaufen hatten und in eine gefährliche Lage geraten waren. Ihr Stamm hatte sein Sommerlager jenseits dieses menschenfeindlichen Landstrichs aufgeschlagen, und einige Angehörige hatten den langen Weg zu der Handelsniederlassung der Hudson's Bay Company in Fort Norman auf sich genommen, wo sie ihre Pelze gegen Gewehre, Äxte und metallenes Kochgeschirr eintauschten, das bei ihrem Volk so beliebt war. Im Augenblick befanden sie sich nicht auf einer solchen Reise, denn es war wenig wahrscheinlich, daß ein Mann aus dem Stamme der Han-Indianer seine Frau zu diesem Handel mit Fremden, zudem mit Weißen, mitgenommen hätte. Sie hielten sich in diesem rauhen Land nur auf, um den Polarhasen nachzustellen, doch diese Absicht war jetzt vergessen, denn Menschen beizustehen, die sich offenbar verirrt hatten, das war eine andere Sache.

Lord Luton konnte sich allerdings nicht vorstellen, wie er sich mit diesen Menschen verständigen sollte, die kein Englisch beherrschten und auch keine Kenntnisse in anderen Sprachen hatten, außer ihrer eigenen, und es ärgerte ihn, weil er nicht imstande war, ihnen die Notlage, in der er und Fogarty sich befanden, zu schildern. Der Ire dagegen fand keine Schwierigkeit, mit den Indianern über die mißliche Lage zu kommunizieren, mit weit ausladenden und erfindungsreichen Gesten beschrieb er Fort Norman, den Mackenzie River, den Peel River mit seinen furchtbaren Stromschnellen sowie die Fahrt durch die westliche Bergkette und schließlich die Moskitoüberfälle.

Als das verstanden schien, die Han-Indianer begeistert zu-

stimmend mit dem Kopf nickten und noch durch eigene Bemerkungen ergänzten, ebenfalls in Zeichensprache, wandte sich Fogarty den Goldfeldern in Dawson zu, und er brauchte nur, wieder wild gestikulierend, eine halbe Goldmine weit zu graben, als seine Zuhörer ihm bedeuteten, ja, sie wüßten von dem Fund am Klondike, da einige Angehörige ihres Stammes dort gearbeitet und andere als Führer für die Strecke vom Oberlauf eines Flusses, wahrscheinlich des Porcupine oder irgendeines anderen, bis Dawson gedient hätten. Ja, sie wüßten, die Moskitos seien zu dieser Jahreszeit fürchterlich. Ja, es gab Wild zwischen diesen vielen Seen. Und am wichtigsten vor allem, ja, sie würden die beiden Männer durch das Labyrinth von unzähligen Seen und endlosen Sümpfen entlang der Wege geleiten, die in höhere Lagen führten, wo die Moskitos weniger grausam waren.
Als Fogarty mit seinen Gebärden nach einer direkten Route durch die Berge auf der anderen Seite fragte, schüttelte der Indianer sein Haupt und zeigte beharrlich das Tal hinunter, womit er andeuten wollte, daß sie sich nur an die weniger herausragenden Erhebungen zu halten brauchten, um am anderen Ende des Tals auf zwei vergleichsweise einfache Paßwege zu stoßen, die sie durch die Berge bringen würden. Dann wandte er sich der ihnen am nächsten liegenden Bergkette zu, die Luton vorgehabt hatte zu erklimmen, und fing an, mit den Armen in der Luft zu wedeln, als wollte er sich am nackten Felsen hochhangeln, und stürzte dann plötzlich auf den Boden. Seine erstaunten Zuhörer begriffen, sie wären mit Sicherheit umgekommen, wenn sie sich an diese Höhen gewagt hätten; beim Sturz in irgendeinen ungeheuren Abgrund hätten sie den Tod gefunden.
Aus Beuteln, die sie um die Taille geschnürt hatten, nahmen die Indianer gegen Abend ein paar Brocken Dörrfleisch, von dem sie immer einen ganzen Vorrat mitnahmen, wenn sie

durch die Tundra marschierten. Sie deuteten an, eine Art Schmorgericht in dem kleinen Metalltopf bereiten zu wollen, den sie dabeitrugen, und führten die beiden Fremden zum Ufer des Sees, aus dem Luton sich noch kurz zuvor wegen der Moskitolarven geweigert hatte zu trinken, tauchten den Topf ein und schöpften reichlich. Fogarty sah, daß es im Wasser immer noch von Larven wimmelte, und machte Zeichen, ob ihre Köche die heftig rudernden Tierchen nicht abschöpfen wollten, doch die Frau schüttelte energisch den Kopf und ließ erkennen, daß die Larven, mit etwas frischen Wildfleischbrocken verkocht, nicht nur wohlschmeckend, sondern auch nahrhaft waren.

Nach dem Mahl schichteten die Indianer ein stark qualmendes Feuerchen auf und benutzten dazu ein aromatisches Gras, das sie unterwegs gesammelt hatten und das Insekten auf höchst wirkungsvolle Weise fernhielt. Die Männer schliefen gut in jener Nacht, und bevor sie die Augen schlossen, raunte Luton seinem Diener zu: »Sie haben uns das Leben gerettet. Wir müssen sie gut entlohnen.«

Was dann am nächsten Tag geschah, kam wie ein Schock für Lord Luton, ließ seine eher herablassende Art gegenüber den Han-Indianern wie Schnee an der Sonne schmelzen, von nun an brachte er ihnen seine Hochachtung entgegen. Denn nachdem sie die Männer zu dem Fußweg geführt und ihnen den Paß durch die Berge gezeigt hatten, bestanden sie darauf, daß die Fremden den Weg verließen, was Luton nur widerwillig tat, und sich eine Stelle neben einem klaren See ansahen. Sie fanden dort drei Erdhügel vor, jeder von der Größe eines Grabes, und da, wo sonst der Gedenkstein steht, waren drei kleine Steinhaufen aufgeschichtet.

»Wer?« fragte Fogarty in Zeichensprache, und so deutlich, daß es nicht mißzuverstehen war. Sie erklärten, daß die Leichen von drei Weißen stammten, so weiß wie er selbst,

daß sie sich ebenfalls verirrt hätten und an Moskitostichen, Wahnsinn und Hunger zugrunde gegangen wären. Wahnsinn veranschaulichten sie durch Wirbeln der Zeigefinger neben den Ohren und Schließen der Augen, dann taten sie so, als taumelten sie ihrem Tod entgegen.
Luton war ungeheuer berührt von der Erzählung: »Verdammt, wir müssen den armen Seelen ein christliches Begräbnis geben.« Zu Fogartys Erstaunen stellte sich Luton barhäuptig vor den Gräbern auf, rezitierte lange Passagen aus dem kirchlichen Gesangbuch und endete mit der Zeile: »Himmlischer Vater, nimm verspätet die Seelen dieser guten Menschen auf, die in ihrer Wildnis Gibeons den Tod fanden.«

Drei Tage benötigte das Indianerpaar, seine Gäste quer durch das einsame Plateau bis zu den ersten Erhebungen der zerklüfteten Bergkette zu führen. Gesund und heil angekommen, deuteten sie an, daß von hier aus zwei gut markierte Pfade nach Dawson führten, weiter wollten sie die beiden Männer nicht begleiten. Am Abend, als die vier Wanderer ihr letztes bescheidenes Mahl miteinander teilten, richtete Lord Luton in schwungvoller Rede dankbare Worte an seine Erretter, die sie nur leider nicht verstehen konnten: »Geliebte Freunde, Führer und Helfer. Als ich euer Volk das erstemal sah, überwältigt von der Fremdartigkeit Edmontons, da sah ich euch als Wilde. Als ihr uns halftet, die Peel-Mündung zu finden, machte ich mich lustig darüber, daß euch ein harmloses Teleskop verwirrte. Und sogar noch als ich euch als unsere Erretter auf uns zukommen sah, während ich am Ufer des stinkenden Moskitotümpels kniete, wollte ich auf euch schießen, weil ich euch für Tiere hielt. Ich war eitel und blind und überheblich, und ich bitte um eure Vergebung, denn ich verdanke euch mein Leben.«

Natürlich konnten sie sich auf keins seiner Worte einen Reim machen, doch Fogarty behob dieses Unverständnis, indem er zu erkennen gab, daß er, Luton und die Indianer dasselbe Lager geteilt hätten, dasselbe Essen zu sich genommen hätten. Sie waren ein Stück des Weges gemeinsam marschiert, hatten gegen Moskitos angekämpft, hatten an den Gräbern ein Gebet zusammen gesprochen und hatten das Land des Todes durchquert. Durch diese Gemeinsamkeiten seien sie Brüder geworden, und als Angehörige der großen Menschheitsfamilie würden sie ihr letztes Nachtlager nebeneinander aufschlagen. Bevor sie sich schlafen legten, flüsterte Luton: »Ich habe den Gestank fast liebgewonnen. Erinnert mich an die Erlösung vor den Moskitos und an die Seenwüste.«

Am nächsten Morgen sahen sie sich bereits der nächsten Schwierigkeit gegenübergestellt, denn obgleich sie jetzt die einsame Wüstenei hinter sich hatten, wo der Beistand der Han-Indianer von lebenswichtiger Bedeutung gewesen war, hatten sie immer noch die strapazenreiche Reise nach Dawson vor sich, und da galt es nun, zu entscheiden, welcher der beiden grundsätzlich verschiedenen Routen sie folgen sollten.

Die erste Route war die einladendere: eine Nordwestpassage, die über vergleichsweise niedrige Berghänge zum Yukon führte, nur wenige Meilen flußabwärts von Dawson, wo die Wanderer in ein amerikanisches Linienboot umsteigen konnten, das sie flußaufwärts zu den Goldfeldern bringen würde. Die andere Möglichkeit war die Südwestpassage, die direkt ins Hochland führte und auf der anderen Seite runter nach Dawson; sie verlangte allerdings echte Kletterkünste. Es gab jedoch noch einen zweiten entscheidenderen Unterschied: Die rechtsseitige Route schob sich in den amerikanischen Teil des Nordens; die linksseitige dagegen verlief ausschließlich auf kanadischem Boden, und obwohl Luton nicht nach-

prüfen konnte, ob das auch den tatsächlichen Gegebenheiten entsprach, denn seinen Karten fehlte es an Genauigkeit, war er noch immer so fest entschlossen, amerikanischen Boden zu vermeiden, daß er resolut seine Stimme erhob: »Wir nehmen die Bergroute.«
Als die Indianer die beiden Männer sich anschicken sahen, den schwierigeren Aufstieg zu nehmen, machten sie erneut ihre Vorbehalte deutlich, deuteten mit mühsam gesetzten Schritten und gebeugten Rücken an, daß die gewählte Route schlecht sei, sprangen dann leichtfüßig den tiefergelegenen Paßweg entlang und imitierten sogar ein Boot auf dem Fluß. Zum erstenmal im Laufe ihrer gemeinsam verbrachten Tage war Fogarty verlegen um Handzeichen, die den Indianern erklärt hätten, daß sein Begleiter von der Idee besessen war, diese Reise, die sich zu einer Tortur entwickelt hatte, allein auf Empire-Gebiet zu machen und selbst im letzten Augenblick der Marter ein Betreten amerikanischen Bodens auf jeden Fall zu vermeiden. Der Ire hatte sogar Probleme, für sich selbst eine vernünftige Erklärung dafür zu finden, warum Luton auf der schwierigeren Route beharrte, aber als Bestätigung seiner früheren Entscheidung in jener Nacht, als sie sich blindlings in die weglose Tundra gestürzt hatten, vermittelte er den beiden Indianern jetzt in Worten, die weder sie noch er verstanden: »Er führt. Ich gehe« und folgte Luton entschlossenen Schrittes auf dem Hochlandpfad.
Gleich auf der ersten Meile dieser Steinwüste mit ihren spitzen Gipfeln und tiefen Schluchten zeigte sich, daß der letzte Abschnitt ihrer Reise nicht leicht zu nehmen sein würde, denn obgleich die Kette nicht außergewöhnlich hoch war – wenig über sechstausend Fuß –, war sie sehr schroff, und an manchen Stellen konnte der gut zu erkennende Pfad so steil verlaufen, daß man alle Kraft aufwenden mußte, um ihn zu erklimmen. Ja, der Aufstieg stellte solche Anforderun-

gen, daß die beiden Männer sich genauso verhielten wie andere Bergsteiger vor ihnen: Je höher der Weg führte, desto mehr wurden sie ermuntert, sich kleiner Gegenstände der Ausrüstung, die sie nicht länger zu gebrauchen meinten, zu entledigen, und dieser Impuls wurde noch verstärkt durch die Erkenntnis, daß ihr Ziel immer näher rückte. So fingen sie, ohne groß Aufhebens davon zu machen, an, all die Bürden beiseite zu werfen, von denen sie jetzt glaubten, ohne sie auskommen zu können: ein Hammer, ein teures Seil, eine der beiden Äxte, unzählige Dinge, einst in Ehren gehalten, jetzt zu schwer, um mitgeschleppt zu werden.
Es gab allerdings ein Bündel von massigem Gewicht, das allein Lord Luton tragen durfte, die restlichen Fleischkonserven, denn nachdem Fogarty – wenn auch in einer Notlage – ungefragt eine Dose geöffnet hatte, konnte man ihm die Aufsicht über sie nicht mehr anvertrauen; Luton wußte, daß von ihrem kostbaren Inhalt möglicherweise abhing, ob die Expedition bis zu ihrem erfolgreichen Ende geführt werden konnte. Einmal, als sie sich morgens zum Aufstieg rüsteten, wuchtete Fogarty den Rucksack mit den Dosen hoch und meinte: »Schwer, Milord, zu schwer.« Aber Luton, der die Last lieber selbst übernahm, entgegnete: »Nicht, wenn unser Überleben davon abhängt.«
Der Aufstiegswinkel war steiler, als Luton erwartet hatte, eine gleichmäßige, quälende Steigung, einen kaum erkennbaren, von Steinen übersäten Trampelpfad entlang, ohne jähe seitliche Abgründe wie im Hochgebirge, aber für die beiden Kletterer mit ihrer geschwächten Körperkonstitution doch eine furchtbare Strapaze. Luton spürte, wie das schwere Gewicht der Fleischkonserven nach hinten zog, aber seltsamerweise spornte die zusätzliche Bürde ihn noch an, denn immer wenn er die vertraute Last fühlte, war er beruhigt: »Verhungern werden wir in den Bergen jedenfalls nicht.«

Als dann jedoch der Weg steiler und steiler wurde, beobachtete Fogarty, mit seinem eigenen Gepäck hinter seinem Herrn hertrottend, wie Lutons Schritte anfingen zu taumeln und sich sein Tempo verlangsamte; manchmal sah es gar so aus, als ob er Gefahr liefe, vornüber auf die Knie zu fallen, so erdrückend war die Last. In solchen Momenten übernahm der Ire durch ein geschicktes Manöver die Führung und hielt nach einem Rastplatz Ausschau. Sobald er einen geeigneten gesichtet hatte, stöhnte er laut auf, als sei er derjenige, der am Ende seiner Kräfte angelangt sei – »Milord! Der da sieht einladend aus« –, und warf sein Gepäck ab, als könnte er unmöglich noch einen Schritt weitergehen.

Das wiederum versetzte Luton in die Lage, so zu tun, als wollte er sich nach vorne drängen und weitermarschieren und ließe sich nur höchst ungern und nur, um seinem Kameraden einen Gefallen zu tun, breitschlagen, eine Pause zu machen. Nach einem kurzen Halt, den beide dringend nötig hatten, war Luton als erster wieder auf den Beinen, als könne er es kaum erwarten, den Aufstieg fortzusetzen, aber ohne es Luton kaum jemals merken zu lassen, schnallte sich Fogarty dessen schweren Rucksack auf den Rücken, und so nahmen die beiden ihren Gewaltmarsch wieder auf.

Das Wunder der Arktis stand ihnen dabei hilfreich zur Seite, denn die letzten Frühlingstage zogen sich endlos in die Länge, über zwanzig Stunden, während deren sie klettern konnten. Immer höher drängten sie, unter Mühen und eingetaucht in das fahle, silbrige Dämmerlicht, unterbrachen kurz ihre Wanderung, um auszuruhen oder zu schlafen, und standen wieder auf, als kündige sich wie gewohnt ein neuer Tag an. Indes, am Ende senkte sich doch Nacht über sie, so unwirklich sie auch war, und wieder standen sie vor der Frage, was sie essen sollten.

»Wir können nicht immer so weiterklettern, ohne irgendwann etwas zu beißen zu kriegen«, gab Fogarty am zweiten Abend zu bedenken, wobei er den Rucksack anstarrte, in dem Luton die übrigen Fleischkonserven aufbewahrte. »Das ist Ihr Metier«, entgegnete Luton, »Sie sind hier der Jäger. Also los, gehen Sie schon!« Verzweiflung schimmerte in seinen Augen. Und doch verweigerte er sich standhaft jeglicher Überlegung, ob es nicht vernünftiger sei, eine der Büchsen aufzumachen. »Nein! Nein! Wir müssen noch Fetzen von dem Dörrfleisch haben, das uns die Indianer überlassen haben«, worauf sie in ihren Taschen nach Essensresten kramten und glückselig auf ihnen herumkauten, wenn sie ein paar Bissen gefunden hatten.

Als sie sich dem Gipfel ihres kräftezehrenden Aufstiegs näherten, gelang es Fogarty, eine von ihrer Herde abgekommene Ziege zu erlegen, ein wirkliches Meisterstück, bedenkt man die Scheu dieser herrlichen Tiere. Immer wenn sie anschließend aus den kleinen Zweigen, die sie trotz der Anstrengung im Laufe des Tages gesammelt hatten, ein Feuer machten und ihnen der Duft des geräucherten Fleisches in die Nase strömte, nutzte Luton die Gelegenheit und sagte großmütig: »Ausgezeichneter Schuß, Fogarty! Noch keinen besseren gesehen.«

Die Kletterei am Hang war erbarmungslos, doch wie steil der rauhe, durch frühere Goldsucher ausgetretene Trampelpfad auch sein mochte, die beiden trösteten sich mit dem Gedanken, daß der Yukon nicht mehr weit sein konnte, und ließen den Mut nicht sinken. Am Ende eines außergewöhnlich schwierigen Aufstiegs, als Fogarty, der die schwerere Last auf sich genommen hatte, vor Erschöpfung niedersank, das Ziegenfleisch war längst verzehrt, stand er auf, ging unerschrocken zu Lord Lutons Rucksack, riß das Paket mit den Konserven auf, nahm eine heraus, schlug sie mittendurch und reichte Luton die eine Hälfte. Da das Fleisch vor dem Eindosen durch Dampf gut gar gekocht worden war, konnten sie es so essen, aber das Mahl verlief in grimmigem Schweigen, denn Luton fühlte sich schwer gekränkt. Zum Schluß, wohlwissend, daß er schon aus Anstand irgend etwas sagen mußte, damit sie sich nicht beide voll Verbitterung schlafen legten, bemerkte er: »Hier oben belästigen uns wenigstens keine Moskitos.«

Fogarty reichte das nicht. »Milord, ich bin fast gestürzt heute. Mein Rucksack ist einfach zu schwer. Wir müssen die Büchsen aufessen, und Sie müssen mir beim Tragen helfen.«

Ruhig und ohne das geringste Anzeichen von Verstimmung oder Unmut entgegnete Luton: »Sie haben recht, Fogarty. Wir brauchen die Nahrung, und Sie brauchen Hilfe, aber fassen Sie noch einmal die Dosen an, bringe ich Sie um.«

Fogarty verzog keine Miene. Einen Finger an die Schläfe legend, meinte er versöhnlich: »Das ist das zweite Mal, daß Sie mir damit drohen. Das erste Mal, weil ich scheißen mußte, jetzt, weil ich esse. Anscheinend bringt mich meine Verdauung immer in Lebensgefahr.« Er sagte das mit so liebenswürdigem Humor, daß Luton ihm diese Vertraulichkeit einfach nicht übelnehmen konnte.

Am Abend darauf war Fogarty am Ende der Klettertour so ausgehungert, daß er befürchtete umzukippen. »Milord, sollen wir nicht noch eine Dose öffnen?« flehte er, doch Luton blieb unerbittlich: »Wir horten sie für den Augenblick, wenn die Lage wirklich verzweifelt ist«, worauf sich Fogarty schüchtern erkundigte: »Wenn ich im Sterben liege, wäre dann der Augenblick gekommen?« Und Luton antwortete: »Ich bin fest davon überzeugt, daß wir Dawson erreichen, Sie und ich. Und diese Dosen sind vielleicht der letzte Ausweg.« Ostentativ rückte er den Rucksack mit den Fleischkonserven als Kissen unter seinen Kopf und legte sich mit dem Gewehr quer über der Brust schlafen.

Sie kämpften sich den letzten Felsturm hoch; nur ihr ursprünglicher Mut hielt sie noch aufrecht, ein Mut, auf den sich fast alle Menschen in extremen Situationen verlassen können, aber den zu beweisen nur wenige jemals aufgerufen sind. Fogarty, sich keuchend hochhangelnd, war an der Spitze, Lutons Sonderrationen um die Schultern gebunden, als er mit stiller Freude feststellte, daß der Gipfel erreicht war. In das bewaldete Tal hinunterblickend, das im Westen auf sie wartete, wandte er sich um und sagte leise: »Von hier, Milord, geht's nur noch bergab.«
Luton täuschte vor, kein Wort verstanden zu haben, er sah auch nicht hinunter auf die Route, die offen vor ihnen lag; er stand mit dem Rücken zum Ziel gekehrt, sein Blick galt den höllischen Abgründen, die sie mit so ungeheurer Mühe erklommen hatten. Während er so dastand, erschöpft, den Rücken gebeugt, obwohl Fogarty die Hälfte seiner Last übernommen hatte, wanderten seine Gedanken die Hänge hinab, über den Horizont und den versteckt liegenden Peel River hinaus, zurück zu jener einsamen Hütte, in der Trevor gestorben und von der aus Harry in seinen Tod aufgebrochen war. Es war ihm nicht möglich, irgendein Gefühl des Triumphes zu empfinden.
Doch dann riß Fogarty ihn aus seinen Gedanken an die schicksalsträchtige Vergangenheit heraus, hieß ihn sich umdrehen und den Blick der verheißungsvollen Zukunft zuwenden, und als er Lutons Aufmerksamkeit auf sich gezogen hatte, wiederholte er die aufmunternden Worte: »Von jetzt ab geht's nur noch bergab.« Luton schenkte Fogartys Bemühungen, ihn aus seiner Lethargie zu reißen, keinerlei Beachtung, schaute weiter zurück auf den rauhen Weg, den sie gekommen waren, und ließ die Schultern so tief herabhängen, daß der Ire fürchtete, sein Herr sei den Tränen nahe. Mit einem Seufzer, der Fogarty erschauern ließ, sagte Luton

dann: »Es muß einen einfacheren Weg durch das Flußdelta und durch die Berge gegeben haben, aber es war uns nicht vergönnt, ihn zu finden.« Noch in diesem Augenblick, da ihr Martyrium dem Ende zuging, sträubte er sich, jede Verantwortung für die verhängnisvollen Entscheidungen zu übernehmen: Noch immer war es die unversöhnliche Natur, die alle Schuld trug.

Noch während er die Worte formulierte, mit denen er sich selbst freisprach, spürte er intuitiv, daß er vor seinem Diener eigentlich eine entschlossenere Haltung einnehmen müßte. Er reckte sich plötzlich, hob den größeren, schwereren Pakken an, holte sich von Fogarty auch seinen zweiten kleineren Rucksack, übernahm mit einem kühnen Schritt die Führung und gab einen Befehl von sich, aus dem Begeisterung und Autorität klang: »Bringen wir es hinter uns, Fogarty! Dawson muß sich hinter der nächsten Kurve verstecken!« Und schon zogen sie los, auf den letzten Abschnitt ihrer Reise, in gehobener Stimmung, da sie endlich die Berge überwunden hatten, die ihnen von Anfang an ein Hindernis gewesen waren.

Es war ein denkwürdiger Tag im Juni, als Fogarty, in der führenden Position, hinter einer Wegbiegung verschwand und plötzlich ausrief: »Milord, da liegt es!« Luton hastete hinterher, spürte einen Schwindel und schüttelte ein paarmal den Kopf, um klar sehen zu können. Unter ihm, auf einer schmalen Landhöhe, einen großen Fluß entlang, standen die Zelte und falschen Fassaden des Ortes, der Dawson City sein mußte. Es endgültig und in Wirklichkeit vor sich sehend, nicht als Trugbild, verfielen die beiden Männer in Schweigen. Was hatten sie nicht alles besiegt und hinter sich gebracht: Skorbut, Temperaturen von minus sechzig Grad, Stromschnellen, über die ihr Boot mit bloßen Händen getragen werden mußte, die mörderischen Moskitos – nun hatten sie ihr Ziel erreicht, nach dreiundzwanzig Monaten und beinahe zweitausendeinhundert Meilen durch die Hölle. Keiner von beiden zeigte sich besonders erfreut oder brach in Siegesgeheul aus, aber auch keiner verriet dem anderen die Dankgebete, die er gen Himmel schickte, nur Lord Luton wußte, was einem Gentleman im Augenblick eines so außergewöhnlichen Triumphes gut zu Gesicht stand. Er wies Fogarty an, ihr Lager in dem baumbewachsenen Areal, das zum Flußufer hin abfiel, gut zu kaschieren, damit niemand aus Dawson sie sah, bevor sie nicht wirklich bereit waren für ihren Auftritt. »Fogarty, wir betreten die Stadt mit Stil«, sagte er, und zwei Tage lang hielten er und der Ire sich von der Stadtgrenze fern, reinigten ihre Ausrüstung, wuschen ihre Kleidung und richteten ihr äußeres Erscheinungsbild wieder her. Einem kleinen Etui, noch aus seiner Zeit bei der Armee, entnahm er Nadel und Faden, und den überwiegenden Teil des zweiten Tages thronte er auf einem Felsen und stopfte die Löcher in seiner Jacke. Fogartys Bart stellte noch ein Problem dar. »Er muß runter«, verlangte Luton. »Es wäre nicht standesgemäß, wenn ich glattrasiert herumliefe, aber Ihnen diesen Wildwuchs erlaubte. Es würde so aussehen, als würde es mir nichts ausmachen.«

»Ich würde ihn gern behalten, Milord. Er war ganz nützlich gegen die Moskitos.« Gnade wurde jedoch nicht gewährt, und den Nachmittag des zweiten Tages verbrachte Fogarty damit, Wasser zum Kochen zu bringen, den dichten Bart einzuseifen und an den Rändern herumzuschnippeln, jedesmal aufjaulend, wenn der Schmerz unerträglich wurde. Am Ende warf er das Messer zu Boden: »Ich kann nicht«, worauf Luton das Messer aufhob und sagte: »Also gut, ich schon.« Und zum erstenmal während der langen Reise berührte Lord Luton seinen Diener freiwillig.

Er hieß ihn auf einem Baumstamm Platz nehmen und deckte seinen dichten Bart mit soviel Schaum ein, wie ihre letzten Seifenreste hergaben. Dann packte er Fogarty am Schopf, kippte seinen Kopf nach hinten der warmen Junisonne entgegen und fing an, ihm die Barthaare samt Wurzeln auszureißen. Fogarty befreite sich, sprang auf die Beine und brüllte: »Ich mach's lieber selbst!« Und den Rest des Tages, bis in den Abend hinein, schlug er sich, bewaffnet mit einem alten, ausgedienten Messer, das er fast fünfzigmal über den Streichriemen zog, mit seinem Bart herum, legte nach und nach immer mehr seiner glatten irischen Gesichtshaut frei. Zur Schlafenszeit sah er ganz ansehnlich aus, ein schlanker, robuster, rotgesichtiger Mann, der ebenso wie Lord Luton dazu beigetragen hatte, die Truppe zusammenzuhalten.

In der Nacht, als Fogarty nicht hinsah, nahm Lord Luton eine der beiden übriggebliebenen Fleischkonserven aus seinem Gepäck, stellte sie auf einen abgeflachten Felsen und legte leise das Beil daneben. Als Fogarty schließlich aufsah, war er überwältigt, und nach einer kurzen, schmerzlichen Pause, in der keiner von beiden vor Freude ein Wort sagen konnte, nahm der Ire das Beil an der Schneide in die Hand und schob Luton den Holzgriff hin. »Es sind Ihre Dosen, Milord. Sie haben sie bis hierher geschleppt. Ich überlasse Ihnen die Ehre.«

Nachdem das Fleisch ordentlich angerichtet war, durchwühlte Fogarty die Ausrüstung nach Krümeln, die sich dort noch versteckten, und bereitete einen letzten Eintopf, den er auf höchst vornehme Weise seinem Herrn servierte: »Ein Löffel für Sie, einer für mich, denn, Milord, nicht einmal während der ganzen Reise hat jemand von uns die Regel fürs Essen durchbrochen. Keiner hat heimlich etwas zu sich genommen, keiner auf Kosten der anderen gelebt.« Als Luton nichts entgegnete, fügte der Ire hinzu: »Und Sie schließen die Reise, wie Sie gesagt haben: Am Ende ist noch Fleisch übrig. Sie haben uns hierhergebracht.« Erst jetzt reagierte Luton: »Es ist so, wie der gute Mr. Trevor in jener Nacht im Zelt gesagt hat. Ein guter Dichter hat immer schon die Schlußzeilen seines Gedichtes im Kopf, wenn er anfängt zu schreiben. Dasselbe gilt für den Leiter einer Expedition. Er bricht mit der Absicht auf, sein Ziel zu erreichen.« Er schwieg einen kurzen Augenblick, dann verhärtete sich seine Stimme. »Ob Skorbut oder arktische Kälte, er erreicht sein Ziel.«

Wirklichen Ärger gab es erst wieder im Morgengrauen, als Fogarty sich anschickte, allen unnötigen Krempel der Ausrüstung, den er die ganze Zeit über mühsam mitgeschleppt hatte und der jetzt wertlos geworden war, in eine nahegelegene Schlucht zu werfen. »Schmeißen wir das ganze Zeug auf den Müll, zusammen mit der verfluchten allerletzten Konservendose, die uns noch geblieben ist!« schrie er, doch bevor er das in die Tat umsetzen konnte, hielt Luton ihn mit einem Warnschrei zurück. Fogarty drehte sich um und blickte in das vor Wut aschgraue Gesicht Seiner Lordschaft.

»Fogarty! Wir haben einen weiten Weg zurückgelegt, einen sehr weiten. Lassen Sie uns heute als Männer von Ehre in Dawson einmarschieren, als Männer, die ungeschlagen sind.« Zu Fogartys Erstaunen breitete er alle Gegenstände aus, die angeblich nicht mehr in ihre Rucksäcke paßten, und führte vor, wie man sie richtig packte und jeden Winkel dabei ausnutzte.

Als alles ordentlich verpackt bereitstand, kontrollierte Luton den Sitz des Rucksacks auf Fogartys Rücken, dann die Kleidung des Iren, wischte hier und da ein bißchen herum und sagte: »Wir werden das wuchernde Nest da unten betreten, als hätten wir noch hundert Meilen vor uns.« Fogarty blieb ehrlich: »Milord, ich könnte keine hundert Meilen mehr marschieren«, worauf Luton sagte: »Ich schon.«

Um acht Uhr früh am nächsten Morgen, am 21. Juni 1899, marschierten Lord Luton, hochgewachsen, aufrecht und glattrasiert, zusammen mit seinem Diener Tim Fogarty, der in angemessenem Abstand von drei Schritten folgte, in Dawson City ein, als kämen sie als Eroberer. Als der Polizeichef Samuel Steele von der Mountain Police erfuhr, daß Lord Luton eingetroffen war, eilte er die Straße hinunter, um ihm entgegenzugehen, und nahm gleich mehrere Stapel Briefe aus London mit. Luton hatte für derlei Dinge jedoch im Augenblick kein Interesse; seine einzige Sorge galt den Telegrammen, die er sofort an die Familien seiner drei verstorbenen Kameraden aufgeben wollte. Jede Nachricht schloß mit dem Satz: »Sein Tod ist einem Akt Gottes und menschlichem Fehlverhalten zuzuschreiben. Er starb einen tapferen Tod, umgeben von seinen Freunden.«

Zufrieden darüber, daß er sich dieser unangenehmen Pflicht entledigt hatte, wollte er gerade die roh zusammengezimmerte Hütte, die als Telegraphenstation diente, verlassen, als Fogarty mit Nachdruck sagte: »Ich möchte meinen Leuten auch Bescheid geben.« Luton, sein Erstaunen über die Vermessenheit des Dieners kaschierend, antwortete: »Na los, machen Sie schon«, worauf Fogarty entgegnete: »Ich habe kein Geld, Milord.« Luton blickte fragend. »Und das ganze Geld, das Sie mit Haareschneiden verdient haben? Vier Kunden, zwei Jahre lang?« Fogarty schaute dem Mann, der ihn von so weit aus Irland bis hierher geführt hatte, ehrlich ins Gesicht: »Das Geld will ich behalten. Ich brauche es vielleicht noch, wenn ich mir eine Goldmine kaufe.« Luton lächelte eisig. Soviel Dreistigkeit hatte er von seinem Diener nicht erwartet. »Also noch eins«, sagte er zu dem Telegraphisten, »nach Irland. Ich zahle.« Nach sorgfältiger Überlegung schickte Fogarty seiner Frau eine Nachricht mit genau sieben Worten: »Ankunft Goldfelder. Alles in Ordnung. Brief folgt.«

Während Fogarty sein Telegramm formulierte, teilte der Polizeichef Lord Luton mit, daß einige großzügige Geldspenden aus London eingetroffen seien, »auszuhändigen an Lord Lutons Mannschaft, sollte sie jemals ihr Ziel erreichen«. Der Absender, der Marquis von Deal, hatte im Sommer des Jahres 1898 mit der Ankunft seines Sohnes in Dawson City gerechnet; ein Jahr zu früh.
Steeles Auskunft erinnerte Luton an den Stapel Briefe, den er noch immer in der Hand hielt. Einen dicken, mit der markanten Handschrift seines Vaters versehenen Umschlag riß er als ersten auf und überflog die erste Seite. Beim Lesen versteifte sich seine Haltung, und Steele erkundigte sich, ob der Brief schlechte Nachrichten enthielt. Luton starrte ihn an, als sehe er durch ihn hindurch, faltete den Briefbogen zusammen und schob ihn zurück in den cremefarbenen Umschlag. Sein älterer Bruder, Nigel, war bei einem Jagdunfall auf ihrem irischen Landsitz getötet worden. In Lutons unnachgiebigen, adligen Gesichtszügen waren keinerlei Anzeichen der widerstreitenden Gefühle zu erkennen, die ihn überwältigten: Schreck über seine neue Verantwortung als Erbe des Marquisats; Schmerz über den Tod seines Bruders, den er geliebt und geschätzt hatte; und Verstörtheit ob seines freudlosen Sieges, daß er Dawson erreicht hatte trotz aller niederschmetternden Fehlschläge unterwegs. Den Kopf gesenkt, murmelte er: »Ein bitterer Nachgeschmack, der bleibt. Aber es gab auch schöne Momente. Und jeder aus unserer Gruppe hat sich kameradschaftlich aufgeführt. Das muß ich sagen, Fogarty eingeschlossen.«
»Wollen Sie noch zu den Goldfeldern aufbrechen?« fragte Steele. Luton starrte ihn verwundert an und sagte keinen Ton. Mit Gold hatte er nichts im Sinn, er dachte nicht einmal daran. Er konnte sich nicht erinnern, wie er überhaupt angefangen hatte, sich dafür zu interessieren, jetzt jedenfalls ging

ihn das Ganze nichts mehr an. Als Steele später diese Geschichte anderen erzählte, sagte er: »Er sah mich an, als hätte er das Wort noch nie in seinem Leben gehört. Allerdings sind viele Menschen, die über Edmonton nach Dawson kamen, nie bis zu den Goldfeldern gelangt. Anscheinend waren sie damit zufrieden, überhaupt lebend angekommen zu sein.« Die Beamten aus Steeles Behörde stellten einmal folgenden Abriß über die Einreise via Edmonton zusammen:

»In den Jahren 1897 bis 1899 brachen insgesamt fünfzehnhundert Personen aus Edmonton auf, Männer und Frauen zusammengerechnet, ohne zwischen Kanadiern und Ausländern zu unterscheiden. Über die Hälfte kehrte zurück, ohne jemals den Klondike erreicht zu haben. Mindestens siebzig Menschen fanden unterwegs den Tod, unter ihnen die Kräftigsten und die für das Leben in ihrer Heimat am besten Gerüsteten. Von den weniger als tausend Menschen, die bis zu den Feldern vordrangen, ist nicht bekannt, daß einer von ihnen auf Gold gestoßen ist, und nur einige Fälle, in denen tatsächlich ein Claim abgesteckt wurde, allesamt in nicht ertragreichen Flüssen. Die meisten, die es bis hierher schafften, machten auf der Stelle kehrt und begaben sich auf den Heimweg, ohne den Versuch zu unternehmen, die Goldfelder wenigstens einmal zu sehen. Der berühmteste Heimkehrer von allen war wohl Lord Luton, der zukünftige Marquis von Deal, dessen Bruder kurz zuvor verstorben war.«

Mit dem zielsicheren Vorgehen, das er an jenem 21. Juli in Dawson an den Tag legte, erlangte Luton lokalen Ruhm. Um acht Uhr morgens betrat er mit Fogarty die Stadt, um neun wurde ihm die Post ausgehändigt, die sich angesammelt hatte und die er gleichgültig entgegennahm, wobei er sich

nicht einmal die Mühe machte, alle Briefe zu öffnen; anschließend schickte er seine Telegramme, und um zehn, nachdem er offiziell den Tod von drei Angehörigen seiner Mannschaft gemeldet hatte, entdeckte er den alten Heckraddampfer »Jos. Parker« vor Anker im Hafen. Als er sich nach dem Zielort erkundigte, wurde ihm mitgeteilt: »Der junge Bursche drüben bei Ross & Raglan kann Ihnen Auskunft geben.«
Ohne einen Augenblick zu zögern, marschierte er die matschige Straße hinunter zu der Niederlassung der Schiffahrtsgesellschaft und verlangte zwei Billets nach Seattle. Ein aufgeweckter junger Angestellter erklärte: »Die Boote von hier haben einen zu flachen Tiefgang. Unseres fährt nur bis St. Michael.«
»Wie komme ich von da weiter?« fragte Luton streng, und der Angestellte entgegnete: »O Sir, einer unserer eleganten neuen Dampfer nach Seattle erwartet Sie und nimmt Sie an Bord, sobald Sie angekommen sind.« Als Luton seinen Namen unter das Reisedokument setzte, meinte der junge Kerl: »Evelyn, ein lustiger Name für einen Mann«, worauf der edle Lord aus großer Höhe auf ihn niederstarrte.
Als er sich anschickte zu gehen, brummte er in sich hinein: »Ich bin über Edmonton gekommen, weil ich amerikanischen Boden vermeiden wollte. Jetzt begebe ich mich mitten ins Herz dieses verfluchten Landes.« Er schüttelte den Kopf: »Der einzige Ausweg wäre, dieselbe Route zurückzugehen, die ich gekommen bin, aber das wäre Wahnsinn.«
Er drehte sich zu Fogarty um und hielt ihm die Schiffskarte für den Dampfer hin, eine Geste, die so unpersönlich und gleichzeitig erniedrigend war, als wollte er damit sagen: »Hier, die Karte, kommen Sie an Bod, wenn Sie wollen«, daß der Wildhüter sie einfach übersah und zu Lutons Überraschung in vergnüglichem Ton meinte: »Nein, Milord, ich bin

mit der Absicht hierhergekommen, eine Goldmine zu finden, und das werde ich auch.«

»Soll das heißen ...«, stammelte Luton, »Sie kommen nicht mit?«

»Nein, Milord«, antwortete Fogarty forsch. »Wir sind in ein freies Land gekommen, und ich habe vor, eine Goldmine zu betreiben ... mein eigener Herr zu sein.«

Es lag kein Groll in dem, was er sagte, auch nicht darin, wie er es sagte, und nachmittags, als ein etwas verwirrter Lord Luton die Falltreppe bestieg, die ihn für immer von Fogarty trennen würde, bewies der Ire noch einmal seinen guten Willen und bot ihm an, die beiden kleinen Gepäckstücke zu tragen, das eine vollgestopft mit in Dawson gekaufter Kleidung, das andere der Rucksack, den er ohne Murren mit eiserner Entschlossenheit die ganze Zeit über geschleppt hatte. »Lassen Sie«, sagte Luton und gab den Rucksack zurück, »der ist für Sie. Der wird Ihnen auf den Goldfeldern nützlich sein«, worauf er, wie es seine Art war, ungerührt weitertrottete.

Als die Schiffswand immer näher rückte, spürte er plötzlich, daß er nicht mit Anstand von seinem getreuen Helfer scheiden konnte ohne eine Geste der Anerkennung gegenüber dem Menschen, der ihm mit seinem Wurzelgebräu das Leben gerettet hatte. Mit seinem mageren linken Arm ausholend, packte er Fogarty an dessen linker Schulter und sagte mit leiser Stimme, daß keiner der Passagiere ihn verstehen konnte: »Sind ein zäher Bursche, Fogarty.« Dann betrat er das Boot und deutete damit an, daß der Mann aus seinen Diensten entlassen war.

Fogarty jedoch, als hätte er den Geist unbändiger Freiheit, der Dawson beseelte, bereits in sich aufgesogen, packte im Gegenzug Luton am Arm und wirbelte ihn herum: »Ich habe einen Namen, Milord. Meine Freunde nennen mich Tim.

Und hier habe ich etwas für Sie.« In dem Rucksack wühlend, den Luton ihm gerade geschenkt hatte, holte er nach einer Weile die letzte, gehütete Konservenbüchse hervor und überreichte sie Evelyn mit der entsprechenden Ehrerbietung: »Sie haben treu darüber gewacht während unserer langen Reise. Ich bin sicher, Sie möchten sie als Erinnerungsstück behalten.«

Luton, ohne das Gesicht zu verziehen, ohne mit einer Miene zu verraten, was er über diese Keckheit seines ehemaligen Dieners dachte, nahm die Dose mit einer leichten Verbeugung des Kopfes, als wollte er damit seinen Dank zum Ausdruck bringen, entgegen und sagte dann gleichmütig: »Sie hat ihren Zweck erfüllt, Fogarty. Sie hat uns bis hierher gebracht. Und jetzt, wie Sie sich so elegant ausgedrückt haben, ›wollen wir sie auf den Müll werfen...‹« Und mit weit ausholendem Arm, ganz so, als spiele er noch einmal den Werfer beim County-Cricket, schleuderte er die Dose in die Fluten des Yukon. Dann machte er auf dem Absatz kehrt und stapfte ohne eine weitere Geste des Abschieds auf das wartende Schiff. Es sollte ihm jedoch nicht beschieden sein, gleich beim ersten Versuch an Bord zu gelangen, denn kaum hatte er seinen Fuß auf die Gangway gesetzt, hielt ihn eine rauhe Stimme, gewöhnt, Befehle zu geben, zurück. Er drehte sich um und erblickte den Polizeichef. »Lord Luton«, rief Steele, »diese junge Dame kam heute mit einem dringenden Anliegen in mein Büro. Sie sagt, sie möchte Sie unbedingt sprechen«, worauf er ihm eine Besucherin präsentierte, die Luton von allen Frauen Kanadas am wenigsten sehen wollte. Es war Irina Kozlok, jene Schiffbrüchige aus Norddakota, die er an der rauhen Küste des Great Slave Lake aufgelesen hatte, die Frau, die Grund vieler seiner Sorgen gewesen war, als sie in der überfüllten »Sweet Afton« den Mackenzie hinuntergetrieben waren. Was mochte sie in Dawson zu

schaffen haben? Und wie in Gottes Namen war sie hierhergekommen?
Auf den ersten verstörten Blick sah er, daß sie schmuck und selbstsicher wie ehemals war, mit ihrer frisch gereinigten Militäruniform, den schweren Stiefeln und dem flotten kleinen Käppi, das immer schief auf dem Kopf saß, so daß ihr reichliches silberfarbenes Haar darunter hervorlugte. Gegen seine eigene Überzeugung mußte er sich eingestehen: »Junge, Junge, wie die sich herausputzt. Was für eine Geschichte wird sie uns diesmal servieren?«
Bevor Luton etwas sagen konnte, hatte Fogarty sie entdeckt und lief mit einem geradezu ungehörig gellenden Schrei auf sie los, umschlang ihre schlanke Taille, schleuderte sie in der Luft herum und gab ihr einen schmatzenden Kuß, bevor er sie wieder auf die Beine stellte. »Wie kommst du denn hierher, Madam Norddakota?«
Fogarty kaum beachtend, strich sie ihr Kostüm glatt, das er zerknittert hatte, und wandte sich dem Mann zu, den sie unbedingt hatte wiedersehen wollen. »Wie ich Ihnen schon auf dem Boot gesagt habe, Lord Luton, ich war fest entschlossen, die Goldfelder zu erreichen, und wie Sie sehen, habe ich das auch.« Sie betonte das mit gerade soviel berechnendem Nachdruck, wie ihr nötig schien, um ihre Absicht deutlich zu machen, und als das gelungen war, wurde ihr Tonfall sofort weicher: »Ich habe niemals vergessen, daß Sie mich vor dem sicheren Tod errettet haben ... daß Sie aus rein christlicher Nächstenliebe für meinen Fahrpreis zurück nach Edmonton aufgekommen sind ... und daß Sie mir erst ermöglicht haben, die Dinge zu tun, die ich tun wollte.«
Sie sprach mit so einnehmendem Akzent, mit so Wohlgefallen erregendem Lächeln, daß Luton fast genötigt war zu denken: »Jetzt, wo sie keinen jungen Bradcombe mehr auf Abwege bringen kann, wirkt sie nicht mehr ganz so wie von

der üblen Sorte Mensch.« Und ihm schauderte bei dem Gedanken, daß er einst erwogen hatte, sie in dunkler Nacht vom Boot zu stoßen. In dem Versuch, seinen Fehler wiedergutzumachen, fragte er aus ungeheucheltem Interesse: »Wie sind Sie hierhergekommen?« Und sie schien glücklich über diese Aufforderung, denn sie brannte darauf, ihm die Fortsetzung ihrer dramatischen, aber zum Scheitern verurteilten Begegnung zu schildern.

»Das große Schiff, auf das Sie mich gesetzt haben – und ich möchte Ihnen noch einmal danken, daß Sie die Passage bezahlt haben –, fuhr mit Volldampf den Fluß aufwärts, als sich hinter uns schon die Eisdecke bildete. Ich kam, ich glaube, es war Oktober, in Edmonton an, und wie Sie mir schon geraten hatten, meinten alle, ich sollte zurück nach Norddakota. Aber davon wollte ich nichts wissen. Ich suchte mir Arbeit als Kellnerin. Letzten Herbst konnte jeder in Edmonton Arbeit finden.«

»Und welches Wunder hat Sie hierher verschlagen?« fragte Luton, und sie antwortete etwas geziert: »Es gab da einen kräftigen Australier, der schon in seiner Heimat nach Gold gegraben hatte und jetzt erpicht darauf war, sein Glück am Klondike zu versuchen. Aber wie alle vernünftigen Leute stürzte er nicht gleich ungeduldig Richtung Norden los, wie Ihre Mannschaft und meine Leute auch. Er blieb den Winter über in Edmonton, verbrachte ihn im Warmen, in einer kleinen Pension. Zur Essenszeit kam er immer in unser Restaurant, und eh' wir uns versahen, waren wir verheiratet. Es ist der Mann, der da drüben steht. Er scherzt immer rum, er sei der einzige Mensch in Alaska ohne Nacken, aber wenn's drauf ankommt, kann er hitzig werden.« Dann verlieh sie ihrem Bericht noch jenen außergewöhnlichen Hauch, der sie vor anderen auszeichnete: amüsant, aufschlußreich und mit einer Spur Selbstverachtung gewürzt: »Als Unverheiratete in

Edmonton, vor allem als Witwe ohne Kinder, als Frau, die in einem für alle zugänglichen Restaurant arbeitet – also, ich glaube, ich erhielt sechs Heiratsanträge die Woche, und Verner hatte drei schwere Schlägereien zu überstehen, bevor die Rivalen abzogen. Ein Paradies, Lord Luton, und es scheint alles schon so lange her.«

Ihre eigenen Angelegenheiten beiseite schiebend und dankbar für die häusliche Glückseligkeit, die sie erlangt hatte, fragte sie: »Wo sind Ihre anderen drei Begleiter? Der reizende junge Bursche, der sich so aufmerksam um mich sorgte? Wie war doch gleich sein Name? Philip?«

Luton war nicht imstande, darauf zu antworten, und so sagte Fogarty: »Ertrunken. Die Stiefel, von denen du ihm noch abgeraten hast. Die haben ihn nach unten gezogen.«

Sie stieß einen kurzen schmerzerstickten Schrei aus, bedeckte ihr Gesicht mit den Händen und brach bald darauf in Schluchzen aus. »Ich habe ihm gesagt, er sei zu jung für so ein Abenteuer.« Dann gewann sie ihre Selbstbeherrschung zurück und fragte: »Und Carpenter, der freundliche?«

»Gestorben. Skorbut, im zweiten Winter.«

»Ihr habt zwei Winter in der Kälte verbracht? Was ist aus dem geworden, der immer Gedichte vorgelesen hat?«

»Tot.«

»O mein Gott! Was ist passiert? Habt ihr die falsche Route erwischt?«

Weder Luton noch Fogarty wagten es, auf diese furchtbare Frage eine Antwort zu geben, aber nach einer Weile fragte Evelyn: »Und Sie? Wie haben Sie den Mackenzie überwunden? Ich meine, bei Ihrem zweiten Anlauf?«

»Bei Frühlingsanfang waren wir wieder in Athabaska Landing. Dieselben vier Deutschen haben unserer Gruppe, drei Paare, ein neues Boot verkauft, diesmal größer und stabiler, und der Rest war einfach.«

»Einfach?« fragte Luton abweisend. Das Wort hatte deutlich sein Mißfallen erregt.

»Ja. In dem Herbst, als Sie mich auf dem großen Schiff absetzten, hat das Eis uns flußaufwärts gejagt, und im Frühjahr vertrieben wir es mit unserem Boot flußabwärts. Wie uns alle geraten hatten, fuhren wir den Peel lang, dann den Rat River, wo wir unser Boot entlang der Linie, die die Deutschen aufgemalt hatten, in zwei Teile zerlegten. Dann mußten wir es über die Grenze tragen, eine höllische Arbeit, jeder Zoll, aber als wir an den nächsten kleinen Fluß stießen ... wie hieß der doch gleich?«

»Bell River«, warf Luton in müdem Flüsterton ein.

»Sobald wir an den gekommen waren, gab es keine Probleme mehr. Er mündet in den Porcupine, und nachdem wir genau aufgepaßt haben, an der Stelle auch ja rechts abzubiegen, fuhren wir so schnell, daß wir uns kaum versahen, schon waren wir auf dem Yukon. Dort haben wir uns gleich sechs Karten für den Dampfer gekauft, der da anlegt. Der brachte uns in einem Husch auf den kürzesten Weg nach Dawson.«

»Wie lange hat das gedauert?« erkundigte sich Luton und hörte wie benommen zu, als sie ihm vorrechnete: »Also, wir sind früher als die meisten anderen aus Edmonton aufgebrochen, ungefähr um den 20. Mai herum, so kamen wir vor den Massen in Athabaska an und konnten uns eins von den besseren Booten aussuchen. Der Rest verlief ganz normal, nur das Boot über die Portage zu heben ist kein Vergnügen. In Fort Norman angekommen, haben wir uns gleich Fahrkarten nach Dawson besorgt ...« Als sie die Übersicht verloren hatte, winkte sie ihren Mann her, worauf der große, wuchtige Australier gemächlichen Schrittes herübergeschlendert kam.

»Verner, an welchem Tag sind wir letztes Jahr in Dawson angekommen?«

»Am 8. September. Alle meinten, es sei eine der schnellsten

Fahrten gewesen. Da waren wir also vom 20. Mai bis Anfang September unterwegs, fünfzehn, sechzehn Wochen.« Er sprach einen solch barbarischen australischen Akzent, daß Lord Luton zusammenzuckte, wenn er daran dachte, daß dieser Mensch, und Millionen andere mit ihm, voll berechtigte Mitglieder des britischen Empire waren.
»Was machen Sie jetzt?« wollte Fogarty wissen, und das Paar erklärte abwechselnd: »Wir sind zu spät gekommen, um noch von dem großen Fund am Klondike zu profitieren, aber die meisten kamen ja zu spät. Jedenfalls meinte Verner, er hätte die Graberei satt. Wir betreiben so etwas wie ein Pfandhaus, kaufen und verkaufen alles mögliche.« Und Irina ergänzte: »Man kann erstaunlich viel Geld machen, wenn man sich klug anstellt.« Luton seufzte innerlich: »Ein Pfandhaus. Das Paar könnte glatt der Feder Dickens' entsprungen sein.« Doch Fogarty war begeistert: »Wundervoll! Ihr habt euren eigenen Laden?« Und Irina erwiderte: »Ja. Verner hat ihn aufgebaut. Wir haben das Holz von sechs verschiedenen Flußbooten verbraucht. Die ganz Ungeduldigen, die es nicht abwarten konnten, an die Grabstellen zu kommen, hatten sie einfach aufgegeben.«
In diesem Moment ihres Triumphes hatte Irina, diese verantwortungsvolle Frau, die sie immer hatte sein wollen, den Wunsch, alte Schuld abzutragen. »Lord Luton«, bat sie den Angesprochenen, »können wir uns einen Moment dorthin setzen?« Ein wenig abseits von den anderen, aber noch immer im Schatten des Dampfers, der sie für immer auseinanderbringen sollte, sagte sie leise: »Sie haben mich nie leiden können, und ich habe Sie nie leiden können. Aber ich habe Sie verstanden, und ich hoffe sehr, daß Sie mich verstanden haben. Sie waren ein Mensch, der sich vor dem Einbruch des Winters fürchtete, und ich war eine einsame Frau, die soeben mit heiler Haut einer furchtbaren Tragödie entkommen war.«

Luton fing an, etwas zu sagen, aber sie hob die Hand, und einmal oben, zog sie damit ihr Käppi vom Kopf, so daß die ganze silberfarbene Haarpracht ihr Gesicht wie ein Rahmen umgab. »Nein, lassen Sie mich ausreden, dann sind Sie an der Reihe. Ich wußte sehr wohl, was Sie beschäftigte. Sie hatten panische Angst, Ihr Neffe würde sich Hals über Kopf in mich verlieben. Als ein stolzer Mann aus einer stolzen Familie durften Sie das natürlich nicht zulassen. Sie hätten alles getan, um das zu verhindern, und Mr. Carpenter ebenso, weil Sie wußten, wie solche Affären – die Frau sechs oder sieben Jahre älter –, wie solche Affären einen jungen Mann für den Rest seines Lebens völlig aus der Bahn werfen können. Sie wußten das, aber ich, Lord Luton, ich wußte es auch. Ich hätte niemals zugelassen, daß es soweit gekommen wäre ...«
»Aber Sie haben ihn doch noch ermutigt. Harry und ich haben es selbst gesehen.«
»Ich habe dabei nicht an Philip gedacht«, sagte sie reumütig. »Ich dachte nur an mich. Ich hatte einen schrecklichen Verlust erlitten. Am Ende der Welt. Saß da ohne einen Penny in der Tasche. Lord Luton, ich brauchte Zuspruch. Ich brauchte die Zuneigung eines Menschen. In der kalten, kalten Welt da draußen brauchte ich Wärme.« Ihr Gesicht mit den Händen bedeckend, weinte sie leise ein paar Augenblicke, dann sagte sie, wobei sie die Nase mit dem Ärmel abwischte: »Er war so ein netter Junge, so herzensgut, so vielversprechend. Ich teile Ihre Trauer über den Verlust.«
Luton, ein Mensch, der in dem vergangenen Jahr so viele Niederlagen hatte einstecken müssen, wie sie wenige im ganzen Leben erfahren, mußte sich von einem bösen Gedanken befreien und gestand: »Einmal war ich dermaßen außer mir, daß ich sogar in Erwägung zog, Sie einfach bei Nacht über Bord zu stoßen. Harry hat mich daran gehindert. Er dachte, ich scherze, aber es war mir ernst.«

Irina starrte Luton an. Er wich ihrem Blick aus, und sie fragte, welchen seelischen Mechanismus der Tod seiner Freunde bei ihm ausgelöst haben mochte, daß er ihr, dem Opfer seiner bösen Eingebung, in diesem Moment diesen ungeheuren Gedanken offenbarte. Wenig später fragte sie: »Was ist verkehrt gelaufen, daß drei aus Ihrer Gruppe umgekommen sind?«

»Die Natur hat uns eine Reihe übler Streiche gespielt – wie der Sturm, der Ihr erstes Boot auf dem Great Slave versenkt hat.« Er war noch immer nicht zu dem Eingeständnis bereit, daß er der unbarmherzigen Natur gewissermaßen Vorschub geleistet hatte, ihre Vergeltungsschläge für seine groben Fehlentscheidungen geradezu herausgefordert hatte. »Man könnte es auch Glück im Unglück nennen.« Zu seiner eigenen Überraschung stellte er dann die Frage: »Sind Sie schon einmal jemandem begegnet, der dem Tod durch Skorbut nur so knapp entronnen ist ... dem langsamen Dahinfaulen des menschlichen Körpers?« Er hielt Daumen und Zeigefinger zusammen, daß nur ein Spaltbreit zwischen ihnen lag.

»Und jetzt geht es also zurück nach England und auf ein Schloß irgendwo, nehme ich an?«

»Ja, ich habe ein Schloß und eine neue Verantwortung.«

Ein Strom von Tränen überwältigte sie, und schließlich flüsterte sie: »Ich kann die Gesichter jedes einzelnen von euch sehen und die Gesichter meiner drei Jungs. Sie werden immer bei uns bleiben.«

Als Luton nichts erwiderte, schloß sie: »Als wir uns beim erstenmal trennten, weigerten Sie sich, meinen Abschiedskuß entgegenzunehmen. Stoßen Sie mich nicht noch einmal zurück.« Er erhob sich, stand kerzengerade, und seinen Widerwillen verbergend, gestattete er ihr, ihn zu küssen, aber auf die Zehenspitzen mußte sie sich dazu schon stellen. Dann

fragte er: »Was werden Sie machen, wenn das Gold ausgeht?« Aber sie zuckte nur mit der Schulter, während sie ihr Käppi wieder aufsetzte. »Wer weiß? Vielleicht läuft Verner zum nächsten Goldfeld. Wer kann vorhersagen, was wir tun werden? Wir sind Reisende, unterwegs zu einem Ziel, das wir nicht sehen können. Aber es ist wie die Fahrt auf dem Mackenzie, wenn man beim erstenmal zurückgeworfen wird, versucht man es immer wieder.«
Sie machte Fogarty und ihrem Mann ein Zeichen, daß ihre Unterredung beendet war, ging auf sie zu und beobachtete noch, wie Lord Luton energisch die Falltreppe hochstieg und sich an der Reling der »Jos. Parker« umdrehte, um sie zum Abschied zu grüßen. »Wo fahren Sie hin?« brüllte der Australier, und er rief hinunter: »Zurück in die Zivilisation.« Mit einem seltsamen, teuflischen Vergnügen blieb Evelyn an der Reling stehen und verfolgte, wie die drei heiter von dannen zogen. »Da gehen sie, ein neureicher irischer Bauer, der besser sein will, als er ist, ein ungeschlachter Australier ohne Nacken, der nicht einmal die englische Sprache beherrscht, und eine Yankee-Farmerstochter ohne nennenswerten Hintergrund.« Er schüttelte den Kopf, eine Geste der Kapitulation, und murmelte in sich hinein: »Barbaren übernehmen die Welt, während sich die anständigen Menschen wie Bären in Eishöhlen verkriechen.«
Dieser zynische Kommentar sollte jedoch nicht Lord Lutons letzte Einschätzung seiner Expedition nach Dawson bleiben. Er konnte es nicht sein, dazu war er ein zu guter Mensch. Während Irina Kozlok aus seinem Blickfeld verschwand, in ungezwungenem und leichten Schritt mit ihren Begleitern hinschlenderte, ihre blitzblanke Uniform in der Sonne schimmerte, das Käppi schief auf dem Kopf, stieß er plötzlich einen Schmerzensschrei aus, der alle anderen, die sich an der Reling versammelt hatten, zu Tode erschreckte; aber er fühlte

nicht die geringste Scham, daß er sie auf diese unfeine Weise gestört hatte.

»O mein Gott!« rief er, sein Herz vor Schmerz zerrissen, sein Geist endlich bereit, sich der Wahrheit zu stellen. »Sie hat fünfzehn Wochen für den richtigen Weg gebraucht. Ich verbrachte einhundert auf dem falschen und habe deswegen drei Kameraden verloren.« Er zitterte, noch immer auf die Stelle starrend, die sie soeben verlassen hatte, und wie ein bußfertiger Einsiedler aus dem Mittelalter, verschlossen in seiner Höhle, sein stolzes Haupt am Ende gesenkt, murmelte er: »Gnädiger Gott, mach, daß die Seelen dieser drei wertvollen Männer mir vergeben.«

4. Kapitel
Requiem

Die umsichtigen Biographen des neunten Marquis von Deal, der im Jahre 1909 den Titel übernahm, waren der Ansicht, daß seine unglückselige Expedition an den Klondike trotz allem nicht vergeblich gewesen war:

»Er benötigte 23 Monate, um die 2043 Meilen nach Dawson City zurückzulegen, und blieb doch nur wenige Stunden in der Stadt, aber es war gerade diese lang andauernde und schreckliche Erfahrung, dazu der Verlust von drei Mitgliedern seiner Mannschaft, zu denen auch der einzige Sohn seiner Schwester gehörte, die den Marquis von Deal mit einem Herz aus Eisen wappnete. Als Lloyd George ihn 1916 beschwor, die englische Industrie auf Vordermann zu bringen, damit das Land seine ganze Kraft gegen den deutschen Kaiser aufbieten konnte, war er der am besten geeignete Mann für die Aufgabe, das private Unternehmertum an die Kandare zu nehmen.
Ein blaublütiger Mann von Stand, ein Mensch, der in der Ungestörtheit seines Clubs Lloyd George als ›einen unausstehlichen, kleinen Waliser‹ abtat, ›ganz und gar kein Gentleman‹, derselbe Luton ordnete sich Lloyd Georges Befehlsgewalt unter, wurde einer seiner engsten Vertrauten und wirkte Wunder bei der Zurückschlagung des deutschen Heeres. Bei Verhandlungen mit hartnäckigen

Industriellen, die sich bei ihm darüber beklagten, die Schwierigkeiten bei dieser oder jener Maßnahme der Rüstungsproduktion seien einfach nicht zu bewältigen, ließ er nie ein Wort über seine zwei Jahre in der Arktis fallen, statt dessen schaute er seinem Gegenüber in die Augen, setzte ›Evelyns stilles Naserümpfen‹ auf, wie es allgemein genannt wurde, und stellte bloß die Frage: ›Schwierigkeiten? Sagten Sie Schwierigkeiten? Haben Sie überhaupt eine Ahnung, was Schwierigkeiten sind?‹ Und da jeder von seinen Erfahrungen in der Arktis wußte, bekam er seinen Willen.

Das allein jedoch war nicht die Eigenschaft, die ihn befähigte, einer der erfolgreichsten Kriegsminister zu werden, denn wie Lloyd George in einem seiner Kabinettsprotokolle bemerkt: ›Der Marquis von Deal kann eine Entscheidung schneller herbeiführen als sonst irgend jemand, den ich kenne, sie mit brillanter Logik verteidigen und sie auch noch bei allen Widersachern durchboxen. Bringt ihm ein Gegner jedoch relevante Fakten bei, die dessen eigene Sache unterstützen, ist Deal bereit, zuzuhören und sich zu revidieren, wobei er mit entwaffnender Freundlichkeit anerkennt: ‚Vielleicht habe ich mich ja geirrt.' Als ich ihn einmal fragte: ‚Deal, wie in Gottes Namen gelingt es Ihnen, so überzeugend zu wirken, wenn Sie Ihre Entscheidung verkünden, und dann so aufmerksam zuzuhören, wenn der andere Gründe dagegen anführt? Und wie haben Sie sich beigebracht, auf so kultivierte Weise die Waffen zu strecken, wenn sich dessen Argumente als stichhaltiger als die Ihren erweisen?', erhielt ich die rätselhafte Antwort: ‚Weil ich in der Arktis gelernt habe, daß es töricht ist, auf einen vorgezeichneten Kurs zu beharren, wenn man im Grunde seines Herzens ahnt, daß man sich geirrt hat.' Ich glaube, seine Bereitschaft, auf andere zu hören, sich deren Willen zu unterwerfen, alles zu tun, damit die Produktion weiterläuft, hat uns geholfen, den Krieg gegen die deutschen Hunnen zu gewinnen.‹«

Unter den weniger persönlichen Gegenständen, die Lord Luton zurück mit nach England nahm, befand sich auch Trevor Blythes zerfledderte Ausgabe von Palgraves »Golden Treasury«. Er führte Harry Carpenters letzten Auftrag aus und überbrachte Lady Julia Trevors Liebesgrüße sowie sein geliebtes »Goldenes Schatzkästlein englischer Lyrik«. Bevor er sein Geschenk präsentierte, hatte er in einer limitierten Auflage für die Familie des Verstorbenen sowie für Freunde und Bekannte ein kleines elegantes Bändchen zusammengestellt, das aus drei Teilen bestand: einer Auswahl der im Palgrave versammelten Gedichte, die Trevor während der abendlichen Lesungen am Polarkreis vorgetragen hatte, Auszüge aus seinem eigenen Expeditionstagebuch und, wohl der kostbarste Teil, unzusammenhängende Fragmente eines Gedichtzyklus, dem Blythe den Titel »Borealis« hatte geben wollen.

Bei der Auswahl der im Palgrave erschienenen Gedichte beschränkte sich Lord Luton auf solche, die ihm und seinen Kameraden besonders zugesagt hatten. Diese Auswahl ist hier teilweise wiedergegeben. Die Herausgeber danken dem zehnten Marquis von Deal für die freundlich gewährte Genehmigung, Einblick in das kostbare Familienerbstück nehmen zu dürfen.

Die Auswahl der Gedichte rechtfertigte Lord Luton mit den Worten: »Drei von uns waren noch nicht verheiratet, es war also nur zu verständlich, daß wir besonderen Gefallen an den Liebesgedichten fanden, und Trevor hat uns einige der schönsten vorgelesen, keines jedoch so herrlich, wie das erste, das wir alle besonders schätzten.«

LXXXIX

Geh, Rose! Leis
Sag ihr, die ihre Zeit vertut und mich,
  Damit sie's weiß,
Wenn ich euch zwei vergleiche, sie und dich,
Wie sie mir lieblich scheint und anmutig.

Sag ihr, die – prüd
Und jung – mir ihren Reiz zu sehn verwehrt,
  Wärst du erblüht
In öder Wildnis, wo kein Mann verkehrt,
Du müßtest namlos sterben, unverehrt.

Wie wertlos, ach,
Ist Schönheit, die das Licht scheut! Ruf sie her
  Ans Licht und mach,
Daß sie es duldet, daß ich sie begehr',
Und nicht errötet, weil ich sie verehr'.

Dann stirb! Dein Tod
Soll zeigen ihr, was jeder Rarität
  Auf Erden droht:
Wie kurz die Spanne ist, in der besteht
Das Wunderschöne, das so bald vergeht.

EDMUND WALLER

LI

Campaspe und Cupid spielten
Um Küsse Karten. Er verlor.

Da setzte er Köcher, Pfeil und Bogen,
Der Mutter Tauben und den Spatz,
Der so verliebt wie ungezogen:
Doch alles nahm ihm ab mein Schatz.
Drauf die Korallen seines Mundes
Die Rosen seines Wangengrundes,
Der Stirn Kristall, auch von dem Kinn
Die Grübchen – alles nahm sie hin,
Bis er der Augen Paar zuletzt
Riskiert, verliert und – blind ist jetzt.
Cupido! Tat sie dir das an,
Was mir dann erst, mir armem Mann.

JOHN LYLY

XCII

Reizvolle Unordnung im Kleid
Erweckt daran Begehrlichkeit.
Ein lässig' Tuch um Hals und Rücken
Schwingt sich zu herrlichem Entzücken,
Und eine rosarote Litze
Begeistert durch die lose Spitze.
Die Ärmelkrause, halb zu groß,
Flatternde Bänder, regellos,
Ein keckes Fältchen, Augenweide
Im sturmbewegten Rock aus Seide,
Ein offnes Schuhband, dessen Schlingen
Durch wilde Anmut uns bezwingen –
All das bezaubert mich weit mehr,
Als wenn's zu regelmäßig wär'.

ROBERT HERRICK

CI

Warum kommst du blaß gegangen,
  Du verliebter Wicht?
Schaffst du's nicht mit roten Wangen,
  Blässe rührt sie nicht.
  Sprich, du Blaßgesicht!

Warum denn so stumm und blöde?
  Sprich, weshalb so stumm?
Hilft dir nicht die schöne Rede,
  stößt sie Schweigen um?
  Sprich, weshalb so stumm?

Gib es auf, dies kann nicht frommen.
  Pfui, es ist nicht schön;
Liebe muß von innen kommen!
  Laß – da mußt du sehn –
  Sie zum Teufel gehn!

JOHN SUCKLING

XC

Trink mir nur mit den Augen zu,
Und meine tun Bescheid
Laß einen Kuß im Glas zurück,
Um Wein ist's mir nicht leid.
Der Durst, der aus der Seele quillt,
Will einen Göttertrank;
Doch ob ihn Zeus mit Nektar stillt,
Er hätt' nicht solchen Dank.

Jüngst hab' ich Rosen dir gesandt,
Nicht bloß zu Ehr' und Zier;
Nein, ich versprach den Rosen auch,
Sie welkten nicht bei dir.
Du schicktest sie zurück, allein
Dein Atemhauch verlieh
Ein ander Wesen ihrem Sein:
Nach dir nun duften sie.

BEN JONSON

LXXXII

Auf, blüht, ihr Rosen, solange ihr währt.
Die Zeit, sie soll euch verfliegen.
Die Blume, die heut noch ein Lachen gewährt,
Wird morgen im Sterben liegen.

Die Sonne, das herrliche, himmlische Licht,
Je mehr sie an Höhe gewinnt,
Desto eher ihr Wettlauf dem End' zugericht'
Und näher sie dann verrinnt.

Die beste Zeit, die Jugendzeit,
Wenn's Blut noch wärmer fließt.
Doch ist sie um, nicht viel verbleibt,
Und Schlimm'res sich ergibt.

Drum seid nicht scheu, und nutzt die Jahre,
Wenn es sich gibt, nehmt einen Mann.
Denn welkt die Blüt', es wäre schade,
Weil man nicht ewig zaudern kann.

ROBERT HERRICK

Lord Luton fuhr dann in seinen Anmerkungen an dieser sehr persönlichen Lyriksammlung fort: »Es kamen aber auch harte Zeiten, schreckliche Zeiten, in denen wir nicht der Erbauung durch Liebesverse bedurften, sondern der gestrengen Mahnung daran, was den wesentlichen Charakter des Menschen ausmachen sollte. In solchen Augenblicken wendeten wir uns jenen unumstößlichen Lebensregeln zu, die sagen, wie man sich als Engländer in mißlichen Lagen zu verhalten hat; Gedichten, die wie Hornsignale tönen, steht die unzivilisierte Welt vor unserer Tür. Mein Herz schlägt höher, wenn ich sie noch einmal lese.«

CXXIV

Welch Schlaf den Tapf'ren, zur Ruhe gebettet,
Vom Land gesegnet, das sie errettet!
Wenn Frühlingsfinger kalt betäut,
An Deck kehrt ihre hohle Haut,
Wird schmücken sie ein süß'rer Boden
Als Dichterfüße je betreten.

Ihr Totengeläut, von Feenhand geschlagen
Ihr Klag'lied auf fremder Zunge getragen:
Euer Ehr' kommt, ein Pilger in Grau,
Zu beseel'gen die Narbe, die umhüllt ihre Asche,
Daß Freiheit eine Weile herrscht,
Wo weilt ein weinend Eremit, dort!

WILLIAM COLLINS

LXXI

Wenn ich bedenke, wie auf halbem Wege
Mein Licht erlosch und mich die Nacht umbreitet,
Das Pfund, das zu vergraben Tod bedeutet,
Verdirbt trotz aller Inbrunst, die ich hege.

Zum Dienst des Herrn (denn schilt er sonst mich nicht)
Am jüngsten Tag?), dann frag ich Narr mich wohl:
»Wie? Gott heischt Arbeit, die ich schaffen soll,
Und er versagt das Licht dazu?« – Drauf spricht

Die Demut: »Murre nicht! Gott hat nicht not
Des Menschenwerks; sein Joch ist sanft, und wer
Es trägt, tut Dienst, den Höchsten aller Arten.

Bedenk, Gott ist ein König; sein Gebot
Schickt rastlos Tausende durch Land und Meer:
Auch jene dienen, die nur stehn und warten.«

JOHN MILTON

LXXIII

Nicht wie beim Baum die Höh' und Pracht
Ist's, was den Menschen edler macht:
Dreihundert Jahr' lang steht die Eiche stolz
Und schließlich stürzt sie und ist dürres Holz.

Ein Schneeglöckchen im Hag,
Lebt's auch nur einen Tag,
Des lichten Lenzes reinster Traum,
Kann edler sein als Strauch und Baum.

Im engsten Kreis kann Schönheit reich gedeihn:
Auch kleines Leben kann vollendet sein.

      BEN JONSON

CCXLVI

Einen traf ich, fern aus antikem Land
Der sprach: Zwei Beine, steinern, riesig, rumpflos
Stehn in der Wüste . . . Nahbei, halb im Sand
Liegt ein zerbrochnes Antlitz, dessen Runzeln
Kommandolächeln, kalten Hohn und Lauern
Erzähln, sein Bildner las die Züge gut,
Die, aufgepreßt auf Totes, überdauern
Die formende Hand und das Herz, das sie trug:
Und auf dem Sockel ist dies eingemeißelt:
»Ich heiß' Osymandias, Königskönig:
Seht, Mächtige, mein Werk an, und verzweifelt!«
Nichts sonst ist übrig. Rings um den Verfall
Des kolossalen Wracks, glatt, einsam, eben,
Strecken sich Sande grenzenlos und kahl.

     PERCEY BYSSHE SHELLEY

LXXXIII

Nenn, Lieb, mich nicht unfreundlich du,
Flieh aus der Nonnenklaus
Deiner keuschen Brust und Seelen Ruh
Ich in den Krieg hinaus.

Wohl denn, ein neue Buhlschaft sei
Der Feind mir im Gefild;
Ergreif' ich nun nicht minder treu
Ein Schwert, ein Pferd, ein Schild.

Und doch in solchem Wechsel blieb
Ich dir getreu wie sehr:
Nie liebt ich dich so heiß, mein Lieb,
Liebt ich nicht Ehre mehr.

Colonel Lovelace

»Und dann gab es da noch jenes kleine Lied von dem Meister unserer Sprache. Seine Worte sind schlicht, und einige Zeilen entbehren nicht der Komik, aber aus ihnen spricht die reine Freude am Dasein. Diese Verse schätzten wir vor allen anderen, lasen sie uns oft gegenseitig vor, wenn die Temperaturen draußen in die Tiefe rutschten.«

XXVII

Wenn Eis in Zapfen hängt am Dach,
Und Thoms, der Hirt, vor Frost erstarrt,
Wenn Hans die Klötze trägt ins Fach,
Die Milch gefriert im Eimer hart,
Die Spur verweht, der Weg verschneit,
Dann nächtlich friert der Kauz und schreit:
Tuhu,
Tuwitt, tuhu – ein lustig Lied,
Derweil die Hanne Würzbier glüht.

Wenn Sturm dem Giebelfenster droht,
Im Schnee das Vöglein emsig pickt,
Wenn Lisbeths Nase spröd' und rot,
Der Pfarrer hustend halb erstickt,
Bratapfel zischt in Schalen weit,
Dann nächtlich friert der Kauz und schreit:
Tuhu,
Tuwitt tuhu – ein lustig Lied.
Derweil die Hanne Würzbier glüht.

WILLIAM SHAKESPEARE

Lord Luton leitete die Fragmente von Trevor Blythes Entwurf zu dem Poem »Borealis« mit einer einschränkenden Bemerkung ein: »Wir sollten bedenken, daß dies die Anfangsversuche eines jungen Dichters sind, der noch um seinen Weg durch die Sprache ringt. Er hatte bereits bewiesen, in Oxford, daß er den traditionellen dreizeiligen Reimvers beherrscht, und seine Sonette hatten ihm diverse Auszeichnungen eingebracht, doch er fühlte sich auch verpflichtet – und das zu Recht –, mit Form, Zeilenlänge, Reim und blankem Vers zu experimentieren. Was er davon aufgehoben und was verworfen hätte, bleibt unserer Vermutung überlassen, doch daß einige seiner Entwürfe eher Bestand haben als andere, liegt auf der Hand. Anfänglich ließ er sich noch stark vom herkömmlichen Klagelied beeinflussen, sechzehn Zeilen in einem recht gekonnten jambischen Pentameter:

Horch! Von fern ertönt die Glocke,
Ruft zum Gebet, die mehr als nur des leiblich Wohl bedürfen,
Den Ritualen Folge leisten sie,

Den Schlag von Erz auf Erz im Ohr,
Um abgedroschne Bittgebete vorzutragen,
Ein Neugeborenes zu segnen,
Dem grauen, lahmen Kopf die ew'ge Ruhe zu gewähren.
Ich höre einen unerbittlicheren Ruf: den unbegang'nen Weg
Dem Heiden, der nie das Lichte Gottes sah.
Die Fahrt auf finstrer, unerforschter See,
Die Wüste weit, von der es heißt, kein Mensch könnt' sie
    durchschreiten,
Die jungfräulichen Berggipfel, die keine Seele je betreten,
Die Lockungen des Goldes, versteckt im Erdreich noch.
Den Ruf, den hör' ich, von einem unbefleckten Gral
»Such mich! Errette mich, bevor mein Glanz erlischt!
Und dein soll sein das Siegesheulen . . .«

»Der lange Mittelteil des Gedichtes«, erklärte Luton weiter, »war noch nicht in Angriff genommen, obwohl Blythe Überlegungen angestellt haben muß, wie es sich weiterentwickeln sollte. Aufzeichnungen dazu hinterließ er nicht. Allerdings fand sich auf zwei losen Blättern, die dem langen Poem nicht direkt folgten, aber offenbar als ein Teil dessen beabsichtigt waren, eine lyrische Passage, in der er seine Abenteuer auf dem Mackenzie feiert, zu der Zeit, als noch alles nach Plan verlief.«

Ein mächtiger Mackenzie trieb uns hinan,
Auf nahrhafte Karibus legten wir an,
Kein arktischer Wind hielt uns zurück,
Raben führten und wünschten uns Glück.
Endlose Nächte bedrückten uns mitnichten,
Allein unser Geist wirkte betörend,

Kein Geiz, kein eifersücht'ges Richten
Vereint im Gespräch, unsere Welt beschwörend.
Schneestürme peitschten, doch schonten sie uns,
Auf die Probe gestellt, bewährten wir uns.
  Borealis bricht aus sich des Nachts
  Tanzend und windend, in qualvoller Form,
  Großbrände schimmernden Lichts,
  Flammender Himmel, göttlicher Sturm.
    Bögen am Firmament
    Wallen und zittern.
    Täuschendes Urelement
    Gleich stobenden Rittern.
  Hier springt eine Brücke zum Mond,
  Dort klafft eine Spalte zur Hölle,
  Steigt hoch der Silberballon
  Borealis lodernd, stürmt das Böse davon.
    Gigantische Erosionen,
    Gewaltige Kollisionen,
  Seht das Feuer in seiner Wut
  Erblassen im Alter zu pastellner Glut,
  Entfernt sich vom Himmelszelt allzu schnell
  Borealis im Schlaf, und alles ist gut.
    Der Frühling bringt Frohsinn,
    Keine Kälte, keine Sorgen,
    Der Wärme neu Gewinn
    Ist Trost uns am Morgen.
Arktische Götter sitzen auf unsren Schultern
Raunen: »Kühner! Kühner!«, uns aufzumuntern.
Wir wurden die Herren des Winters,
Fegten hinweg den gefrorenen Span,
Der baumelte schon am Frostportal.
Da gellt der Schrei: »Sterbliche seid ihr, dem Tod zugetan!«

»An dieser Stelle«, erklärte Luton, »schickte Trevor sich an, den Tod seines Freundes und Gefährten Philip zu verarbeiten, aber geblieben sind uns nur acht, nicht zufriedenstellende, in einem ungewöhnlichen Versmaß gesetzte Zeilen eines größeren Ganzen, das sicher als umfassende Trauerelegie geplant war.«

Der mächt'ge Mackenzie, in Rage ob unsrer Kühnheit,
Zog aus seinen Seen, versteckt im hohen Bergland,
Einen Schwall von Wassern, eingepfercht in Kühlheit,
Und schickt' ihn uns entgegen, als gefährliche Uferwand.
Eisblöcke groß wie Kaiserpaläste
Verschlangen Wälder, es blieben nur Äste,
Lauernd im Wasser auf Beute, auf Menschen im Mißgeschicke,
Sie zu ertränken, war ihre Tücke.

»Offenbar unzufrieden mit dem Versmaß, aber glücklich über die Wortwahl, hat er sie durchgestrichen und mit Bleistift den Vermerk drübergeschrieben: ›Getragener Rhythmus!‹ Dann wandte er sich dem Schluß zu, den Zeilen, die Harry Carpenters Lob fanden«:

. . . der Fehler meiner war.
Mein Bild vom Gral, ein schimmernd' Licht,
Sichtbar von jedem Tal, durch das ich quäle mich,
Und meine Kameraden. Soll sein
Ein blendend' Leuchtfanal, ein Meilenstein am Himmel,
   Ein weit sichtbares Zeichen
   Ans Ziel uns ruft.
Nicht verstand ich, daß es tätig wird

Als Spiegel meines Innren nur. Sein Schein
Ist sichtbar erst, im Wirken meiner Selbst,
Und ausgerückt, bin ich als Blinder,
Nichts war in mir, das Wege zeigen konnte,
Noch silbern meine Seele, das Strahlen zu erwidern,
Dessen, was ich suchte. Auch prüft' ich nie die Gipfel,
Die mich auf ewig hielten fern vom Ziel,
Bis Überwindung mir mit tapferer Gewalt gelang,
Ich sie besiegte, und im Siege mein
  Auch mich bezwang.
Die Mitstreiter in Finsternis verloren,
Weiß ich, ich bin gescheitert, hab' versagt, den Weg zu führen.
Von Bergen umgürtet, von Wassern umwirbelt,
Vom Weg abgekommen, schallt unser Hilferuf: »Wir fahrende
  Ritter,
Wider Willen, den Goldenen Gral zu suchen –
Und fliehen doch vor ihm.«

Der Hauptteil dieser kleinen, aber bei ihren Lesern in Ehren gehaltenen Publikation wurde später in Lord Lutons Buch »Ein Engländer am Ende der Welt« nachgedruckt. Es erschien 1926 und fand viel Anerkennung. Zu der Zeit war der Verfasser bereits der neunte Marquis von Deal, zurückhaltend, mit schlohweißem Haar, aber noch immer von schlanker Statur und aufrechter Haltung.

Mrs. Garner, 1897

Epilog

Die Entstehung dieses Kurzromans geht auf eine Fotografie zurück, die ich vor Jahren einmal zufällig entdeckte. Sie fesselte mich gleich, als ich sie zum erstenmal sah, und heute nimmt sie einen Ehrenplatz in diesem Buch ein.
Das Foto wurde im August 1897, während der Wirren des ersten Goldrausches, von einem Berufsfotografen aufgenommen, der in der kleinen Stadt Edmonton, im Nordwesten Kanadas, ein Studio betrieb. Ich hatte ein paar Recherchen über die Auswirkungen des Goldrausches auf Alaska angestellt, aber der absurde Wahnsinn, der damals in Edmonton geherrscht haben muß, einer Stadt, über deren historische Bedeutung ich nichts wußte, interessierte mich eigentlich nicht im geringsten. Dieses Foto bildete den Auslöser: Für mich repräsentiert es die Schar derjenigen, die alles hingeworfen hatten und zu Tausenden Richtung Norden aufbrachen. So ist es mir immer im Gedächtnis geblieben, ein Symbol für diese Zeit.
Das Foto ist ein kleines Kunstwerk, erstklassig erhalten, und es zeigt eine junge Frau, eine Goldwäscherin, etwa dreißig Jahre alt, mit schweren Stiefeln bekleidet, einer Art Jagduniform mit bis zu den Schulterblättern ausgestellten Puffärmeln und der frechsten Ballonmütze, die mir je untergekommen ist. Der Kopf ist leicht zur Seite geneigt. Hinter dem Gesichtsausdruck verbirgt sich eine vernünftige Person, der

man nichts vormachen kann, und sie schaut den Betrachter mit einem resoluten, fast trotzigen Blick an. Ihr Haar ist kurzgeschnitten, scheint mir, als vorbereitende Maßnahme für den langen Treck nach Norden. Dieses Bild hat mich während all der Jahre verfolgt, seit ich es zum erstenmal sah. Ich konnte weder ihren Namen noch ihre Herkunft in Erfahrung bringen, sie mochte Kanadierin sein aus Ontario, genausogut auch Amerikanerin aus Michigan oder einem der angrenzenden Bundesstaaten. Ich konnte nicht einmal feststellen, über welche Route sie Dawson erreicht hatte, nur vermuten, daß sie die Überlandroute gewählt hatte, und wenn ja, phantasierte ich, war sie vielleicht während der ersten Herbsttage umgekommen, als ihr, Meilen hinter Edmonton, langsam die Einsicht dämmerte, daß sie es nie bis Dawson schaffen würde und daß sie zu weit von Edmonton entfernt war, um noch umzukehren. Vielleicht ist sie auch am Ufer irgendeines reißenden Bergflusses verhungert, den zu durchwaten sie zu schwach war.
Andererseits zeigt das Porträt eine entschlossene junge Frau, eine Realistin, und es besteht durchaus die Möglichkeit, daß sie, die Selbsttäuschung einmal erkannt, dem Irrsinn den Rücken kehrte und, einmal wieder in Edmonton angelangt, schnellstens den Weg zurück in ihre alte Heimat nach Michigan oder Ontario antrat. Als die resolute Person, die sie erscheint, kann sie aber auch genausogut den Mackenzie hinuntergefahren sein, über die Bergscheide geklettert und sich bis zu ihrem Ziel durchgeschlagen haben.
In meinem ursprünglichen Entwurf zu »Klondike« gab es keinen Platz für eine solche Heldin, aber trotzdem hat sie mich das ganze Buch über begleitet. Sie war mein Leitstern, meine Muse, mein Prüfstein, dauernd rief sie sich in Erinnerung, so daß sie sich immer wieder in die geschriebenen Seiten einschlich.

»Klondike« ist eine Erzählung, die von dem Mut handelt, den Männer und Frauen in Zeiten der Not offenbaren, selbst dann, wenn sie sich dieser Situation freiwillig ausgesetzt haben. Die Entstehung dieses Märchens, wenn man so will, war eine einzigartige, offenbarende Erfahrung für mich, denn auch ich habe während meiner Arbeit etwas über Träume und das menschliche Phänomen des Starrsinns gelernt.

Auch wenn der Roman jetzt als eigenständiges Werk, mit dem ich ganz zufrieden bin, erscheint, ist er doch ursprünglich aus einer anderen Arbeit hervorgegangen. Wie diese Geschichte einer tragischen Reise von fünf Menschen quer durch Kanada an die Goldfelder jenes berühmten Flusses entstanden ist und anschließend veröffentlicht wurde, bedarf daher einer Erläuterung.

Angefangen hat alles mit meiner Vorliebe für Kanada, die von einem Sommerurlaub im Jahr 1929 am Lake Muskota herrührt. Mit einem Kanu erschloß ich mir die nördlich von diesem See sich erstreckende Wildnis und bekam einen ersten flüchtigen Eindruck von dem, was Kanada ausmacht: die Offenheit der Landschaft, das Majestätische, das Ungehemmte, die Herausforderung, die stolzen Menschen und ihr eindrucksvolles Leben. Eine beispiellose Einführung in ein Land voll mannigfaltiger Schönheiten.

An diesen Auftakt schlossen sich im Laufe der Jahre, immer wenn sich eine Gelegenheit ergab, Besuche in verschiedenen Städten und Landstrichen an: Halifax, die Küste Neufundlands, Montreal, Toronto, Vancouver; nicht in geordneter Reihenfolge, aber gerade wegen des eher zufälligen Charakters meiner Reisen machten sie mir besonders Vergnügen. Mein Interesse für das Land entsprang jedoch im wesentlichen der Vorstellung, jedes Detail in Quebecs Kampf um die Anerkennung einer autarken Kultur in einem einheitlichen

Sprachgebiet würde sich eines Tages im Süden der Vereinigten Staaten wiederholen, wobei in meiner Heimat Spanisch die Rolle des Französischen in Kanada übernehmen würde. Mit einemmal wurde ich noch empfänglicher für alles, was Kanada betraf, und ich verfolgte gebannt jeden noch so unbedeutenden Schritt, den dieses Land mit zwei Sprachen unternahm, um befriedigende Antworten auf seine drängenden Probleme zu finden.

Ich erinnere mich an zwei Episoden, die dem beobachtenden Gast die Situation beispielhaft vor Augen führten. Bei einer Diskussionsveranstaltung zu Fragen des Sports in Montreal, auf der die einzelnen Teilnehmer oben auf der Bühne längst bewiesen hatten, daß sie die englische Sprache beherrschten, erhob sich plötzlich ein erregter Zuhörer im Publikum von seinem Platz, machte darauf aufmerksam, daß die Versammlung in Quebec stattfinde und die Veranstalter daher verpflichtet seien, sich an das neue Sprachengesetz zu halten, und drohte, falls nicht alles, was die Eingeladenen von sich gaben, auch ins Französische übersetzt würde, die Polizei zu holen. Eingeschüchtert saßen wir da und verbrachten den ganzen Nachmittag mit Rede, Übersetzung, Rede, Übersetzung, obwohl allen Anwesenden klar war, daß das gänzlich unnötig und störend war.

Wenig später, auf derselben Reise, unterhielt ich mich in Toronto mit einigen Geschäftsleuten aus der Stadt – eine der schönsten im nördlichen Amerika – darüber, daß sich ihre Firmenleitungen entschlossen hatten, ihre Hauptniederlassungen in Montreal zu schließen und ganz nach Toronto auszuweichen, obwohl sie sich in Quebec ganz wohl gefühlt hatten und die Stadt eigentlich nicht verlassen wollten. Das kam mir so widersinnig vor, daß ich um eine Erklärung bat, und sie eröffneten mir, daß unter Quebecs neuem Sprachengesetz alle in der Provinz ansässigen Firmen ihre gesamte

Buchführung und Korrespondenz auf französisch abwickeln müßten und der dafür nötige Aufwand gewinnbringende Geschäfte unmöglich gemacht habe.
Nachdem ich also zweimal die Spannungen zwischen beiden Sprachgruppen erlebt hatte und da ich überzeugt war, daß früher oder später eine vergleichbare Bewegung für das Recht auf die eigene Sprache auch unter den Hispanics in unseren Städten und Gemeinden aufkommen würde, verfolgte ich mit größter Aufmerksamkeit die offizielle Einführung der Zweisprachigkeit in Kanada und blieb aus diesem Grund immer informiert über das, was nördlich von unserer Grenze geschah.
Und doch, wie die meisten Amerikaner, die kaum Kenntnisse über Kanada haben, neigte auch ich dazu, dieses Land hauptsächlich durch seine freiwillig bei uns lebenden Staatsbürger wahrzunehmen: Saul Bellow, John Kenneth Galbraith, Peter Jennings, Senator Sam Hayakawa, deren Leistung bei Amerikanern zu einem gehörigen Respekt vor Kanadiern ganz allgemein geführt hat. Ich habe dagegen auch immer die Erfolge derjenigen bewundert, die sich dafür entschieden haben, dazubleiben und in Kanada zu arbeiten, nicht zuletzt meine Kolleginnen und Kollegen von der schreibenden Zunft: Pierre Berton, Margaret Atwood, Mordecai Richler und Morley Callaghan.
Ich hatte noch einen weiteren Kontakt mit Kanada, aber der war privater Natur. Bei einem Picknick auf dem Lande, genauer in Pennsylvania, wo alljährlich die Micheners aus aller Welt zusammenkommen, um ihre angeblich ruhmreiche Vergangenheit zu feiern, lernte ich zufällig einen Vetter kennen, den ehrenwerten Roland Michener, Generalgouverneur von Kanada, einen Titelträger, der auf uns Ortsansässige seine Wirkung nicht verfehlte.
Mein Interesse an Kanada hat nie nachgelassen, und immer

wenn ich während meiner Reisen jemanden traf, der sich in dem Land auskannte, verwickelte ich ihn in lange Debatten über die politischen Veränderungen, das Leben in den Westprovinzen, vor allem aber über das Abenteuer Arktis. Als ich mich dann ernsthaft mit dem Gedanken herumschlug, einen Roman über Alaska zu schreiben, kam ich nicht umhin, mich ausführlich damit zu beschäftigen, wie der Beitrag Kanadas in diesem Zusammenhang darin einzuarbeiten sei. Außerdem gab es da ja immer noch im Hinterkopf das lebendige Bild der Goldwäscherin aus Edmonton.

Als ich anfing, mir den inhaltlichen Aufbau meines Romans »Alaska« zurechtzulegen, hatte ich zunächst drei besondere Anliegen, die ich behandelt wissen wollte, außer den Themen natürlich, die in jedem Buch über diese Region unbedingt zur Sprache kommen sollten. Ich wollte der amerikanischen Öffentlichkeit eine Hilfe an die Hand geben, damit sie sich bewußt mit der Arktis auseinandersetzen konnte, wo sich in Zukunft sehr wahrscheinlich ein gewichtiger Teil internationaler Politik abspielen wird; ich wollte meine Leser ferner daran erinnern, daß Alaska länger in russischem Besitz gewesen ist – 127 Jahre, von 1741 bis 1867 – als in amerikanischem – 124 Jahre, von 1867 bis 1990. Aber vor allem wollte ich die amerikanische Leserschaft mit der Rolle bekannt machen, die Kanada in der Geschichte Alaskas gespielt hat und noch immer spielt.
Die Gründe für diese Anliegen sind einfach zu erklären. Mein erstes Glück als Autor machte ich mit einem Buch, das sich auf neue, frische Weise seinem Thema nähert, dem Südpazifik, und ich hatte schon immer den Wunsch, den Zyklus fortzusetzen mit einer Arbeit über den Nordpazifik. In den Jahren nach 1946, als »Im Korallenmeer« gerade

erschienen war, der Roman, der im Südpazifik angesiedelt ist, wurde ich von zahlreichen Journalisten bedrängt, doch auch über den Nordpazifik oder über Alaska zu schreiben, aber ich ließ es bleiben, weil ich fürchtete, einfach nicht genug darüber zu wissen. Der Drang jedoch, sich mit einem so verlockenden Thema auseinanderzusetzen, war immer gegenwärtig, und wiederholt besuchte ich diese Region, falls ich später vielleicht doch einmal einen Schreibversuch starten sollte.

Mein Interesse an Russisch-Alaska wird von vielen amerikanischen Historikern und Geographen geteilt. Als junger Student hatte ich mich mit dem nach Osten, auf den Pazifik zu, gerichteten Expansionsdrang des russischen Reiches intensiv beschäftigt, so wie ich mich zuvor mit demselben Eifer mit dem amerikanischen und kanadischen Expansionsdrang Richtung Westen, auf denselben Ozean zu, befaßt hatte. Ich besaß einige Kenntnisse über die Schritte, die Rußland unternommen hatte, sein Reich nach Osten auszudehnen, und es war mir vergönnt gewesen, weite Abschnitte seiner ostasiatischen Grenze abzufahren; nach Sibirien einzureisen, erhielt ich bisher leider keine Erlaubnis. Aber wenn Bücher ein stimmiges Porträt eines Landes zeichnen können, und als Schriftsteller mußte ich das annehmen, dann hatte ich mir ein breites Wissen und eine gewisse Bewunderung für diesen gewaltigen, zögerlichen, chaotischen, am Ende aber doch triumphalen Vorstoß nach Osten angeeignet. Worüber ich so gut wie nichts wußte, und ich war bestürzt, als mir das klar wurde, waren die Grenzregion zwischen Alaska und dem Yukon-Territorium und die Ereignisse, die sich dort abgespielt haben, vor allem während der Jahre des Goldrausches. Im Grunde wußte ich nur von drei Vorkommnissen, die man in einem Roman hätte verwenden können, und das war doch recht dürftig für die Art Bücher, die ich zu schreiben pflege.

Ich wußte selbstverständlich wie die meisten Amerikaner mit historischen Grundkenntnissen, daß sich der Goldrausch von 1897 bis 1899 hauptsächlich auf kanadischem Gebiet abgespielt hat und daß die kanadische Polizei die Lage gerettet hat, als die amerikanische Präsenz in dieser Region noch sehr unterrepräsentiert war. Viele Amerikaner, mich eingeschlossen, bedauerten die Tatsache, daß die Grenze zwischen beiden Ländern nicht ein paar Meilen weiter östlich verlief, was Dawson City und den Klondike auf amerikanisches Territorium verlegt hätte, aber wir akzeptierten die geographische Situation als einen unglücklichen Fehler, der nicht mehr korrigiert werden konnte.
Was das Thema Grenzen betraf, hatte ich außerdem Jahre zuvor einmal etwas über jene witzige Panne gelesen, die im Zusammenhang mit dem Handelsposten der Hudson's Bay Company in Fort Yukon passiert war, einer auch strategisch bedeutenden Niederlassung unweit des Polarkreises, wo der Yukon aufhört, Richtung Norden zu fließen, und einen Neunzig-Grad-Winkel nach Westen schlägt, um sich dann im weiteren Verlauf in die Beringsee zu ergießen. Als dort 1869 amerikanische Landvermesser auftauchten, um den Grenzverlauf zu überprüfen, stellte sich heraus, daß dieser kanadische Posten gar nicht in Kanada, sondern in Alaska lag. Man einigte sich in aller Freundschaft, kein böses Wort soll gefallen sein, und die Angestellten der Hudson's Bay Company verlegten ihren Standplatz einige Meilen weiter östlich auf kanadischen Boden. Die Einigung war sogar so gütlich, daß das amerikanische Militärpersonal den Kanadiern nicht nur bei dem Umzug half, sondern auch bei dem Bau eines neuen Handelspostens in Rampart.
Leider verlegte das kanadisch-amerikanische Team das neue Gebäude nicht die richtige Anzahl von Meilen gemessen als Luftlinie weiter östlich, sondern gemessen am Lauf des Por-

cupine River, der mal hierhin, mal dorthin abbog, so daß sich die Kanadier, als sie endlich in ihr neues Haus eingezogen waren, von dem nächsten Landvermesser belehren lassen mußten, daß sie sich noch immer auf amerikanischem Boden befanden. Widerwillig gaben sie erneut ihre neue Heimat auf, die fortan als Old Rampart in die Geschichte einging, zogen ein gutes Stück weiter ins Inland und gaben dem endgültigen Posten den Namen Rampart House. Das Ganze war nicht mehr als eine triviale Angelegenheit, die amüsiertes Interesse hervorrief, aber eignete sich kaum als Grundmaterial für den Zeitabschnitt, über den ich schreiben wollte. Von weit größerer Tragweite war ein anderer Zwischenfall, den ich hätte verwenden können, einer, der wegen der Zurückhaltung, die sich beide Seiten, Kanada und die Vereinigten Staaten, auferlegten, als rühmliche Ausnahme in der Geschichte dasteht. In den Jahren 1877 und 1878 befand sich Amerikas neu hinzugewonnenes Territorium Alaska in einem erbärmlichen Zustand, in erster Linie deswegen, weil kein vernünftiges Regierungswesen für das riesige Gebiet eingerichtet worden war. Die Lage verschlechterte sich dermaßen rapide, daß die wenigen amerikanischen Siedler in Sitka, vormals die russische, jetzt die amerikanische Hauptstadt, fürchteten, die rebellischen Tlingit-Indianer würden einen Überfall wagen und alle Weißen abschlachten.

Ob diese Angst gerechtfertigt war, wurde nie ergründet, jedenfalls nahmen 1879 ein paar beunruhigte Bewohner, unfähig, den Schutz durch ihre eigene Regierung einzuklagen, eine gefährliche Kanufahrt zu dem kanadischen Militärposten in Prince Rupert auf sich und beschworen das dortige Marinekommando, ein Kriegsschiff zur Rettung Alaskas zu entsenden, im Namen Amerikas, das drauf und dran war, das Territorium wieder zu verlieren.

Ein wagemutiger kanadischer Offizier traf blitzartig die Entscheidung, seinen amerikanischen Brüdern und Schwestern zur Hilfe zu eilen, und am 1. März 1879 fuhr das kanadische Kriegsschiff »Osprey« in den Sund von Sitka ein. Diese Machtdemonstration versetzte den Aufstandsplänen der Tlingits, wenn es sie denn gab, einen Dämpfer, und zwei Monate lang repräsentierte das kanadische Schiff so etwas wie eine funktionstüchtige Regierung in Alaska. Als schließlich doch noch verspätet ein amerikanisches Schiff einlief, salutierte die »Osprey« galant und zog sich zurück. Der dankbaren Gefühle der amerikanischen Siedler konnten sie sich sicher sein, noch lange sollten diese erzählen: »Als die Amerikaner keinen Finger rührten, um uns zu schützen, haben die Kanadier die Lage gerettet.«

Das war mein gesamtes Material, das ich über Kanadas Rolle als Grenzland Alaskas zunächst zur Verfügung hatte; nicht gerade viel, aber als ich dann ernsthaft anfing, wissenschaftlich zu recherchieren, stieß ich auf eine amerikanische Quelle, in der geheimnisvoll von einem kanadischen Schriftsteller namens Pierre Breton die Rede war, der, so schloß ich aus dem Eintrag, längst tot sein mußte und der ein Buch über den Goldrausch geschrieben haben sollte, das in den Vereinigten Staaten unter dem Titel »Das Klondike-Fieber« erschienen war. Ich bat eine Bibliotheksangestellte, die ich schon oft in solchen Fällen um Hilfe angegangen war, ob sie herausfinden könnte, wo das Buch greifbar wäre. Es waren keine fünf Minuten vergangen, da rief sie mich zu sich: »Der Autor weilt sehr wohl noch unter den Lebenden. Er ist einer von Kanadas angesehensten Schriftstellern. Sechs Nebenstellen in unserem Einzugsgebiet verfügen über das Buch, das erst 1958 erschienen ist. Ach, und noch etwas, sein Name ist Berton.«

Da ich die nächste Bibliothek von meinem Haus zu Fuß erreichen konnte, hielt ich bald eine Ausgabe dieser exzellenten Arbeit in den Händen. Es ist ein Buch, das mit einem hervorragenden Verständnis für die Organisation des vorliegenden Materials und für die Auswahl von Schwerpunkten geschrieben ist, aber während ich es in einem Zug las, wurde mir klar, daß Berton mir eigentlich nichts Neues über die gemeinschaftlichen amerikanisch-kanadischen Erfahrungen auf den Goldfeldern mitteilte. Meine Lektüre war dennoch keine Zeitvergeudung, denn Berton streute immer wieder faszinierende Bruchstücke von Informationen aus, von denen ich bislang noch nie etwas gehört hatte. Im sechsten Kapitel etwa stieß ich auf einen Abschnitt über die tragikomische Massenflucht aus der kanadischen Grenzstadt Edmonton.

Es war ein hinreißendes Material, genau die Art von Geschichte, die ich gesucht hatte und auf der ich eine in Kanada spielende Erzählung aufbauen konnte, um zu verhindern, daß mein Roman über Alaska zu einseitig wurde. Es hatte nachhallende Zwischentöne, steuerte Ergänzungen zu überlieferten Berichten bei und öffnete meine Augen für die komplizierte Rolle, die das westliche Kanada im Goldrausch gespielt hat. Es war von verlockender Kürze, nur dreizehn Seiten, aber ich bin Berton zu ewigem Dank verpflichtet dafür, daß er diesen kleinen Einblick in sein Buch aufgenommen hat, denn wenn ich durch ihn nicht auf den Wahnsinn aufmerksam gemacht worden wäre, der sich damals in Edmonton zugetragen hat – ich hätte es glatt übersehen, in keinem anderen Buch fand sich eine Erwähnung.

Sein Material, so hervorragend es auch sein mochte, gab für meinen Zweck jedoch nicht genug Fakten her, und so, wieder auf die Erfahrung einiger sehr hilfreicher Angestellter zurückgreifend, diesmal von wissenschaftlichen Forschungszentren in Alaska, vor allem der historischen Landesbibliothek in Juneau, fand ich schließlich in einer wissenschaftlichen Zeitschrift eine kleine Notiz. Sie besagte, daß die Geschichte von Edmonton mit allen Details von einem gewissen J. G. MacGregor in seinem Buch »Der Goldrausch am Klondike und seine Auswirkungen auf Edmonton, 1897–1898« festgehalten worden sei. Offenbar mußte darin das Material enthalten sein, was ich so lange gesucht hatte. Ich schickte Telexe in alle Richtungen aus, und als ich nach ein paar Tagen noch immer keine Antwort erhalten hatte, kam ich zu dem Schluß, das Buch müsse für private Zwecke gedruckt worden sein und vermutlich sei es vergriffen. Etwas später dann kam der Postbote mit einem Paket von der Leihbücherei einer fernen Stadt, und als ich es öffnete, hielt ich das Buch in den Händen, das ich für den Abschluß meiner Nachforschungen über Kanada noch brauchte.

Dieses eine Beispiel verkörpert auf perfekte Weise zwei Aspekte des Schreibens: die Notwendigkeit für einen ernsthaft arbeitenden Schriftsteller, auch der dürftigsten Spur zu folgen, dem kleinsten Hinweis nachzugehen, daß sich irgendwo, in einer weit entfernten Bibliothek, vielleicht ein Buch versteckt hält, das all die Informationen enthält, die er braucht. Noch wichtiger aber ist die andere Seite der Medaille: daß jeder, der über etwas schreibt, was das menschliche Wissen erweitert, das Geschriebene in irgendeiner Bibliothek oder einem Archiv hinterlegen sollte.

Ich habe in meinem Leben über die ungewöhnlichsten Themen geschrieben, über Bereiche, von denen man hätte wetten können, daß kein Mensch je vorher über sie gearbeitet hätte, aber mit ein wenig intensivem Nachforschen bin ich dann doch immer auf irgend etwas gestoßen, meist sogar auf ein richtiges, gut lesbares Buch wie das von MacGregor über Edmonton. Ich habe festgestellt, daß im neunzehnten Jahrhundert viele englische Kirchenmänner, Priester oder Missionare, die irgendwo in den entlegensten Winkeln am Ende der Welt saßen, die informativsten Bücher verfaßt haben, in einem amateurhaften Stil, über ihre Hobbys: Reisen, Archäologie, die Geschichte fremder Länder oder unerforschter Stämme. Auch deutsche Gelehrte haben ein erstaunlich weit gefächertes Forschungsinteresse bewiesen.

Aus wiederholter Erfahrung kann ich ruhigen Gewissens feststellen: Ich bezweifle, daß man sich irgendein Thema ausdenken kann, von noch so geringer Bedeutung, über das nicht bereits ein voluminöses Buch geschrieben worden ist. Die Anhäufung verwertbaren Wissens in unserer Welt ist atemberaubend, und mit den neuen, auf vernetzten Datenbanken gespeicherten Nachschlagewerken läßt sich jedes noch so »flüchtige« Dokument mühelos aufspüren.

Wie nützlich die beiden Bücher über Edmonton waren, zeigte sich, als zwei kritische Leser, die »Klondike« als Manuskript zur Einsicht bekommen hatten, Einspruch dagegen erhoben, daß ich meine Figuren an Skorbut sterben ließ: »Lächerlich. Schon hundert Jahre vorher hatte Cook ein wirksames Heilmittel gegen Skorbut gefunden. Erfahrene Forscher wie Lord Luton und Harry Carpenter werden sicher gewußt haben, wie sich diese Krankheit vermeiden ließ.«

Eingeschüchtert und fürchtend, ich hätte vielleicht irgend etwas mißverstanden, das ich zu flüchtig gelesen hatte, griff ich zu meinem Berton und fand folgenden Abschnitt:

»Wind City lag am Wind River, und hier campierten fünfzig bis sechzig Menschen, von denen drei Viertel furchtbar an Skorbut litten. Als dann noch Wundbrand einsetzte, wurden ihre Zehen mit Bügelsägen amputiert; und als sie starben, stopfte man die Leichen einfach in die erschöpften Bergstollen ... Die Herkunft der Opfer war Ausdruck der internationalen Besetzung des Lagers. Am 30. November verstarb ein Mann aus Chicago an Skorbut; am 13. Dezember ein Mann aus Frankreich; Anfang Januar zwei Holländer, ebenfalls an Skorbut.«

Selten läßt sich ein Streitpunkt so eindeutig lösen. Natürlich müssen meine Figuren, die englische Reisegruppe, gewußt haben, wie man sich vor Skorbut schützt, und während des ersten langen Winters in der Arktis mit ausreichend Proviant, wurden sie mit diesem Problem auch leicht fertig. Aber in dem Streit ging es um ihren zweiten Winter, ein besonders grausamer dazu, den die meisten Abenteurer eingepfercht in engen Hütten, ohne genug Nahrung oder Medikamente, verbrachten, wo Skorbut sie schließlich dahinraffte.

Das Buch von MacGregor war eine wahre Fundgrube historischer Informationen über die Rolle, die Edmonton im Goldrausch gespielt hat, und als ich es das erstemal mit viel Freude las, wußte ich, daß die Männer und Frauen, die damals durch Edmonton gezogen sind, einen so reichen Schatz an Charakteren und Ereignissen boten, daß ich den Trupp Männer, den ich in meinem Buch nach Dawson aufbrechen ließ, so willkürlich zusammensetzen konnte, wie ich wollte. Nichts, was meiner Phantasie entsprungen wäre, schien zu absurd, nachdem man gelesen hatte, was reale Personen zu jener wilden Zeit alles unternommen hatten.

Hier fällt mir eine seltsame Regel ein, der sich Schriftsteller gerne unterwerfen. Unsere Anwälte geben uns immer wieder den Rat, ja keine schöne Literatur zu lesen, die sich mit unserem Thema beschäftigt, denn ein fiktionaler Text ist das geistige Eigentum seines Autors, und von diesem Text zu »klauen« heißt, ein Plagiat begehen, aber natürlich hat jeder das Recht, sich auf nichtfiktionale Literatur, also etwa wissenschaftlichen Untersuchungen zu beziehen, wenn die Quelle angegeben ist, denn das wird als Bereicherung des allgemeinen menschlichen Wissens empfunden. Es ist noch nicht lange her, da passierte mir in dieser Beziehung etwas sehr Amüsantes. Ich erhielt Zuschriften von einigen Lesern, die mich darauf aufmerksam machten, daß in einem damals sehr populären Roman ganze Seiten aus einem meiner Bücher verwendet worden waren, und als sich eine auflagenstarke Zeitschrift die Mühe machte und Auszüge aus beiden Büchern gegenüberstellte, war die Ähnlichkeit frappierend. Irgend etwas mußte geschehen.

Doch mit einemmal eröffnete sich eine absurde Sackgasse: Verleger A tut sich schwer damit, Verleger B wegen unautorisierten Abdruckens eines Textes aus seinem Verlag Schwierigkeiten zu machen, denn es könnte ja sein, daß Verleger A nächste Woche ganz legal etwas von Verleger B abdrucken will, und Prozessen geht man daher gern aus dem Weg. In diesem Fall beschwerte sich mein Verleger in aller Stille bei dem Verleger des beklagten Buches und erhielt nach einer gewissen Zeit auch tatsächlich eine briefliche Erklärung, die als die bestmögliche Antwort bei solchen Anschuldigungen in die Verlagsgeschichte einzugehen verdient:

»Mein Klient verneint, jemals von einem Schriftsteller namens Michener gehört zu haben, jemals eines seiner Bücher gelesen oder gewußt zu haben, daß dieser über dasselbe Thema geschrieben hat. Da jedoch die Ähnlichkeit der beiden ausgewählten Abschnitte nicht geleugnet werden kann, bleibt nur der Schluß offen, daß beide von einer dritten Quelle zitiert haben, die zu identifizieren wir nicht in der Lage sind.«

In der Hoffnung, eine Gruppe, bestehend aus fünf interessanten männlichen Charakteren, entwerfen zu können, verfiel ich auf den Gedanken eines Quartetts verwandter Männer aus der englischen Aristokratie und seines irischen

Dieners, und je länger ich mich mit ihnen beschäftigte, desto sympathischer wurden sie mir. Manchmal bedauerte ich nur, daß sie nicht allesamt Kanadier waren, aber meine Kenntnisse über das kanadische Familienleben reichten dafür nicht aus; ich hatte mehrere Semester an einer englischen Universität studiert und hatte einigen persönlichen Kontakt mit der Sorte Männer, die ich in meiner Geschichte darstellen wollte. Außerdem war ja das geographische Setting des Romans kanadisch, eine der aufregendsten Landschaften der Welt, und meine Briten würden unterwegs auch Kanadiern begegnen.

Schon sehr früh – noch in der Planungsphase – entschied ich mich aus zwei Gründen dafür, daß sich meine fünf Männer über die Mackenzie-Route den Goldfeldern nähern sollten. Die Überlandroute von Edmonton nach Dawson war so furchtbar, so unbegehbar eigentlich, daß meine Figuren von Anfang bis Ende in eine Tragik nach der anderen versunken wären, ein zermürbender, schrittweiser Abstieg ins Verderben, und so eine Geschichte wollte ich nicht schreiben. Von gleich starker Bedeutung war die Tatsache, daß ich mittlerweile eine ausgeprägte Vorliebe für das Flußsystem des Mackenzie entwickelt hatte, und obwohl ich ihn selbst noch nicht befahren hatte, war ich weite Abschnitte überflogen und hatte eine Menge Berichte über seine Entdeckung und Nutzung verschlungen. Es ist ein majestätischer Strom, wunderbar geeignet für das, was ich zu erzählen hatte. Sobald ich mein Denken darauf ausgerichtet hatte, verwarf ich alle anderen Alternativen. Meine Geschichte sollte eine Beschwörung dieses gewaltigen, formlosen, ruhelosen Flusses auf seinem Weg zur Arktis sein.

Damit hatten die drei Komponenten für meine kanadische Erzählung Form angenommen: ein Fluß, den ich schätzte, ein historisches Ereignis von einiger Bedeutung und fünf

Figuren, die ich verstand, ja sogar liebenswert fand. Solches Material an der Hand zu haben bedeutet ein Glück für jeden Schriftsteller. Ich verkroch mich in eine Blockhütte in Sitka, Alaska, und schrieb emsig einige Monate, versuchte, meiner Geschichte über den Goldrausch Kontur zu verleihen, und während ich mich von einer Version zur nächsten hangelte, stellte ich fest: Der Abschnitt, der mir durchweg am besten gefiel, war der über die Flußfahrt der vier Briten den Mackenzie hinab. Ich mochte diese Leute zunehmend und nahm teil an den zahlreichen Prüfungen. Tränen traten mir in die Augen, wenn bestimmte Ereignisse sie überwältigten, und ich hatte ein erstaunlich klares Bild von den Überlebenden: der irische Wildhüter, der eine Hauptfigur in den noch fehlenden Kapiteln von »Alaska« werden sollte, und der Adlige, der während des Ersten Weltkrieges ein enger Mitarbeiter des britischen Premierministers Lloyd George wurde.

So ein Roman ist eine komplizierte Angelegenheit, und lange Romane, wie ich sie meistens schreibe, müssen auf das sorgfältigste konstruiert werden. Komponenten, die in einer früheren Episode auftauchen, sind oft deswegen gerade dort eingebaut, damit man sie im folgenden wirkungsvoll nutzen kann, und Ereignisse, die scheinbar irrelevant sind, können doch von Bedeutung sein, weil sie eine Wertvorstellung etablieren, die später noch einmal wichtig sein wird.
Die Rede ist hier nicht von künstlichen Hinweisen wie im Kriminalroman. Ich meine vielmehr die in dem Genre begründeten Bausteine von Geschichtenerzählern, deren richtige Anwendung fundamental ist für die Herausbildung eines eigenen Stils und die Gewinnung des Vertrauens und der Anteilnahme der Leserschaft. Und hier meine ich vor allem das Phänomen der Resonanz.

Das klassische Beispiel von Resonanz, von Tolstoi mit höchster Effektivität verwendet, wird in einer der ersten Szenen in »Anna Karenina« vorbereitet, als nämlich die Heldin am Bahnsteig beobachtet, wie ein Bahnarbeiter mit einem Hammer gegen die Räder der Lokomotive schlägt, um deren Sicherheit zu überprüfen, ein Vorzeichen der Szene, auf die alles hinausläuft, in der sich die Protagonistin vor ebendiese Räder wirft und Selbstmord begeht.

Fast jede Einzelheit einer Erzählung kann, geschickt genug eingesetzt, Resonanz erzeugen. Ein Roman ist eine miteinander verwobene Serie von beladenen Worten und Bildern, von Charakteren, die sich auf bestimmte Art und Weise verhalten, von existierenden Settings, die ihre ganz eigene Kennung tragen, und von entscheidenden Begebenheiten im nachfolgenden Teil der Geschichte, die durch vergleichbare Begebenheiten oder Ereignisse, die sich früher zugetragen haben, hervorgehoben werden oder ihre Schatten vorauswerfen können. Ich versuche immer wieder, Worte, Satzteile, Ereignisse oder ganze Bedeutungsinhalte in einem Teil der Erzählung unterzubringen, so daß sie bei ihrem Wiedererscheinen später eine stärkere Bedeutung erfahren. Eine der vergnüglichen Freuden beim Lesen ist das Wiedererkennen dieser Resonanzen.

Resonanz liegt vor – zum Vorteil jeder Erzählung –, wenn der Leser auf eine Phrase, einen Gedankengang, eine Figur oder ein Ereignis stößt, mit dem er schon vertraut ist. In diesem Moment empfindet der Leser entweder das Vergnügen, etwas wiederzuerkennen, oder den Nervenkitzel einer aufgefrischten Bekanntschaft, oder er bewundert, wie passend der Abschnitt an gerade dieser Stelle doch ist. Die Komponisten der Klassik griffen häufig auf dieses Stilmittel zurück, besonders in längeren musikalischen Werken: Richard Wagner und César Franck ganz schamlos deutlich,

Ludwig van Beethoven und Giuseppe Verdi auf eher subtilere Weise. Bestimmte Romanciers bedienen sich dieses Kunstgriffs mit erstaunlichem Geschick – Honoré de Balzac, um nur einen zu nennen –, aber nur wenigen Lesern ist bisher die unglaubliche Menge von Zufällen in Boris Pasternaks phantastisch gearbeitetem »Dr. Schiwago« aufgefallen. Jeder angehende Schriftsteller, der sich scheut, Zufall als Stilmittel zu nutzen, aus Angst vor der vernichtenden Kritik – »Bei ihm scheint das Leben nur aus einer Aneinanderreihung von Zufällen zu bestehen« –, sollte sich zum Trost Pasternak zu Gemüte führen.

Ich betrachte meine Romane als nahtlose Netze, die irgendwo anfangen und irgendwo enden, und ich vermute, daß genau deswegen manche Leser meine Schlußkapitel immer unbefriedigend gefunden haben. Ich verknüpfe keine losen Enden miteinander; ich will auch nicht bestimmte Komponisten imitieren, die das Ende ihrer Symphonien vier oder fünf Minuten vor Schluß einleiten, mit einer Serie geräuschvoller Crescendi fortfahren, um mit einem gigantischen Tusch den Schlußpunkt zu setzen. Ich ziehe es vor, meine Romane in genau demselben Tempo ausklingen zu lassen, mit dem sie angefangen haben, so daß der Leser begreift, die grundlegende Situation, die beschrieben wird, besteht immer weiter, und da nicht alles von höchster Intensität sein kann, bin ich gezwungen, mein Orchester an irgendeiner Stelle anzuhalten.

Als ich mit der Goldrausch-Episode in meinem Roman »Alaska« fertig war, sie noch einmal überarbeitet und einige Abschnitte, die mir zu lang geraten waren, herausgenommen hatte, war ich ganz zufrieden mit dem Ergebnis und dachte, so habe ich Kanada schließlich doch noch in die

Erzählung eingebaut, wie ich es ja ursprünglich auch haben wollte. Außerdem hatte ich bestimmte Ereignisse in diesem Abschnitt des Romans geschehen lassen, die sich durch sorgfältig angelegte frühere Ereignisse bereits ankündigen oder sich zu einem späteren Zeitpunkt der Erzählung in ähnlicher Weise wiederholen sollten. Als ich dann mit meinem Lektor in New York anfing, mich über das fertige Manuskript zu unterhalten, drängte er mich, die kanadische Episode ganz herauszunehmen. Um dem Leser diese Entscheidung begreiflich zu machen, muß ich an dieser Stelle einige Fakten über professionelles Schreiben und Verlegen anfügen, weil sie sich direkt auf die kreative Arbeit und den verlegerischen Prozeß beziehen.

Erstens: Jeder Verleger, der eine Weile im Geschäft ist, verfügt über einen reichen Schatz an Erfahrung, was die Fallen betrifft, die sich Schreibende oft stellen. Seine Lektoren sind vielleicht nicht in der Lage, selbst erfolgreiche Romane zu schreiben, aber sie haben einen untrüglichen Blick für die Schwächen in der Arbeit des Autors, den sie betreuen. Als vernünftiger Autor nimmt man sich die Warnungen des Verlegers, vorgebracht durch seine Lektoren, zu Herzen; man braucht nicht alles Gesagte auch zu akzeptieren, sollte es aber zumindest sorgfältig abwägen. Als man mir daher zu verstehen gab, das kanadische Material sei nicht im Interesse meiner Geschichte über Alaska, mußte ich mir das gefallen lassen.

Zweitens: Es gibt Autoren – die besten gehören zu ihnen –, die reichen ihr Manuskript ein und sagen dem Verleger: »Es ist fertig. Drucken Sie es so« und erlauben keinerlei Eingriffe durch den Lektor. Dann gibt es andere, die genauso erfolgreich sein können, die sich Kritik nicht nur anhören, sondern sie geradezu fordern. Ich falle in die zweite Kategorie. Unabhängig davon, welche Haltung die richtige ist und das beste

Resultat erzielt – ich suche die Kritik, bevor das Buch veröffentlicht wird. Nachdem es in den Druck gegangen ist, lasse ich es bleiben, denn dann ist es zu spät, und ich hätte es nicht zur Veröffentlichung freigegeben, wenn es mir nicht so, wie es war, gefallen hätte.

Drittens: Ich hatte zu Beginn des Projekts den festen Vorsatz, diesen Roman auf keinen Fall so lang werden zu lassen wie einige meiner früheren Arbeiten, obwohl viele meiner Leser durch die Jahre hindurch beharrlich behaupten, meine Bücher kämen zu schnell zum Ende. Dieses Mal sah ich mich genötigt, die Anzahl der Seiten unter tausend zu drücken, wenn möglich sogar unter neunhundert. Ich war daher ganz Ohr, als ein Leser mir bestätigte:

»Ein Buch mit 1209 Seiten und eins mit 918 Seiten ist ein riesiger Unterschied. Sowohl Kritiker und Leserschaft werden sich nur negativ über das erstere äußern und lassen das zweite durchgehen. Die Kritik wird aufschreien: ›Schon wieder ein Tausend-Seiten-Wälzer‹, und der Leser im Buchhandel wird die Schwarte in der Hand wiegen, die letzte Seite aufschlagen und stöhnen: ›Ich kann doch nicht tausend Seiten lesen, und wenn das Thema noch so spannend ist.‹ Mit anderen Worten, bei einem sehr langen Buch geht man das Risiko ein, daß der Umfang das wichtigste Urteilskriterium überhaupt wird, und das zuzulassen oder es darauf anzulegen ist für den Schriftsteller tödlich.«

Ich fing also an, selbst Passagen auszusuchen, die man streichen konnte, in dem Wissen, daß mein Lektor mit demselben Unterfangen beschäftigt war. Seine Vorschläge zu kürzen, kamen daher nicht überraschend, nur die Tatsache, daß er die kanadische Episode ausgewählt hatte, erstaunte mich.

Viertens: Es gab noch einen weiteren entscheidenden Einwand gegen die kanadische Geschichte, der auf der Hand lag und Wirkung auf mich zeigte, sobald er einmal vorgebracht war. Ich beschäftigte mich seitenlang mit einem Fluß, der in der Geschichte Alaskas keine weitere Rolle spielt, mit einer Stadt, die nicht in Alaska liegt und auch nie wieder im Roman auftaucht und mit fünf Gestalten, von denen nur eine, der Ire, in den Kapiteln erscheint, die ausschließlich in Alaska angesiedelt waren, und seine Rolle ließ sich durch die Einführung eines anderen Iren in die Teile über Nome und Juneau retten. Was die für den Fluß der Erzählung notwendigen Figuren betraf, würde durch eine vollständige Streichung der Mackenzie-Episoden, wie sie mein Lektor vorschlug, wenig verlorengehen. Schon beim Schreiben war mir manchmal der Gedanke gekommen: »Junge, Junge, wir sind ja ganz schön weit entfernt von Alaska. Die Männer wollen zum arktischen Ozean, nicht auf die Goldfelder.« Ich unterdrückte diesen nagenden Verdacht, indem ich mir deutlich machte: »Aber darum geht es doch in der Geschichte. Unterwegs zu den Goldfeldern zu sein, aber sich die ganze Zeit über immer weiter von ihnen zu entfernen.« Trotzdem wurde ich dieses ungute Gefühl nie los, und als New York mir haargenau das riet, was ich unterbewußt schon geahnt hatte, schlug es wie eine Bombe ein.

Alle genannten Gründe für die Streichung der kanadischen Episode leuchteten ein. Sie ließen nur einen unvermeidlichen Schluß zu: Diese Sequenz, obgleich eine gelungene und interessante eigenständige Geschichte, gehörte nicht in meinen Roman »Alaska«. Der Ratschlag wurde also angenommen. Dieser Abschnitt, an dem ich fleißig gearbeitet hatte und den ich wegen seiner großartigen Szenen liebte, sollte nicht in meinem Buch enthalten sein. Der allgemeine Erzählfluß wurde dadurch beschleunigt, der Brennpunkt des

Geschehens blieb in Alaska und wurde nicht durch einen Schlenker nach Kanada abgelenkt.
Die Kürzung wurde mir nicht aufgezwungen: Die Entscheidung lag bei mir, und rückblickend muß ich sagen, es war richtig, daß ich dabei geblieben bin. Und wenn es nur ein interessantes Beispiel dafür ist, wie verlegerische Entscheidungen getroffen werden.

Dennoch, als ich die Kürzungen vornahm, gingen auch viele wertvolle, besagte Resonanz hervorrufende Verweise verloren, sowohl frühere Ereignisse, die gegenwärtige ankündigen, und gegenwärtige, die ihre Schatten für zukünftige vorauswarfen. Zwei Verweise von der ersten Art waren sogar schwerwiegende Verluste. Ich hatte vorgehabt, daß die Leichtigkeit, mit der Kapitän Cook durch seinen Umgang mit Skorbut Leben rettet, in Kontrast stehen sollte mit Lord Luton, der sich schwer mit der Krankheit tut und dadurch Leben opfert. Außerdem hatte ich geplant, die komische Szene, in der Zar Peter der Große, dem Bärte verhaßt waren, ein stumpfes Messer benutzt, um seinen Kosaken zu rasieren, auf die spätere Szene hindeuten sollte, in der der englische »Haustyrann«, Lord Luton, seinen Diener Fogarty mit einer ebenso ungeschärften Klinge rasiert.
Was die entgegengesetzte Richtung betraf, die Beziehung von Gegenwärtigem und Zukünftigem, wollte ich Lutons Fünfzig-Meilen-»Schaulauf« über den gefrorenen Mackenzie den Weg für jene groteske, auf Tatsachen beruhende andere Szene ebnen lassen, in der Fogartys Ersatzmann aus »Alaska«, Murphy, mit einem Fahrrad durch Schneestürme hindurch über den gefrorenen Yukon radelt, sagenhafte achthundertfünfzig Meilen von den ausgebeuteten Goldfeldern in Dawson zu den neuen, reicheren Vorkommen in

Nome: Ich wollte, daß das, stellvertretend, die wohlverdiente süße Rache des Iren an seiner Lordschaft werden sollte.
Den kanadischen Teil einfach zu streichen, sollte und konnte jedoch nicht das Ende dieses Abenteuers sein. Ich hatte so viel Energie auf die Nachforschungen zu der Episode verwandt, daß sie fast zu einem lebendigen Bestandteil meiner selbst geworden war, und ich war untröstlich, daß sie niemals das Licht der Welt erblicken sollte. Hier nun trat ein entscheidender Wesenszug des professionellen Schriftstellers an die Oberfläche: Ich hatte alles darangesetzt, auch den kanadischen Anteil am Goldrausch darzustellen, weil ich der festen Überzeugung war, daß dieses Ineinandergreifen der beiden Länder Nordamerikas, die sich die arktische Region teilen, öffentlich gemacht werden muß, genauso wie die Welt sich bewußtmachen muß, daß die Sowjetunion ebenfalls Teile dieses gefrorenen Terrains besitzt und damit auch einen Teil der Verantwortung trägt. Ich hatte etwas Wichtiges mitzuteilen, in gleichnishafter Form enthält es Wahrheit und ist daher in bestimmter Hinsicht nur begrenzt zugänglich, aber es enthält auch das Potential, die Leserschaft zu erreichen, die manchmal gern auf Parabeln anspringt. Ich hatte den starken Wunsch, es zu veröffentlichen, es in Umlauf zu bringen, vor allem unter Kanadiern, für die es ja ursprünglich gedacht war.
An dem Tag, an dem ich mein Einverständnis zu den Kürzungen gab, verstaute ich die geschaßten Seiten ordentlich in eine Mappe und schwor mir: »Eines Tages werde ich euch zum Druck verhelfen.« Dann kapitulierte ich vorerst und stürzte mich in aller Eile in die Aufgabe, dafür zu sorgen, daß der Rest des Manuskripts unbeschadet durchs Lektorat kam.
»Gut Ding will Weile haben« – bevor es abstirbt, könnte man ergänzen, und dasselbe trifft auch auf Figuren zu, denen man einmal Leben eingehaucht hat. Während meiner nächtlichen

Spaziergänge rief ich mir häufig die Ereignisse auf dem Mackenzie River ins Gedächtnis zurück, und ich war regelrecht verzweifelt über mein Versagen, daß die Geschichte nicht veröffentlicht worden war. Eines Abends hatte ich das Gefühl, meine fünf Gestalten würden revoltieren, meine Hilfe einklagen, und ich hatte eine wunderbare Idee: Warum die Geschichte nicht bei einem kanadischen Verlag unterbringen? Kaum hatte sich der Gedanke in meinem Kopf festgesetzt, nahm er auch schon ungeahnte Ausmaße an.
An dieser Stelle muß ich eine Bemerkung einfügen. Die Geschichte auf dem Mackenzie River, die unruhig in meinen Akten schlummerte, war sehr viel kürzer als die, die ich bei einem kanadischen Verlag unterbringen wollte. Ich hatte einige Abschnitte aus dem ursprünglichen Manuskript herausgenommen und davon Abstand genommen, weitere geplante zu schreiben, denn die ganze Sache war ohnehin schon zu lang geworden. Bei der Überarbeitung des Manuskripts für den kanadischen Verleger konnte ich die ganze Geschichte so konstruieren, wie ich sie von Anfang an hatte schreiben wollen. Gekürzte Teile rekonstruierte ich, und Teile, die ich ursprünglich beabsichtigt, aber dann verworfen hatte, fügte ich hinzu. Jetzt, wo ich an einem Kurzroman arbeitete, nicht nur an einer Sequenz für einen langen Roman, konnte ich meine Geschichte genauer recherchieren und Ereignisse und Passagen erfinden, die ich mir für den ersten Entwurf nicht hätte vorstellen können. Kurzum, ich verlieh einer Sache Substanz, die vorher bloß ein Knochengerüst gewesen war, aber mit keinem Wort wurde die Geschichte dahin gehend verändert, daß sie nun auf den kanadischen Leser zugeschnitten worden wäre. Es war und ist eine Geschichte, die einen doppelten Zweck erfüllen soll: den US-amerikanischen Leser mit Fakten bekannt zu machen, die für Kanada eine Rolle spielen, und kanadischen

Lesern meinen Respekt vor der Geschichte und den Leistungen ihres Landes zu bekunden.

Ich hoffe, meine Freunde in der heutigen Metropole Edmonton entschuldigen, daß ich mich so ausgiebig mit dem Fehlverhalten ihrer Vorfahren in der Zeit von 1897 bis 1899 beschäftigt habe, aber die Propaganda für die Routen von Edmonton an den Klondike zu jener Zeit war einfach verwerflich und brachte vielen Menschen den Tod. In den darauffolgenden Jahren entwickelte sich die Grenzstadt zu einem wichtigen Zentrum, von dem viel Gutes bei der Expansion Kanadas nach Westen und der Erschließung der Prärien ausging.

Nur ein Schriftsteller oder passionierter Rechercheur kann die stille Freude nachempfinden, die ich während der Arbeit an der letzten Fassung meines Buches verspürte. Mein Lektor in Toronto, mittlerweile informiert über meine Vernarrtheit in das Foto jener unerschrockenen Goldgräberin, hatte den Verwalter des Archivs der Provinz Alberta gedrängt, einmal in seinen Akten zu stöbern, ob nicht der Name der Frau auffindbar sei, und eines Morgens bekam ich einen Anruf aus Toronto: »Gute Nachrichten! Sie haben den Namen herausgefunden. Mrs. Garner.«

Mir stockte der Atem, denn meine Spanischlehrerin auf der High-School, eine Absolventin des Swarthmore College, die mir mein Stipendium für ebenjenes College besorgt und mir damit die Voraussetzung für eine akademische Karriere verschafft hat, die mir viel Freude gemacht hat – diese Lehrerin hieß auch Miss Garner, so daß der Name bei mir in hohem Ansehen stand.

»Woher kam sie?«

Das hatte der Archivar nicht herausbekommen.

»Welche Route Richtung Norden hat sie genommen?«
Keine Auskunft.
»Kanadierin oder Amerikanerin?«
Nicht einmal das wußten sie. Aber ich wußte, sie war eine Person aus Fleisch und Blut, sie hatte im August 1897 das Studio von Ernest Brown aufgesucht, einem Fotografen in Edmonton, und sie hatte, wie alle anderen auch, die Stadt verlassen, um zum Klondike aufzubrechen. Mit dieser Information, war sie noch so bescheiden, gab ich mich zufrieden, denn auf dramatische Weise hatte sich der geisterhafte Schatten dadurch in einen lebendigen Menschen verwandelt.
Als wir das Buch gerade in Druck geben wollten, folgte ein zweiter Anruf aus Toronto: »Wir haben noch mehr über unsere Mrs. Garner herausgefunden. Sie kam aus Fresno in Kalifornien, zusammen mit einer achtzehnköpfigen Gruppe, ausschließlich Männer. In Edmonton haben sie acht Pferde gekauft und sich auf den Weg über Land gemacht. Sie waren entschlossen, bis zu den Goldfeldern vorzustoßen und reich zu werden.«
Das ist alles, was wir über sie wissen, aber die Worte verfolgen mich, denn die Fragen nehmen kein Ende. War ihr Mann oder Bruder unter den achtzehn? Wie konnte er zulassen, daß sie mit nach Edmonton kam? Und warum um alles in der Welt ist sie dahin gegangen, wenn Seattle soviel näher lag und der Anfang einer viel einfacheren Route darstellte? Was ist mit den Pferden passiert? Und was ist mit ihr passiert? Wenn sie irgendwo Kinder großgezogen hat und diese jetzt Enkel haben, dann hoffe ich, daß sie von irgendwoher erfahren, daß ihre Urgroßmutter der Leitstern dieses Buches gewesen ist.
Seltsam, was sich manchmal auftut, wenn man in alten Fotografien herumstöbert.

Anmerkungen
zu den Gedichten

1) »*Geh, Rose! Leis*«
   Übersetzung von Christa Schuenke

2) »*Campaspe und Cupid spielten*«
   Übersetzung von F. A. Gelbcke
   In: F. A. Gelbcke, »Die englische Bühne zu Shakespeare's Zeit«, Band 1, Leipzig 1890

3) »*Reizvolle Unordnung im Kleid*«
   Übersetzung von Friedrich Behrmann
   In: »Englische Gedichte aus sechs Jahrhunderten«, Levin L. Schücking, Herausgeber, Bremen 1956

4) »*Warum kommst du blaß gegangen?*«
   Übersetzung von L. L. Schücking
   In: L. L. Schücking, ebd.

5) »*Trink mir nur mit den Augen zu*«
   Übersetzung von Hans Hennecke
   In: Hans Hennecke, »Englische Gedichte von Shakespeare bis Yeats«, Einführungen, Urtexte und Übertragungen, Berlin 1938

6) »*Wenn ich bedenke, wie auf halbem Wege*«
Übersetzung von L. L. Schücking
In: L. L. Schücking, ebd.

7) »*Nicht wie beim Baum die Höh' und Pracht*«
Übersetzung von Richard Flatter
In: Richard Flatter, »Die Fähre. Englische Lyrik aus fünf Jahrhunderten«, Wien 1936

8) »*Einen traf ich, fern aus antikem Land*«
Übersetzung von Reiner Kirsch
In: »Percy Bysshe Shelley, Ausgewählte Werke. Dichtung und Prosa«, Reiner Kirsch, Herausgeber, Frankfurt 1990

9) »*Nenn, Lieb, mich nicht unfreundlich du*«
Übersetzung von Hans Feist
In: Hans Feist, »Ewiges England. Dichtung aus sieben Jahrhunderten, von Chaucer bis Eliot. Englisch und Deutsch«, Zürich 1945

10) »*Wenn Eis in Zapfen hängt am Dach*«
Übersetzung von Schlegel/Tieck
»Shakespeares Dramatische Werke, Liebes Leid und Lust«, Schlegel/Tieck, Herausgeber, Leipzig 1825–1833

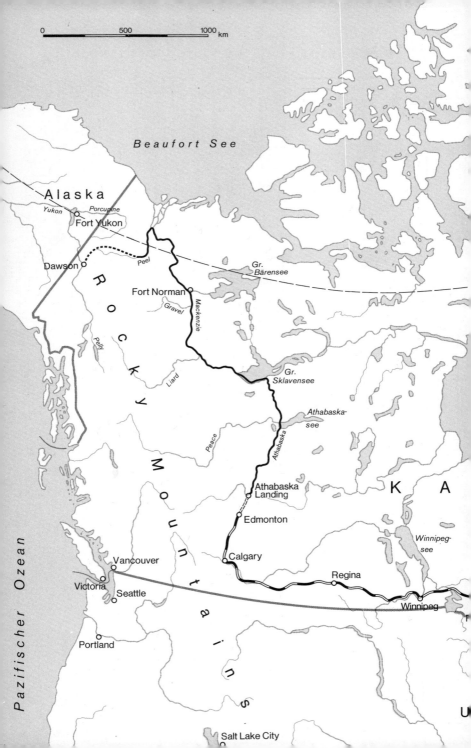